新编21世纪公共管理系列教材

当代中国政府与行政

第四版

Contemporary Chinese Government and Administration

魏 娜 吴爱明 著

中国人民大学出版社
· 北京 ·

作 者 简 介

魏　娜　中国人民大学公共管理学院教授、博士生导师，中国人民大学地方政府发展战略研究中心主任，中国人民大学人文北京研究中心副主任，北京志愿服务发展研究会副会长。主要研究领域为政府改革、城市管理、社区管理和志愿服务；主要讲授“社区管理”“公共行政学”“公共管理”等课程。先后有《社区组织与社区发展》《当代中国政府与行政》《社区管理原理与案例》《经验·价值·影响：2008 北京奥运会、残奥会志愿者工作成果转化研究》等专著和教材十多部出版；两次获得北京市哲学社会科学优秀成果二等奖（第八届和第十二届）。

吴爱明　中国人民大学公共管理学院副教授、硕士生导师，行政管理学教研室主任。主要研究方向为公共管理理论与实践、中国政府与政治、电子政务等。独著、合著有《公共管理理论与实践》《政府改革》《领导执行力》《服务型政府职能体系》《公共管理学》《当代中国政府与政治》《当代中国政府》《电子政务》《中国电子政务》《国外电子政务》等。

内 容 简 介

由中国人民大学魏娜教授与吴爱明副教授合著的《当代中国政府与行政》是一部系统介绍和研究中国政府的结构、关系及其实际运行状况的教材，也是作者多年来在该领域的教学和研究成果的总结。全书介绍了当前中国政府的权力结构、行政区划体制、中央政府与地方政府等政府基本概况，着重论述了中国政府的行政监督体系与监督机制，并对政府的决策与政策制定过程进行了动态描述。在此基础上，对中国政府管理的各个方面——包括人事、法制、经济、财政、公共安全、外交、教育与科技等领域——进行了重点分析和研究。

本书的一大特色是专门设置了一章内容来论述中国政府的决策体制与决策过程，对作为政府决策核心的中国共产党、作为权力机关的各级人民代表大会及作为行政机关的各级人民政府三者的决策权力进行了分析和研究，对中国政府决策的领导体制及其决策过程进行了重点阐述。

本书于 2002 年首次出版，每次修订均力图反映中国政府在职能转变、机构调整和政府管理方式等方面的新变化。教材第四版反映了党的十八大以来中国政府在行政监督机制、公务员制度、财税制度、教育政策、科技政策等领域的变化，并增加了政府购买服务、直辖市基本情况介绍等内容，更新了相关数据和信息，便于读者及时掌握中国政府与行政相关领域的新情况和新发展。

出版说明

现代意义上的公共行政与公共管理研究和教育始于20世纪初的西方。时至今日，随着公共管理职业化的发展，公共行政与公共管理的研究和教育事业在西方发达国家方兴未艾。自20世纪80年代起，为了适应政府改革与公共管理人才培养的需要，我国的公共行政与公共管理研究和教育在经历了发展的挫折之后，开始了恢复和重建的工作。经过多年的发展，特别是公共管理一级学科的设置和我国公共管理硕士（MPA）教育的启动以及高校公共管理类本科专业的大量开设，公共管理已成为当代中国社会科学和管理科学领域的一个充满生机活力、具有远大发展前景的学科。

为了满足广大高校公共管理类专业的教学需要，在历届教育部高等学校公共管理类学科专业教学指导委员会的指导和支持下，中国人民大学出版社自1999年起，陆续出版了"21世纪公共行政系列教材""21世纪公共管理系列教材""21世纪公共事业管理系列教材""公共管理系列教材""公共管理核心课程系列教材""21世纪劳动与社会保障系列教材""21世纪土地资源管理系列教材""21世纪城市规划与管理系列教材"等多个本科系列教材。这些教材被国内高校公共管理类专业广泛选用，并得到了公共管理学界的支持和认可，数十种教材被评为"十五""十一五""十二五"国家级规划教材，普通高等教育精品教材，以及各省市精品教材，为我国公共管理学科发展和人才培养做出了积极的贡献。

我国高等教育改革的进一步深化，以及新技术和新媒体的不断发展，对高校教材提出了更高的要求。为了回应这种要求，我们在广泛调研的基础上，拟对上述系列教材进行整合和提升，推出"新编21世纪公共管理系列教材"，以满足国内高校公共管理一级学科下设的行政管理、公共事业管理、劳动与社会保障、土地资源管理、城市管理、海关管理、交通管理、海事管理、公共关系学等本科专业的教学需要。

"新编21世纪公共管理系列教材"将秉承中国人民大学出版社"出教材学术精品，育人文社科英才"的宗旨，从本科教育的特点出发，从公共管理教育的特点出发，为广大高校公共管理类专业师生提供一套高质量的本科教材。在教材编写和内容安排上，“新编21世纪公共管理系列教材”强调基础知识、基本理论和基本技能，同时，也尽可能地体现创新性和前沿性，反映相关领域理论与实践的最新发展情况。

“新编21世纪公共管理系列教材”由中国人民大学、中山大学、北京大学、清华大学、复旦大学、厦门大学、武汉大学、浙江大学、吉林大学、东北大学、北京师范大学、山东大学、四川大学、西北大学等数十所国内著名大学的知名学者领衔著述，我们期望通过这种强强联合、优势互补、资源共享的方式，为国内公共管理学界奉上一套体现系统性、权威性、通用性，并兼具创新性、前沿性、启发性的精品教材。

公共管理的实践是不断发展和变化的。随着公共管理实践的不断发展，公共管理学科研究的范围、主题和内容也在不断地发展和变化。我们将紧跟公共管理学科的发展，与所有作者一起，不断对本套教材进行修订和完善。望广大读者给我们反馈信息，对本套教材提出批评和建议，以使我们能够在所有读者和作者的帮助下，与中国公共管理学科共同成长。

中国人民大学出版社

第四版前言

《当代中国政府与行政》这本教材自 2002 年出版以来，到现在已经 14 年了，其间经过了多次修订。这本教材内容的修改和补充也客观地反映出中国政府组织机构、党政关系、中央政府与地方政府职能、政府决策与政策执行、财政体制、人事管理制度、政府法制建设、行政监督体系以及公共安全、外交、教育文化等政府职能以及政府管理方式的变化与调整。

本次修订主要做了以下工作：一是补充修改了部分内容，如党的十八大以来行政监督机制的改进、公务员制度的内容、财税制度改革、教育政策和科技政策等。二是增加了政府购买服务的内容。政府购买服务是当前政府改革的主要内容，也是政府改革公共服务提供方式的重要举措。同时，增加了对直辖市基本情况的介绍。三是新绘制了“新中国成立以来党和国家领导人一览表”，修订了“各民主党派简况一览表”，补充了 2008 年后国务院组织机构图。四是对个别数据进行了补充和修改。

在修订过程中，我们力求精益求精，把这些年来政府改革的新内容增加进去，不辜负读者对我们的信任和期待。但是，本书难免存在问题和疏漏，也希望读者一如既往地给予我们批评和建议。

本书由中国人民大学公共管理学院魏娜教授、吴爱明副教授共同完成。魏娜提出全书的总体思路，在征求专家意见的基础上，确定了本书的体例和写作大纲。全书共 14 章，具体分工是：魏娜撰写第 1、2、3、6、7、8、10、11、14 章，共 9 章；吴爱明撰写第 4、5、9、12、13 章，共 5 章。

在本书的修订过程中，博士研究生李红、张勇杰做了大量的资料查找和内容校正工作，在此表示感谢。

感谢读者 14 年来的支持和厚爱！

魏娜（weina51@263. net）

2016 年 11 月 1 日于中国人民大学求是楼

第三版前言

承蒙读者的厚爱，《当代中国政府与行政》从 2002 年出版发行，到现在已经 10 年了，在这期间经过了三次重要的修订和多次重印。这本教材的出版轨迹从一个侧面反映出中国政府在这 10 年中的发展变化过程，同时也反映出有更多的专家学者、青年学生、社会人士在关心和关注着中国政府的这种发展变化，这是一件值得庆幸的事情。

在第三版的修订过程中，作者秉承一贯的学术原则，以历史唯物主义为指导，尽量在读者面前客观、真实地反映中国政府的面貌。我们在修订和完善过程中注重体现出三方面的结合：一是把对中国政府的静态结构的研究与动态发展的探索相结合；二是把对中国政府发展变化的历史线索的回顾与现实问题的研究相结合；三是把对中国政府的“实然”状态的介绍与“应然”状态的分析相结合。

本次修订主要补充和修订了政府机构、人事管理、经济与财政管理、外交、科技、教育管理方面的数据与资料，补充了政府管理中新的法律、法规的内容，对部分文字进行了推敲和润色。

总之，在每次修订过程中我们都力求精益求精，不辜负读者对我们的厚爱和期待，但也总是还存在这样或那样我们没有发现和改正的问题，所以还是恳求读者一如既往地给予我们批评和建议，以便使教材更加完善。

本书是由中国人民大学公共管理学院的魏娜教授、吴爱明副教授共同完成的，其中由魏娜提出全书的总体思路，并征求了有关专家的意见，在共同讨论的基础上确定了编排体例和写作大纲。各章节的具体分工是：魏娜撰写第 1、2、3、6、7、8、10、11、14 章，吴爱明撰写第 4、5、9、12、13 章。

感谢读者 10 年来的厚爱与支持！

魏娜　吴爱明

2012 年 8 月 8 日于中国人民大学求是楼

第二版前言

时光流逝，《当代中国政府与行政》已经出版发行 6 年了。承蒙读者的厚爱，这本教材被多次重印并被多所高等学院作为指定教材。在这 6 年中，虽然当代中国政府的宪政结构变化不大，但是中国政府的管理理念、管理职能以及管理方式都发生了很大的变化。因此，对本教材进行一次修订就显得非常必要了，这也是我们对读者负责的表现。

本次修订的重点有以下几个方面：一是反映出这些年政府改革实践的基本内容，包括政府职能的转变、政府机构的调整和政府管理方式的变化。二是反映出政府依法行政的内容，补充了政府在公务员管理、财政管理、教育管理等方面的新的法律和法规。三是补充和修改了重要的数据，包括国务院机构、行政区划等方面的数据。

《当代中国政府与行政》是一部较全面地介绍和研究中国政府的结构、关系以及实际运行情况的专业教材，也是作者多年教学和科学研究的成果。

本书在编排体例上，前半部分主要是对中国政府的基本概况进行介绍，后半部分重点对政府管理的各个方面如人事、财务、经济、法制、内政、外交、科学、教育等进行介绍与分析，由于政府管理范围的广泛性，有些方面的内容本教材不可能完全涵盖。同时，由于中国改革发展进程的不断推进，当代中国政府的职能、管理方式等还要不断地发生变化。作者站在历史唯物主义和辩证唯物主义立场上，以马列主义、毛泽东思想和邓小平理论为指导，对当代中国政府与行政这一难度较大的课题进行了初步的研究，本书中必然存在许多不足，还请同行们赐教。

本书是由中国人民大学公共管理学院行政管理学系的魏娜教授、吴爱明副教授共同完成的，其中由魏娜提出全书的总体思路，并征求了有关专家的意见，在共同讨论的基础上确定了编排体例和写作大纲。各章节的具体分工是：魏娜，第 1、2、3、6、7、8、10、11、14 章；吴爱明，第 4、5、9、12、13 章。

在本教材修订过程中，博士研究生王耀才、毛立红，硕士研究生金品旭、盛晔、周静、杨洁、范怡丹等也做了大量的工作，在此表示感谢。

魏娜　吴爱明

2008年8月28日于中国人民大学求是楼

第一版编写说明

《当代中国政府与行政》是一部较全面地介绍和研究中国政府的结构、关系以及实际运行状况的专业教材，也是作者多年教学和科研成果的总结。本教材的特点是：

第一，将静态结构的介绍与动态关系的研究相结合。对当代中国政府静态结构的描述是认识和了解中国政府的基础。当代中国政府的静态结构是指由《中华人民共和国宪法》所确定的当代中国政府的基本权力结构关系和基本的政治与行政制度。从国家政体讲，就是人民代表大会制度。全国人民代表大会是最高国家权力机关，中央人民政府由它产生并受它监督。中央和地方政府组成人员分别由全国人民代表大会和各级人民代表大会选举产生，并向其负责，受其监督。从政党制度上讲，当代中国政府实行的是由中国共产党领导的多党合作和政治协商制度。从政府决策领导体制来看，当代中国实行的是民主集中制度，即重大问题和重要政策的制定要由集体讨论，在充分征求人民群众和各方面意见的前提下，采取少数服从多数的方式进行决策，强调个人没有超越集体和组织的权力。从中央和地方的关系来看，宪法所确定的单一制国家结构决定了我国中央和地方关系的基本框架。本书在对静态结构加以介绍和描述的基础上，注重对中国政府的实际运行过程和运行状况进行分析，尤其是注重对影响政策制定与执行的因素进行动态分析，如中国政府决策中实际决策权力由谁来控制，政策制定过程中信息的收集与信息的综合过程，政策执行过程中的障碍因素以及对执行效果的影响，等等，力图通过分析使读者对中国政府的实际运行情况有一个感性的认识。

第二，把对历史线索的回顾与对现实问题的研究相结合。当代中国政府经历了中华人民共和国宣告成立，确立我国基本的政治与社会制度这一发展过程。虽然在中国历史的发展长河中这是一段还不算长的过程，但它却是中国共产党领导中国人民建立新中国的过程，是一个不断探索社会主义发展道路的过程。因此，当代中国政府制度的确立既有历史的继承性，又突出地表现为开创性和探索性。我们只有把握住这一点才能够更好地理解继承与改革、创新的关系。同时，对现实的把握有助于我们对中国政府改革的意义和历史作用有一个更清晰、更深刻的认识。

第三，注意把对中国政府“实际怎样”的介绍与中国政府“应当怎样”的分析结合起来。我们在长期的教学和研究活动中发现，青年学生尤其是当代大学生，对中国政府的结构、关系以及实际的运行状况了解甚少，甚至有些人连起码的常识都缺乏，他们凭借仅有的支离破碎的知识，对中国政府的行为进行评价和分析，产生了种种认识上的偏差。这种情况很令我们忧虑。我们认为，只有在了解中国政府的实际和真实情况的基础上，才能对其进行更深入的比较和分析，进而在总体上把握中国政府与行政未来的发展方向。

本书的前半部分主要是对中国政府的基本概况进行介绍，后半部分重点对政府管理的各个方面，如人事、财政、经济、法制、内政、外交、科学、教育等进行介绍与分析。由于政府管理范围的广泛性，有些方面的内容本教材不可能完全涵盖。作者站在历史唯物主义和辩证唯物主义的立场上，以马列主义、毛泽东思想和邓小平理论为指导，对当代中国政府与行政这一难度较大的课题进行了初步的研究，由于作者水平和能力有限，本书中必然存在许多不足，还请同行们不吝赐教。

本书是由中国人民大学行政管理学系魏娜、吴爱明共同完成的，其中由魏娜提出全书的总体思路，并征求了有关专家的意见，在共同讨论的基础上确定了编排体例和写作大纲。各章节的具体分工是：魏娜撰写第 1、2、3、6、7、8、10、11、14 章，吴爱明撰写第 4、5、9、12、13 章。

魏娜　吴爱明

2001 年 4 月于中国人民大学

目　录

第1章

当代中国政府概述

1.1 国家与政府

1.1.1 国家的概念

“国家”是政治学中的基本概念，是我们了解政府概念的前提与基础。关于国家到底是什么，古往今来的思想家和理论家有很多论述。马克思主义认为，国家是社会发展到一定历史阶段的产物。恩格斯指出：“国家是社会在一定发展阶段上的产物；国家是承认：这个社会陷入了不可解决的自我矛盾，分裂为不可调和的对立面而又无力摆脱这些对立面。而为了使这些对立面，这些经济利益互相冲突的阶级，不致在无谓的斗争中把自己和社会消灭，就需要有一种表面上凌驾于社会之上的力量，这种力量应当缓和冲突，把冲突保持在‘秩序’的范围以内；这种从社会中产生但又自居于社会之上并且日益同社会相异化的力量，就是国家。”① 国家是由土地、人民、主权三要素组成的社会共同体。国家实质上是指有着相对稳定的地域、相对集中的人口、独立的最高公共机构的社会共同体。在这个共同体内一个阶级实现对另一个阶级的专政。因此，在政治学中，“国家的性质”和“国家的本质”“国体”是同义语。

任何国家都设立自己的政府以实现国家的权力与意志。一个国家所设立的政府，其性质和职能由这个国家的性质和职能所决定。政府是国家性质的实现者、体现者与代表者。

---

① 《马克思恩格斯选集》，2版，第4卷，170页，北京，人民出版社，1995。

1.1.2 政府的概念与含义

“政府”这一概念通常有狭义和广义之分。就广义而言，政府是指行使国家公共权力的全部机构，包括立法机关、行政机关、司法机关以及国家元首等。就狭义而言，政府仅指国家政权机构中的行政机关。按照广义的理解，当代中国政府应包括全国人民代表大会和地方各级人民代表大会、中华人民共和国国家元首、国务院和地方各级人民政府、最高人民法院和地方各级人民法院、最高人民检察院和地方各级人民检察院、国家军事机关等。而按照狭义的理解，当代中国政府只包括国务院和地方各级人民政府。目前，我国通常所用的“政府”概念，是狭义的政府概念，即国家行政机关，故国务院又称中央人民政府。在本书中所使用的“中国政府”的概念有其特殊性和复杂性，我们不仅在狭义和广义上使用“政府”概念，而且把中国的“政府”作为社会公共权力的化身，还把中国共产党组织包括在其中。虽然这不同于学术界的一般观念和认识，但如果是从经验上而不只是从规范上进行研究，就不能不承认这一现实。事实上，共产党的组织在当代中国不仅事实上是一种社会公共权力，而且也是政府机构的核心。如果把中国共产党的组织排除在“政府”之外来分析当代中国的政府，不仅无法解释政府的基本体制和制度，而且无法全面和深刻地了解中国政府的实际运行情况，而这正是与西方国家不同的情况，也是中国政府的现实情况。因此，本书的“政府”含义，涵盖了中国共产党组织、各级人民代表大会、国家元首、国家军事机关、各级人民政府、各级人民法院和检察院等全部履行当代中国社会公共权力的组织机构。

1.2 国家形式

1.2.1 国家形式的概念

国家作为统治阶级专政的工具，必须通过一定的形式表现出来。国家形式就是一国统治阶级实现国家权力的形式，包括国家政权组织形式和国家结构形式。国家政权组织形式和国家结构形式是国家权力横向结构与纵向结构的具体表现。国家政权组织形式侧重解决的是权力机关同行政机关、司法机关以及其他国家机关之间的相互关系，权力机关同人民之间的关系，即体现政权体系横的结构。国家结构形式侧重解决的是领土结构划分、整体与组成部分之间的关系，即体现政权体系纵的结构。

1.2.2 政权组织形式

政权组织形式也叫政体或国家管理形式。它是掌握政权的统治阶级用于实现其国家权力的特定形式，即统治者为了反对敌人、保护自己而组织起来的政权机关。它主要是指最高国家权力机关的组织形式，包括政权的构成、组织程序和最高权力的分配情况，以及公民参与管理国家和社会事务的程序与方式。

1. 资本主义国家的政权组织形式

资本主义国家的政权组织形式主要是指君主立宪制和民主共和制。君主立宪制又称有限君主制，是以君主或国王为国家元首，国家最高权力实际或者名义上由君主一人掌握的政权组织形式。君主立宪制又分为二元君主立宪制和议会君主立宪制。在二元君主立宪政体下，君主的权力虽然受到宪法的限制，但权力仍然很大，议会只是作为君主的咨询、协商机构而起次要作用。因此，它是一种以君主为核心、由君主在国家权力体系中发挥主导作用的政权组织形式。现代国家中，只有约旦、沙特阿拉伯等极少数国家实行这类政权组织形式。在议会君主立宪政体下，君主的权力受到宪法和议会的严格限制，以至于君主行使的只是一些形式上的或礼仪性的职权，君主对议会、内阁、法院都没有实际控制能力。现代国家中，英国、西班牙、荷兰、比利时和日本等国家建立的就是这类政权组织形式。

民主共和制是为较多的资本主义国家所采用的政体，是国家最高权力实际上和形式上都不属于一人所有，权力执掌者由选举产生并有一定任期的政权组织形式。民主共和制又分为议会制、总统制和委员会制三种。

2. 社会主义国家的政权组织形式

社会主义国家的政权组织形式，虽然在各国有不同的具体形式，但它们有共同点，即都称为人民代表制。其特点是：(1) 国家的一切权力属于人民。人民是国家的主人，人民通过直接或间接选举方式选举代表（或议员）组成各级国家权力机关，行使管理国家和社会的一切权力。(2) 实行民主集中制原则。(3) 工人阶级的政党是国家的执政党。党对国家政权实行政治上、思想上和组织上的领导。

3. 我国的政权组织形式

我国的政体是人民代表大会制度，其特征是：(1) 中华人民共和国的一切权力属于人民。人民行使国家权力的机关是全国人民代表大会和地方各级人民代表大会。全国人民代表大会和地方各级人民代表大会都由人民选举产生。因此，包括人民代表大会在内的所有国家机关都要经常保持与人民群众的联系，倾听人民群众的意见和建议，为人民服务，对人民负责，接受人民的监督。(2) 人民代表大会通过选举的方式，将国家的行政权、审判权、监督权、军事权等权力，分别委托给它所产生的各级政府、法院、检察院、中央军委等国家机关来行使。这些国家机关都要向全国人民代表大会以及地方各级人民代表大会负责，受其监督。其他国家机关与人民代表大会的关系不是平行关系而是从属关系，这与资本主义国家的“三权分立”是不同的。(3) 民主集中制是我国国家机关的活动原则。国家机关的活动、重要决定的做出，都要充分发扬民主，在民主的基础上集中正确的意见，以做出正确的决定。

人民代表大会制度是我国的根本政治制度，国家的一切权力属于人民是人民代表大会制度的本质，由选民选举人民代表是实行人民代表大会制度的前提，以人民代表大会为基础建立起来的全部国家机构是人民代表大会制度的核心，对人民负责、为人民服务、受人民监督是实行人民代表大会制度的关键。在我国实行人民代表大会制度有以下优越性：(1) 人民代表大会制度适合中国的国情，具有很强的生命力。它是中国各族人民在中国共产党领导下，在长期的政权建设实践中建立的，是马克思主义政权建设理论与中国实际情况相结合的产物。（2）人民代表大会制度便于人民参与国家管理、行使当家作主的权利。（3）人民代表大会制度便于集中统一地行使国家权力。各级人民代表大会在行使国家权力的过程中处于主导地位，这体现了国家权力与人民权力行使的统一。（4）人民代表大会制度有利于保证中央的统一领导，有利于发挥地方的积极性和主动性。

1.2.3 国家结构形式

国家结构形式是指国家整体与其组成部分之间、中央政权与地方政权之间的相互关系。由于各国国情不同，处理中央与地方关系的原则和方式也有所不同。现代国家基本上有两种国家结构形式，即单一制和复合制。

1. 单一制

单一制是指国家由若干普通行政单位或自治单位、特别行政区等组成，各组成单位都是国家不可分割的一部分的国家结构形式。现代国家大多采用这种国家结构形式，其主要特点是：国家设有统一的立法机关和统一的中央政府；全国只有一部宪法；按行政区域划分行政单位和自治单位，各行政单位和自治单位都受中央的统一领导，没有脱离中央而独立的权力。地方行政单位虽然也设有相应的权力机关或立法机关、行政机关和司法机关，但它们的权限有的是宪法授予的，有的是由中央政府直接授予或委托的，地方权力的大小完全取决于宪法的规定或中央的授予。每个公民只有一个统一的国籍。在对外关系中，国家是单一的主体，在它的领土上没有其他任何类似的国家组织存在，英国、法国、意大利、日本、挪威等就属于此类。

2. 复合制

复合制主要包括联邦和邦联两种形式。联邦制是指由两个或者两个以上的联邦组成单位（如邦、州、共和国等）组成联盟国家的国家结构形式。它在形式上较单一制国家复杂，其主要特点是：除有整个联邦的宪法、法律和最高国家机关以外，各组成单位还有自己的宪法、法律以及最高国家机关，根据联邦宪法的规定，行使自己的国家权力。联邦的权力可以遍及全国，而各州或共和国的权力只能在各州或共和国内部行使。各成员国的公民具有双重国籍，既是成员国的公民，又是联邦的公民。有的联邦的成员国还有进行国际外交活动的权力，但在对外关系中，大多数联邦的各组成单位不是单独的主体。美国是世界上首先建立现代联邦制的国家。印度、俄罗斯、瑞士、巴西等国家都实行联邦制。随着政治、经济和社会的发展，联邦中央政府的权力有加强的倾向，但联邦各组成单位的权力仍然很大；权力下放和权力集中是联邦制国家中并存的两种发展趋势。

邦联是一种松散的联盟，它以有关国家签订的条约为基础，是一些主权国家为了达到军事、贸易或其他共同的目的而组成的一种国家联合。邦联不是主权国家，没有统一的宪法、最高权力机关和行政机关，也没有统一的军队、赋税、预算、国籍等。邦联所设的机关仅具有协商的性质，所形成的决定以成员国的自觉接受和自愿服从为基础。它产生在资本主义发展早期，现在邦联这种形式已不多见。目前，世界上出现了一些类似邦联的共同体或者同盟，如欧洲联盟、东南亚国家联盟、独联体等，它们在多极化的世界中发挥着越来越重要的作用。

3. 我国的国家结构形式及其特点

我国实行的是单一制的国家结构形式，其理由是：（1）长期实行单一制的历史传统。

我国自秦汉以来，在漫长的历史发展进程中，除较短时间处于分裂状态外，一直实行统一的中央集权制，特别是自元朝以后的 700 多年间，我国再没有出现大的分裂局面，长期的历史传统决定了我国有建立统一的主权国家的政治基础和政治心理。(2) 民族分布和民族成分状况。我国是由 56 个民族组成的多民族国家，各民族的状况决定了在我国的具体条件下不适宜采取联邦制，而宜于采取单一制的国家结构形式：一是各民族在长期的交往过程中，相互学习，人员交错往来。就全国范围来看，绝大多数少数民族都与汉族相互交错地居住在某一地区，逐渐形成了大杂居、小聚居的局面。除新疆、西藏、青海、宁夏、广西、内蒙古、云南等省、自治区居住着比较集中的少数民族外，其他少数民族大多与汉族交叉居住在全国的其他各省，而且一个民族完全集中在一个省居住的极少。新疆是少数民族居住比较集中的地方，但除维吾尔族外，还有十几个民族。回族和满族则遍布全国各省。二是我国各民族在人口数量上的差异较大。在全国总人口中，汉族人口占绝大多数，少数民族的人口数只占全国总人口数的 1/10。有的少数民族只有数万人，甚至数千人。这样的人口结构，比较有利于实行单一制。(3) 融洽的民族关系。各民族在历史上相互合作、相互交流，共同创造了中华民族的灿烂文化，虽然曾经有过民族间的矛盾和战争，但友好合作是民族关系的主流，这也为实行单一制提供了可能。

我国单一制国家结构形式的特点有：(1) 我国行政区域的基本形式是普通行政区的地方国家机关在中央的统一领导下，行使管理本地区的政治、经济和文化等各项事务的权力，保证中央的方针政策以及国家的宪法、法律和行政法规在本地区的实施。有地方立法权的地方，其国家权力机关和行政机关，在不与宪法、法律、行政法规相抵触的前提下，可以制定地方性法规和规章。地方各级国家权力机关依法行使本地区重大事项的决定权、任免权和监督权。(2) 我国是一个多民族国家，民族自治地区是我国行政区域的重要形式。我国的民族自治区既享有普通行政区的权限，同时还享有普通行政区所不能享有的自治权，如有权制定自治条例和单行条例，在不违背宪法和法律的原则下，对不符合民族自治地方实际情况的上级国家机关的决议、决定、命令和指示，可以报请上级国家机关批准，变通执行或者停止执行。(3)“一国两制”是我国国家结构的一种特殊形式。“一国两制”是指一个国家根据宪法和法律的规定，在这个国家的部分地区实行不同于其他地区的政治、经济和社会制度。比如香港特别行政区就享有高度的自治权，除外交和国防事务由中央人民政府管理外，其他方面都由当地人组成的特别行政区政府自己管理，享有立法权、行政管理权、独立的司法权和终审权，并保持财政独立，可自行制定经济、文化、教育等政策，还可以以“中国香港”的名义单独同各国、各地区及有关国际组织保持和发展经济、文化关系。

1.3　政府特征与政府职能

1.3.1　政府特征

国家为了维护社会秩序，管理经济生活，行使公共权力，就组建了政府。在一般意义上，政府具有以下基本特征：

（1）公共性。政府是适应社会公共需要而产生的。恩格斯把公共权力的产生视为政府区别于氏族社会的根本标志，并认为这种公共权力是凌驾于社会之上的力量。政府的公共性决定了政府的基本功能和主要任务是维护社会的公共利益，处理和解决一系列社会问题，保证社会的公正和公平。政府公务人员借助于公共权力的运用来维护社会公众的整体利益，而不是谋取集团利益和个人利益。社会和公众对政府与公务人员的监督也是为了防止公共权力的异化。

（2）普遍性。政府作为国家公共权力的拥有者和行使者，其功能涉及范围广泛，对社会产生的影响深远。政府制定的法规、政策和颁布的指示、命令，对社会组织和公民个人具有普遍的约束力和影响力，这是任何社会组织所不具备的功能。

（3）强制性。政府作为国家职能的代表者和实现者，拥有强制力是其重要特征，也是其实现职能的重要保证。政府的强制力是以国家法律和授权为依据的，是在宪法和法律范围内所表现出来的一种对社会和公民行为的约束力，是对违反宪法、法律以及政府法令行为的一种遏制和制裁的能力。政府强制力是政府行使公共权力的重要体现。

（4）非营利性。是否以营利为目的是区分市场行为与政府行为的重要标志。政府的公共性决定了政府行使社会管理的职能，必须以非营利作为其行为的出发点。政府的非营利性主要体现在政府管理的社会事业不能以取得直接的经济利益为目的，而应当以社会利益和事业的长远发展为目的，如政府在兴办教育、维护社会治安、提供社会保障时就不能考虑有多少利润。否则，就违背了政府的宗旨，不利于国家和社会的发展。

1.3.2 政府职能

1. 政府职能的一般理解

政府职能，即政府的职责与任务，也是政府在国家和社会生活中所扮演的角色与承担的任务。政府的本质也是通过政府的职能体现出来的，界定政府的职能是认识政府的出发点。对于政府职能有不同的提法，具有代表性的有：（1）两职能说。这种观点认为，政府的主要职能有对内和对外两方面。政府对内的职能主要是对被统治者进行统治的职能和维护社会秩序、干预经济的职能；政府对外的职能主要体现为侵略其他国家或保护本国不受其他国家的侵犯。（2）马克思的三职能说。马克思指出："在亚洲，从远古的时候起一般说来就只有三个政府部门：财政部门，或者说，对内进行掠夺的部门；战争部门，或者说，对外进行掠夺的部门；最后是公共工程部门。"① （3）《世界发展报告》从政府解决市场失灵问题和促进社会公平两个方面把政府职能划分为：第一，基本职能（小职能），即提供纯粹的公共物品，如国防、法律与秩序、财产所有权、宏观经济管理、公共医疗卫生和保护穷人（如制订反贫穷计划）等。第二，中型职能，包括解决外部效应问题，如提供基础教育、保护环境、规范垄断企业（如制定公共事业法规和制定反垄断政策）、提供社会保险（如养老金、失业救济金）以及保护消费者等。第三，积极职能，主要包括协调私人活动，通过协调来解决市场问题，通过积极的产业和金融政策来促进市场的发展，进行

---

① 《马克思恩格斯选集》，2版，第1卷，762页，北京，人民出版社，1995。

社会资产的再分配。

上述对政府职能的论述具有一定的普遍意义。但是，一个国家的政府职能主要还是取决于这个国家政治、经济的发展状况及历史传统。我国的政府职能也是如此。同时，政府职能也是随着国家、社会的发展而不断调整的。

2. 我国政府的基本职能

我国政府的基本职能主要体现在以下几个方面：

(1) 政治统治职能。新中国成立后，作为代表无产阶级利益的人民政府，我国政府对外承担着保护国家的领土完整和国家不受外来侵略的职能；对内镇压反动势力，同一切扰乱社会秩序、触犯法律、侵害人民群众利益的犯罪行为和犯罪分子做斗争；政府通过制定和实施法律，体现国家的统治意志，维护社会基本生活秩序。

(2) 经济管理职能。自新中国成立以来，我国政府就非常重视对经济的管理和实现国家经济的强大。因此，新中国成立初期，我国政府就把管理经济的职能视为自己的重要职责，并建立了直接管理企业和经济组织的政府机构，形成了从上到下的以计划管理为特征的经济管理模式。这一管理模式在一定时期，对于建立社会主义的经济体系和积累社会财富起到了重要的作用。但是，由于政府没有正确地处理同企业和社会经济组织的关系，这种包揽一切的管理模式违背了市场规律，压抑了企业和社会经济组织依据经济规律从事经济活动的积极性，从而抑制了社会生产力的发展。改革开放以来，政府管理经济的职能有了很大转变，从微观、具体的管理转变到宏观、间接的管理，从过多使用行政手段进行管理转变为依据法律和经济管理规律进行管理。当前，政府的经济管理职能主要体现为：制定宏观经济政策，保持经济总量平衡，抑制通货膨胀，优化经济结构，实现经济持续快速健康发展；健全宏观调控体系，完善经济、法律手段，改善宏观调控机制；制定行业规划和行业政策，进行行业管理，引导本行业产品结构的调整；维护行业平等竞争秩序，维持正常的经济秩序，在一定范围内干预经济的发展，如界定产权、保护产权、监督合同的执行、限制垄断、保证公平竞争、调节收入和财富的分配等。

(3) 国家和社会事务的管理与服务职能。主要体现为对科学、文化、教育、卫生、体育、民族事务的管理，对社会福利、社会保障事务的管理与服务。随着社会的发展，政府在促进社会文明与进步方面的职责会越来越突出，任务会越来越重。在我国社会主义市场经济建立和发展的过程中，政府将通过对社会事务的管理、协调来促进社会的繁荣和发展。当然，政府对社会事务的管理并不意味着所有的社会事务必须由政府亲自去包揽，而是需要政府广泛地依靠社会中介组织和其他社会组织来进行管理。

(4) 监督控制职能。随着社会事务的复杂化以及政府管理难度的增加，政府必须建立一整套有关国家、社会运行和发展的监控机制，这也是现代政府的一项重要职能。我国政府的监督控制职能主要体现为：对国民经济发展的宏观调控，对国家资产保值、增值的监控，对国家安全和社会安全的监控，对政府工作人员运用权力的监控，等等。

第2章 当代中国政府的权力结构及其关系

当代中国政府的权力结构是由政党组织、人民代表大会、中央人民政府和地方人民政府、国家元首、军事机关、审判机关、检察机关组成的。由于中央人民政府和地方人民政府的组成和职责将有专章介绍，本章不再赘述。

2.1　政党与政府

当代政党体制是指一个国家的政党领导或控制政权、干预政治和社会生活的体制。一个国家的政党体制，是与这个国家的社会政治、经济和文化的发展状况分不开的，并取决于其民族传统、宗教信仰、政治结构等。当代西方政党体制多采用多党制，政党之间通过竞争轮流执政。我国的政党体制是中国共产党领导的多党合作和政治协商制度。中国共产党是执政党，各民主党派是接受共产党领导的、同共产党长期合作的参政党。作为执政党，中国共产党对中国国家机关和国家各方面的工作实行政治领导、组织领导和思想领导，对国家的大政方针和重大事项进行决策。因此，了解中国共产党的组织和领导体制是了解和研究中国政府运行机制的关键。

2.1.1　中国共产党的组织体系

中国共产党的组织有三个层次：党的中央组织、党的地方组织和党的基层组织。

1. 党的中央组织

党的中央组织主要包括党的全国代表大会、党的全国代表会议、党的中央委员会、中央政治局及其常务委员会、中央委员会总书记、中央书记处、中央军事委员会、中央纪律检查委员会。中央军事委员会在后文有详细介绍，此处不再赘述。

（1）党的全国代表大会。党的全国代表大会是党的最高领导机关，其职权是：听取和审查党的中央委员会、中央纪律检查委员会的报告；讨论并决定党的重大问题；修改党的章程；选举中央委员会和中央纪律检查委员会。中国共产党全国代表大会每五年举行一次。党的全国代表大会的代表采用无记名投票差额选举方式产生。

（2）党的全国代表会议。党的全国代表会议的职权是：讨论和决定重大问题；调整和增选中央委员会、中央纪律检查委员会的部分成员。调整和增选中央委员及候补中央委员的数额，不得超过党的全国代表大会选出的中央委员及候补中央委员各自总数的 1/5。

（3）党的中央委员会。党的中央委员会是党的全国代表大会闭会期间党的最高领导机关，其职权是：在党的全国代表大会闭会期间，执行党的全国代表大会的决议，领导党的全部工作，就内政、外交、经济、国防等各方面的重大问题提出决策；推荐出任最高国家政权机关领导职务的人选；对外代表中国共产党。中央委员会每届任期五年。中央委员会委员的名额一般为 200 人左右，候补委员 100 余人。中央委员会成员（包括中央委员和候补委员）由党的全国代表大会选举产生。中央委员大多数为党中央和国家机关的领导、各省和部委党政机关负责人、各人民团体全国领导机关的负责人和一部分有代表性的党员。中央委员会每年至少召开一次会议，集中讨论党和国家社会生活中的重大形势与政策问题。

（4）中央政治局及其常务委员会。中央政治局及其常务委员会在中央委员会全体会议闭会期间行使中央委员会的职权，是中央全会闭会期间党的最高领导机关。政治局委员一般为 20 人左右。政治局常务委员会是政治局的核心。中央政治局及其常务委员会的职责是对中国社会政治、经济以及其他重大问题进行研究和决策，是中国的政治决策中心。

（5）中央委员会总书记。中央委员会总书记是党中央的负责人，负责召集中央政治局会议和中央政治局常务委员会会议，并主持中央书记处的工作。中央委员会总书记由中央全会从中央政治局常委中选举产生。

（6）中央书记处。中央书记处是中央政治局及其常委会的办事机构，在中央政治局及其常委会的领导下处理日常工作。中央书记处成员由中央政治局常委会提名，中央委员会全体会议通过。

（7）中央纪律检查委员会。中央纪律检查委员会，简称“中纪委”。中纪委的主要任务是维护党章和其他重要的规章制度，协助党中央检查党的路线、方针、政策和决议的执行情况，整顿党风、党纪，经常对党员进行党风、党纪教育，检查、处理党的组织和党员违反党章党纪的情况，受理对党员干部的控告和申诉，检查下级纪委的工作，批准和改变下级纪委对于案件所做出的决定。地方各级纪律检查委员会在同级党委和上级纪委的双重领导下开展工作。目前，各级纪委与同级政府部门所属的监察部门已合署办公。

为了使党中央领导机关更好地发挥职能，中央设立了党中央直属工作机构和直属单位，它们是：中共中央办公厅、中共中央组织部、中共中央统战部、中共中央宣传部、中共中央对外联络部、中共中央纪律检查委员会机关、中共中央直属机关工作委员会、中共中央国家机关工作委员会、中共中央党校、人民日报社、中共中央党史研究室、中共中央文献研究室等。另外，中共中央直属机关工作委员会、中共中央国家机关工作委员会是中央的派出机关。

2. 党的地方组织

党的地方组织有：党的省、自治区、直辖市、设区的市、自治州、县（旗）、自治县、不设区的市和市辖区的代表大会、委员会及其常务委员会、纪律检查委员会。

（1）党的地方各级代表大会。党的地方各级代表大会是党的地方各级领导机关，由选举产生的党员代表所组成，其职权是：听取和审查同级委员会、同级纪律检查委员会的报告；讨论本地区范围内的重大问题并做出决议；选举同级党的委员会、同级党的纪律检查委员会。现行党章规定，党的地方代表大会每五年举行一次，由同级党的委员会召集。

（2）党的地方各级委员会。党的地方各级委员会是同级党的代表大会闭会期间党的地方领导机关，由同级党的代表大会选举产生，每届任期五年。党的地方各级代表大会如提前或延期举行，由它选举的委员会的任期也相应地改变。党的地方各级委员会的委员和候补委员的名额，分别由上一级委员会决定。党的地方各级委员会委员出缺，由候补委员按照得票多少依次递补。在地方各级代表大会闭会期间，党的地方各级委员会执行上级党组织的指示和同级党的代表大会的决议，领导本地方的工作，定期向上级党的委员会报告工作。

（3）地方各级党委的常务委员会。党的地方各级委员会的常务委员会和书记、副书记，由同级委员会全体会议选举，并报上级党的委员会批准后产生。党的地方各级委员会的常委会，在委员会全会闭会期间行使委员会职权，在下届代表大会开会期间，继续主持经常工作，直到新的常务委员会产生为止。

（4）党的地方各级纪律检查委员会。党的地方各级纪律检查委员会，由同级党的代表大会选举产生，在同级党的委员会和上级纪律检查委员会的双重领导下进行工作。党的地方各级纪律检查委员会每届任期和同级党的委员会相同。党的地方各级纪律检查委员会的主要任务和中央纪律检查委员会的主要任务相同。地方各级纪律检查委员会除了要把处理特别重要或复杂的案件中的问题和处理的结果向同级党的委员会报告外，还要向上级纪律检查委员会报告。

3. 党的基层组织

党的基层组织是指中国共产党在基层单位所建立的组织。企业、农村、机关、学校、科研院所、街道社区、社会组织、人民解放军连队和其他基层单位，凡是有正式党员 3 人以上的，都应当成立党的基层组织。党的基层组织，根据工作需要和党员人数，经上级党组织批准，分别设立党的基层委员会、总支部委员会、支部委员会。一般情况下，党员超过 100 人的，可建立党的基层委员会；党员超过 50 人的，可成立党的总支部委员会。党员不足 3 人的，可与邻近单位的党员组成联合支部。

另外，现行党章规定，在中央和地方国家机关、人民团体、经济组织、文化组织和其他非党组织的领导机关中，可以成立党组。党组的性质是党的各级委员会在非党组织中的派出机关。它是党为了使自己的路线、方针、政策在非党组织的工作中得到贯彻落实而设立的工作机关，是党团结非党组织的领导机关，是和非党领导人一道贯彻党的路线、方针、政策的机关。党组与其所在机关党组织之间是指导关系，这些机关党组织都是直接受同级直属机关党委或同级党委领导的，而不是受党组的领导，因此，党组既不是一级领导机关、权力机关，也不是机关党的基层组织。党组的任务主要是负责实现党的路线、方针、政策，讨论和决定本部门的重大问题，团结非党干部和群众，完成党和国家交给的任务，指导机关和直属党组织的工作。党组的成员一般是非党组织领导机关中担任负责工作的党员，由批准成立的党的委员会指定。党组设书记，必要时还可以设副书记。

2.1.2　中国共产党在国家生活中的地位与领导方式

在我国，中国共产党作为唯一的执政党，对国家生活实行政治领导、组织领导和思想领导。这种领导地位是我国宪法所确认的一条基本原则。它是我们了解和研究中国政府体制、管理原则以及管理方式的重要出发点。党对国家生活的领导主要体现为：确定国家经济、政治、科学、文化、教育以及社会生活等各方面的总体发展方向并制定具体的发展战略；通过党的各级组织与党员监督国家各级权力机关、行政机关和司法机关职权的行使，保证党的意图和主张的实现；通过推荐本党的优秀人员担任各级政府部门的重要领导职务与直接管理干部来保证党的路线、方针和政策的实现；通过建立各种专门的组织机构，有效地实现党在各级生活中的组织领导；通过领导和控制宣传系统，向社会宣传党的方针、政策，使之深入人心，以实现党的思想领导。

党的领导具体体现在政治领导、组织领导和思想领导三个方面。政治领导体现在党制定的基本原则、指明的基本方向以及制定的重大决策方面。组织领导体现在党一方面通过向政权机关推荐重要干部，将德才兼备、年富力强的干部输送到各级领导岗位上去，通过党员干部的模范作用来实现党的领导；另一方面通过党的组织和党员的模范作用影响与带动群众，贯彻党的方针、政策，从而使党的领导落到实处。思想领导体现在党用马克思主义、毛泽东思想、邓小平理论、“三个代表”重要思想、科学发展观和习近平总书记系列重要讲话精神来教育和武装广大党员与人民群众，使之自觉地为党和国家的事业做出贡献；党通过宣传、教育等活动使党的主张成为广大党员和人民群众的自觉行动。

2.1.3　多党合作和政治协商制度

在我国，多党合作和政治协商制度的重要组织形式就是中国人民政治协商会议。人民政协是以中国共产党为领导的各政党、各人民团体和社会各方面的代表所组成的爱国统一战线组织，是我国政治协商、民主监督的机关，是中国共产党与各民主党派进行多党合作的重要组织形式。

中国多党合作和政治协商制度的特点是：（1）在多党合作关系中，中国共产党处于政治领导地位。（2）多党合作和政治协商制度的指导方针是“长期共存、互相监督、肝胆相照、荣辱与共”。（3）中国共产党与各民主党派合作的重要渠道是中国人民政治协商会议。

1. 中国政协在国家政治体制中的地位

中国政治制度的基本结构是在中国共产党的统一领导下，实行人民代表大会制度、多党合作和政治协商制度、民族区域自治制度。

人大通过选举、投票行使权力与人民政协在选举、投票之前进行充分协商，这是中国社会主义民主的两种最重要的形式。

人民政协与人大、政府三者的关系是，一个在决策前协商，一个在协商后表决做决策，一个在决策后执行，三者统一在中国共产党的领导下，分工协作、各司其职、互为补充、相辅相成。

第十二届全国政协设立了9个专门委员会：(1) 提案委员会；(2) 经济委员会；(3) 人口资源环境委员会；(4) 教科文卫体委员会；(5) 社会和法制委员会；(6) 民族和宗教委员会；(7) 港澳台侨委员会；(8) 外事委员会；(9) 文史和学习委员会。

2. 各民主党派情况

(1) 中国国民党革命委员会（简称“民革”）由原中国国民党民主派和其他爱国民主人士所创建，是具有政治联盟性质的、致力于建设中国特色社会主义和祖国统一事业的政党，是中国共产党领导的多党合作和政治协商制度中的参政党。截至2012年6月，民革在全国共有30个省级委员会、267个市级委员会、52个县级委员会，共有党员10万多人。民革历任主席为李济深、何香凝（女）、朱蕴山、王昆仑、屈武、朱学范、李沛瑶、何鲁丽（女）、周铁农。现任主席为万鄂湘。

(2) 中国民主同盟（简称“民盟”）是中国共产党领导的爱国统一战线的组成部分，是同中国共产党通力合作的参政党，是主要由从事文化教育以及科学技术工作的高中级知识分子组成的、具有政治联盟特点的、致力于建设中国特色社会主义事业的参政党。截至2016年6月，民盟共有成员27.4万余人，其中高教界占23.3%，普教界占30.5%，文化艺术新闻出版界占5.8%，科学技术界占8.7%，医卫界占8.8%。省级组织30个，市、县级组织411个。盟员中有1.9万余人担任各级人大代表和政协委员，有1 490余人担任政府及司法部门县处级以上职务，还有一些盟员担任最高人民检察院特约检察员、监察部特邀监察员、审计署特约审计员、国家特邀国土资源监察专员、教育部特约教育督导员、国家税务总局特邀监察员、最高人民法院特约监督员、环境保护部国家环境特约监察员。民盟历届中央委员会主席为黄炎培、张澜、沈钧儒、杨明轩、史良（女）、胡愈之（代主席）、楚图南、费孝通、丁石孙、蒋树声。现任主席为张宝文。

(3) 中国民主建国会（简称“民建”）是主要由经济界人士组成的、具有政治联盟特点的、致力于建设中国特色社会主义事业的政党，是中国共产党领导的多党合作和政治协商制度中的参政党。民建在全国30个省、自治区、直辖市和大中城市都建立了组织，现有成员14万多人，大多数为经济界和其他方面的代表性人士。其中，有3 338人担任各级人大代表，16 637人担任各级政协委员，3 709人担任区、县级以上政府和司法机关领导职务，还有4 152人担任各级特邀、特约监察员、检察员职务。民建第一、第二届中央委员会主任委员为黄炎培，第三届中央委员会主任委员、第四届中央委员会主席为胡厥文，第五、第六届中央委员会主席为孙起孟，第七、第八届中央委员会主席为成思危，第九、第十届中央委员会主席为陈昌智。

(4) 中国民主促进会（简称“民进”）是以从事教育文化出版工作的高中级知识分子为主的、具有政治联盟性质的、致力于建设中国特色社会主义事业的政党，是同中国共产党通力合作的参政党。截至2014年底，民进在全国29个省、自治区、直辖市建立了地方组织，有市县级组织326个，基层组织7 484个，会员14.5万余人，平均年龄50.8岁。全会成员中有各级人大代表2 210人，各级政协委员12 226人，其中全国人大代表55人，全国政协委员79人；在政府和司法机关担任处级以上领导职务的1 043人。民进中央历届主席有马叙伦、周建人、叶圣陶、雷洁琼（女）、许嘉璐。现任主席为严隽琪。

（5）中国农工民主党（简称“农工党”）由邓演达先生于1930年创建，是以医药卫生界高中级知识分子为主、具有政治联盟特点、致力于建设中国特色社会主义事业的政党。主要创始人和领导人有邓演达、黄琪翔、章伯钧、彭泽民、季方、周谷城、卢嘉锡、蒋正华、桑国卫等。农工党目前在除台湾、西藏外的全国30个省、自治区、直辖市建立了地方组织，现有党员14.4万余人。现任主席为陈竺。

（6）中国致公党是以归侨、侨眷中的中上层人士和其他有海外关系的代表人士组成的、具有政治联盟特点的、致力于建设中国特色社会主义的政党。致公党在天津、重庆等省、自治区、直辖市建立了省级组织。致公党成立至今，已召开了十四次全国代表大会，历届中央委员会主席为陈其尤、黄鼎臣、董寅初、罗豪才。现任主席为万钢。

（7）九三学社是以科学技术界高中级知识分子为主的、具有政治联盟特点的政党，是接受中国共产党领导、与中国共产党亲密合作、致力于建设中国特色社会主义事业的参政党。截至2014年12月底，九三学社有30个省级组织，276个省辖市级组织，28个县级市组织，全国社员已达14.9万余人，社员中担任各级人大代表的共有1 833人，担任各级政协委员的共有9 532人。先后拥有170余位两院院士。九三学社中央历任主席为许德珩、周培源、吴阶平。现任主席为韩启德。

（8）台湾民主自治同盟（简称“台盟”）1947年11月12日在香港成立，是由台湾省人士组成的社会主义劳动者和拥护社会主义的爱国者的政治联盟，是为社会主义服务的政党，是与中国共产党通力合作的一个参政党。台盟历届主席为谢雪红（女）、蔡啸、苏子蘅、蔡子民、张克辉。现任主席为林文漪（女）。

各民主党派简况详见表2－1。

表2－1　　各民主党派简况一览表

党派名称	成立时间	历届主席	现任主席
中国国民党革命委员会（民革）	1948年1月1日	李济深　何香凝（女） 朱蕴山　王昆仑 屈　武　朱学范 李沛瑶　何鲁丽（女） 周铁农	万鄂湘
中国民主同盟（民盟）	1941年3月19日	黄炎培　张　澜 沈钧儒　杨明轩 史　良（女） 胡愈之（代主席） 楚图南　费孝通 丁石孙　蒋树声	张宝文
中国民主建国会（民建）	1945年12月16日	黄炎培　胡厥文 孙起孟　成思危	陈昌智

续前表

党派名称	成立时间	历届主席	现任主席
中国民主促进会（民进）	1945 年 12 月 30 日	马叙伦 周建人 叶圣陶 雷洁琼（女） 许嘉璐	严隽琪
中国农工民主党（农工党）	1930 年 8 月 9 日	邓演达 黄琪翔 章伯钧 彭泽民 季 方 周谷城 卢嘉锡 蒋正华 桑国卫	陈 竺
中国致公党（致公党）	1925 年 10 月 10 日	陈其尤 黄鼎臣 董寅初 罗豪才	万 钢
九三学社	1946 年 5 月 4 日	许德珩 周培源 吴阶平	韩启德
台湾民主自治同盟（台盟）	1947 年 11 月 12 日	谢雪红（女） 蔡 啸 苏子蘅 蔡子民 张克辉	林文漪（女）

2.1.4 当代中国的党政关系

党政关系是中国政治生活中的一个重要概念，也是了解中国政府实际运行体制的一个重要切入点。与西方大多数国家不同，中国的党政关系是指中国共产党与国家权力机关、行政机关的关系。

1. 中国共产党与全国人民代表大会及其常务委员会的关系

（1）党的执政地位要通过对人大工作的领导来实现。中华人民共和国的成立，标志着中国历史进入新的时期，中国共产党也上升为执政党。江泽民同志在党的十五大报告中指出，共产党执政就是领导和支持人民掌握管理国家的权力，实行民主选举、民主决策、民主管理和民主监督，保证人民依法享有广泛的权利和自由，尊重和保障人权。他还强调，我们党是执政的党，党的执政地位，是通过党对国家政权机关的领导来实现的。如果放弃了这种领导，就谈不上执政地位。各级政权机关，包括人大、政府、法院、检察院和军队，都必须接受党的领导，任何削弱、淡化党的领导的想法和做法都是错误的。具体地讲，中国共产党是通过以下方式实现领导权力的：

第一，建议国家权力机关把党的主张变成国家意志。党的十三大报告指出，党对国家事务实行政治领导的主要方式是：使党的主张通过法定程序变成国家意志，通过党组织的活动和党员的模范作用带动广大人民群众，实现党的路线、方针、政策。2015 年底实施的《中国共产党地方工作委员会工作条例》第 5 条规定，党的地方委员会“通过法定程序使党组织的主张成为地方性法规、地方政府规章或者其他政令”。党的决策经过国家权力机关按法定程序变成国家意志的形式主要是宪法、法律、地方性法规、自治条例和单行条例，以及关于重大事项的决定。

第二，向国家权力机关推荐重要干部。党组织向国家权力机关推荐领导干部，就是为了能及时地把党的主张变为国家意志，确保党的政治路线的贯彻执行。毛泽东说过，政治路线确定之后，干部就是决定的因素。

党向国家权力机关推荐重要干部包括两个方面：一是推荐重要干部出任“一府两院”的领导职务，提请国家权力机关选举或任命；二是推荐重要干部出任国家权力机关的领导职务，提请国家权力机关选举。人大及其常委会行使选举和任免权，必须坚持党管干部的原则，尊重党组织的提名推荐权，坚决贯彻党组织的意见和主张。

第三，通过发挥国家权力机关党组织和党员的作用来实现党的意志与主张。党的十八大通过的现行党章规定，在中央和地方国家机关、人民团体、经济组织、文化组织和其他非党组织的领导机关中，可以设立党组。党组的任务，主要是负责贯彻执行党的路线、方针、政策；讨论和决定本单位的重大问题；做好干部管理工作；团结党外干部和群众，完成党和国家交给的任务；指导机关和直属单位党组织的工作。党通过国家机关设立的党组和党员来实现党的路线、方针和政策。在各级人大代表和人大常务委员会组成人员中，中共党员占多数。这些党员具有双重身份，肩负双重责任，他们作为人民代表，要对人民负责；作为党员，要对党负责。所以，党员对党负责和对人民负责是一致的。

（2）党的领导方式主要是政治、思想和组织的领导。政治包括政治方向、政治立场、政治观点、政治纪律、政治鉴别力、政治敏锐性。只有讲政治，才能保证把党的基本理论、基本路线、基本方针和各项政策，把国家的法律、法规，贯彻到经济建设和各项工作中去，防止和排除各种错误思想、错误倾向的干扰，保持正确的发展方向。从这个意义上说，党加强对人大工作的领导，支持人民当家作主，本身就是最大的民主、最大的政治。党对人大工作的政治领导，主要是政治原则、政治方向、重大决策的领导，最根本的是坚持党在社会主义初级阶段的基本路线，用党的基本路线统一国家权力机关组成人员和工作人员的思想和行动，使国家权力机关以经济建设为中心，坚持四项基本原则，坚持改革开放。

党对人大工作的思想领导，主要是指党要坚持解放思想，实事求是，保证国家权力机关依据党的“一切从实际出发，理论联系实际，实事求是，在实践中检验真理和发展真理”的思想路线，积极探索，大胆实践，创造性地开展工作，不断研究新情况，总结新经验，解决新问题，在实践中丰富和发展马克思主义的国家学说和政权理论，坚持和完善人民代表大会制度。

党对人大工作的组织领导，最主要的是按照《宪法》和《中国共产党章程》的规定，保证国家权力机关、行政机关、审判机关、检察机关坚持民主集中制的原则，积极主动地、独立负责地、协调一致地开展工作。党对人大工作的组织领导，还包括充分发挥国家权力机关中党组织的保证作用，充分发挥国家权力机关中党员的先锋模范作用，也包括向国家权力机关推荐重要干部。

（3）改善党与权力机关的关系。不断改善党与全国人民代表大会及其常务委员会的关系是我国政治生活的重要内容。党必须在宪法和法律范围内活动是改善党与权力机关关系的基本原则。《中国共产党章程》明确规定，党必须在宪法和法律的范围内活动。中共中央指出，党组织的一切活动都不能违背宪法和法律的规定，这是党和国家政治生活中必须坚持的一项基本原则，必须引起各级党委的重视。这一原则要求党不能代替人民代表大会及其常务委员会行使国家权力，党要尊重和支持人大及其常委会依法行使职权。

2. 党的组织与中央和地方政府机关的关系

中国的党政关系是有其特殊的历史背景和复杂的发展过程的。在中国共产党领导全国人民取得政权的过程中，中国共产党及其组织实际上履行着党、政、军、司法等各项职能，这个时期实行“党的一元化领导”主要是适应夺取政权的需要。新中国成立以后，1954年《宪法》确立了国家的政治体制。但是，《宪法》没有对作为执政党的中国共产党以什么样的方式和渠道来领导国家政权与社会生活做出明确的规定。这样，在国家生活中以党代政的色彩开始浓重起来，在领导体制上采取党委领导下的行政首长负责制。20世纪50年代以后，党委的权力逐步渗透到各级政治组织、社会组织和经济组织中，党的各级组织成为权力的中心。在“文化大革命”期间，我国政治生活处于极不正常的状态，各级政府组织几乎都停止了工作，“公、检、法”系统也被砸烂了，取而代之的是“文化大革命小组”和“革命委员会”，“革命委员会”实际上是集党、政、军、民于一体的特殊领导机构。

在我国，改革开放以前存在的党政关系混乱给国家的政治生活和社会生活带来了不利的影响，主要表现为：（1）党的组织经常不经法律程序干预权力机关和政府各部门的工作，如不经法律程序任免干部、以党的决议代替政府的决策等。（2）中央与地方的党组织一度设立了与政府部门相重叠的工作部门，如工交部、财贸部、农工部等，直接指挥和管理国家的社会经济、财贸、农业及文教等事务，形成党政两套机构共同管理同一项社会事务的现象，从而造成机构重叠、人员膨胀、矛盾重重、效率低下。（3）党政不分、以党代政。一方面使党的机构和党的领导人事无巨细，忙于具体的管理工作，实际上是削弱了党对各项事务发展的总体领导和对大政方针的总体把握；另一方面又使各级政府部门应当发挥的职能不能很好地发挥出来，从而影响党的方针、路线和政府决策的贯彻执行。正如邓小平所批评的那样：“加强党的领导，变成了党去包办一切、干预一切；实行一元化领导，变成了党政不分、以党代政。”①

从理论和实践上理顺党政关系具有十分重要的意义。党的十一届三中全会的召开和1982年对《宪法》的修改为党政关系的理顺奠定了理论基础。党的十一届三中全会明确提出，党在对国家事务和各项经济、文化、社会工作的领导中，必须正确处理党同其他组织的关系，从各方面保证国家权力机关、行政机关、司法机关和各种经济、文化组织有效地行使自己的职权，保证工会、共青团、妇联、科协、文联等群众组织主动负责地进行工作。1982年《宪法》也修改了1975年《宪法》中党政不分的内容，明确规定了各政党必须以宪法为根本的活动准则，并且负有维护宪法尊严、保证宪法实施的职责；任何组织和个人都不得有超越宪法和法律的特权。党的十二大通过的党章中也规定，党必须同国家立法、司法、行政机关，经济、文化和人民团体积极主动地、负责地、协调一致地工作。在实践中，我国对理顺党政关系也做了探讨，主要表现为：（1）1980年，党中央提出一部分党的领导人不再兼任政府职务，随后又规定各地方党组织第一把手一般不宜兼任地方政府行政首长职务。（2）各级党委不再设立不在政府任职但又分管政府工作的专职书记、常

---

① 《邓小平文选》，2版，第2卷，142页，北京，人民出版社，1994。

委。(3) 逐步撤销了各级党委办事机构中与政府重叠的部门，其管理的行政事务转交给有关政府部门，各级党组织的机构主要有组织部、宣传部、统战部等几个工作部门。各级党组织及专职党务干部的主要精力放在党务工作上。(4) 由上级行政部门党组织垂直领导的企事业单位的党组织，逐步改由所在区域的地方党委领导，实行企事业党的关系属地化。当然，党政关系也是在中国政治、经济和各项事业的发展中不断调整和逐步完善的。

2.2　人民代表大会

我国《宪法》规定，一切权力属于人民，由人民选出的代表所组成的全国人民代表大会和地方各级人民代表大会，代表人民行使国家权力。全国人民代表大会是我国的最高国家权力机关，又是行使国家立法权的机关。全国人民代表大会的性质决定了它在整个国家机构体系中居于首要的地位。

2.2.1　全国人民代表大会的组成与机构

1. 人民代表的权利与义务

全国人民代表大会的代表由各省、直辖市、自治区人民代表大会和中国人民解放军采取间接、差额的方式选举产生。全国人大代表的名额不超过 3 000 人，由全国人民代表大会常务委员会根据以下因素确定：城市代表与农村代表的比例；适当照顾少数民族，要保证人口特少的民族也要有一位代表；人民解放军的全国人大代表由“中国人民解放军选举委员会”分配给各大单位；为归国华侨分配适当名额；台湾省的全国人大代表，由各省级地方和人民解放军中的台湾同胞派代表协商选举产生。

全国人大代表作为国家最高权力机关的组成人员，集体行使最高国家权力。全国人大代表的权利有：出席会议权；提出议案权；质询权；选举权；建议权；人身特别保护权；言论和表决的特别保障权；物质保障权。

全国人大代表的义务有：出席本级人民代表大会会议，依法行使代表的职权；模范遵守宪法和法律，在自己参加的生产、工作和社会活动中，协助宪法和法律的实施；保守国家秘密；与原选区选民或者原单位的人民群众保持密切的联系，听取和反映他们的意见和要求，努力为人民服务；接受原选区选民或者选举单位的监督。

2. 会议形式

权力机关行使权力的重要特点是集体行使职权，而集体行使职权的重要方式就是召开法定的会议，决定重要的事项。因此，了解权力机关的会议形式与任务是了解权力机关职权行使的重要方面。

(1) 人民代表大会会议。人民代表大会会议是人大行使权力的主要的决定性形式，其主要任务是：听取人大常委会、政府、法院、检察院的工作报告；听取和审查批准上一年度国民经济和社会发展计划执行情况的报告及本年度国民经济和社会发展计划的报告；听取和审查批准本年度财政预算和上一年度预算执行情况的报告；听取和审议提交大会审议的议案；通过上述各项报告和议案的决议；进行选举和人事任免表决。

（2）主席团会议。主席团会议是全国人民代表大会的领导机构，主持全国人大会议。主席团产生后，由委员长主持召开第一次主席团会议，推选主席团常务主席，确定主席团和秘书长人选，确定会议日程和表决方式等。

（3）人大常委会会议。全国和地方人民代表大会闭幕以后，国家和地方的许多经常性的重要事项，需要常委会开会决定。常委会开会的方式有三种，即全体会议、分组会议和联席会议。全体会议是常委会行使职权的主要的并具有决定性的会议形式，主要议题是：听取各种提交大会审议的议案的说明；听取向常委会所做的各项工作报告、汇报；对各种法律案、法规案、人事任免案和其他议案以及有关报告及其审议意见进行表决。

（4）委员长（主任）会议。委员长（主任）会议对于人大工作具有重要的作用：对于常委会会议的运作和人大工作的开展起着领导作用，有利于提高常委会工作的预见性、计划性。

3. 专门委员会

专门委员会是人民代表大会常设的重要工作机构，是全国人民代表大会和地方人民代表大会根据需要依法设立的，在人大及其常委会领导下，研究、审议和拟订有关议案，对属于本级人大及其常委会职权范围内的同本委员会有关的问题进行调查研究、提出建议。

第十二届全国人民代表大会共设立民族委员会、外事委员会、教育科学文化卫生委员会、法律委员会、华侨委员会、财政经济委员会、内务司法委员会、环境与资源保护委员会、农业与农村委员会 9 个专门委员会。

2.2.2 全国人民代表大会及其常务委员会的职权

1. 全国人民代表大会的职权

根据《宪法》的规定，全国人民代表大会的职权有以下几个方面：

（1）最高立法权。全国人民代表大会有权修改具有最高法律效力的宪法，并监督宪法的实施；有权制定和修改刑事、民事、国家机构的和其他的基本法律。

（2）选举、罢免权。全国人民代表大会有权选举并罢免全国人民代表大会常务委员会的组成人员，选举并罢免中华人民共和国主席、副主席；根据中华人民共和国主席的提名，决定国务院总理的人选；根据国务院总理的提名，决定国务院其他组成人员的人选，并有权罢免；选举并罢免中央军事委员会主席；根据中央军事委员会主席的提名，决定中央军事委员会其他组成人员的人选，并有权罢免；选举并罢免最高人民法院院长和最高人民检察院检察长。

（3）监督权。全国人民代表大会常务委员会、国务院、最高人民法院、最高人民检察院都要接受全国人民代表大会的监督，向它负责并报告工作。中央军事委员会主席也要向全国人民代表大会负责。全国人民代表大会有权改变或者撤销全国人民代表大会常务委员会不适当的决定。中华人民共和国主席也要根据全国人民代表大会及其常务委员会的决定行使职权。

（4）全国重大事项的决定权。全国人民代表大会有权审查和批准国民经济和社会发展计划及计划执行情况的报告，审查和批准国家预算和决算执行情况的报告，批准省、自治区和直辖市的建制，决定特别行政区的设立及其制度，决定战争与和平的问题。

（5）应当由最高国家权力机关行使的其他职权。

2. 全国人民代表大会常务委员会的职权

（1）制定和修改法律。包括制定和修改由全国人民代表大会制定的法律以外的其他法律；在全国人民代表大会闭会期间，对全国人民代表大会制定的法律进行部分修改和补充，但不得同该法律的基本原则相抵触。

（2）解释宪法和法律。全国人大常务委员会有依照法律程序对宪法和法律规范做出具有法律效力的说明的权力。

（3）决定国家重大事项。在全国人民代表大会闭会期间，审查和批准国民经济和社会发展计划、国家预算在执行过程中必须做的部分调整方案；决定同外国缔结的条约和重要协定的批准和废除；规定军人和外交人员的衔级制度和其他专门衔级制度；规定和决定授予国家勋章和荣誉称号；决定特赦；在全国人民代表大会闭会期间，如果遇到国家遭受武装侵犯或者必须履行国际上共同防止侵略的条约的情况，决定战争状态的宣布；决定全国总动员或者局部动员；决定全国或者个别省、自治区、直辖市进入紧急状态；在全国人民代表大会闭会期间，根据国务院总理提出的议案，决定国务院各部、各委员会的设立、撤销或者合并。

（4）法律监督和工作监督。主要是监督宪法、法律的实施，监督国务院、中央军事委员会、最高人民法院、最高人民检察院的工作。具体包括：撤销国务院制定的同宪法、法律相抵触的行政法规、决定和命令；撤销省、自治区、直辖市国家权力机关制定的同宪法、法律和行政法规相抵触的地方性法规和决议；听取和审议国务院及其部门、中央军事委员会、最高人民法院、最高人民检察院的工作汇报；对宪法和法律的贯彻落实情况进行检查，对违宪、违法的问题做出处理决定，提出纠正意见；对人民群众向国家机关及其工作人员提出的申诉、控告和检举进行受理，督促有关方面予以处理；此外，还可以以质询等方式监督。

（5）人事任免。在全国人民代表大会闭会期间，全国人大常委会享有依法决定和任免国家权力机关、行政机关、军事机关、审判机关、检察机关有关工作人员的权力。

2.2.3　县级以上地方各级人民代表大会及其常务委员会的职权

1. 县级以上地方各级人民代表大会的职权

（1）在本行政区域内，保证宪法、法律、行政法规和上级人大及其常委会决议的遵守和执行，保证国家计划和国家预算的执行。

（2）审查和批准本行政区域内的国民经济和社会发展计划、预算以及它们执行情况的报告，讨论、决定本行政区域内的政治、经济、教育、科学、文化、卫生、环境和资源保护、民政、民族等工作的重大事项。

（3）选举并有权罢免本级人大常委会的组成人员；选举并有权罢免省长、副省长，自治区主席、副主席，市长、副市长，州长、副州长，县长、副县长，区长、副区长；选举并有权罢免本级人民法院院长和人民检察院检察长；选举并有权罢免由它选出的上一级人大代表。

（4）听取和审查本级人大常委会、人民政府、人民法院、人民检察院的工作报告。

（5）改变或者撤销本级人大常委会不适当的决议，撤销本级人民政府不适当的决定和命令。

（6）保护社会主义的全民所有的财产和劳动群众集体所有的财产，保护公民私人所有的合法财产，维护社会秩序，保障公民的人身权利、民主权利和其他权利；保护各种经济组织的合法权益；保障少数民族的权利；保障宪法和法律赋予妇女的男女平等、同工同酬和婚姻自由等各项权利。

（7）省、自治区、直辖市的人民代表大会根据本行政区域的具体情况和实际需要，在不同宪法、法律、行政法规相抵触的前提下，可以制定和颁布地方性法规，报全国人大常委会和国务院备案；省、自治区的人民政府所在地的市，经济特区所在地的市和经国务院批准的较大的市的人民代表大会，根据本市的具体情况和实际需要，在不同宪法、法律、行政法规和本省、自治区的地方性法规相抵触的前提下，可以制定地方性法规，报省、自治区的人大常委会批准后施行，并由省、自治区的人大常委会报全国人大常委会和国务院备案。

民族自治地方的人民代表大会有权依照当地民族的政治、经济和文化的特点，制定自治条例和单行条例。自治区的自治条例和单行条例，报全国人大常委会批准后生效。自治州、自治县的自治条例和单行条例，报省或者自治区的人大常委会批准后生效，并由省、自治区的人大常委会报全国人大常委会备案。

2. 县级以上地方各级人民代表大会常务委员会的职权

（1）决定重大事项。地方各级人大常委会讨论、决定本行政区域内的政治、经济、教育、科学、文化、卫生、环境和资源保护、民政、民族等工作的重大事项；根据本级人民政府的建议，决定对本行政区域内的国民经济和社会发展计划、预算的部分变更；决定授予地方的荣誉称号。

（2）法律监督和工作监督。地方各级人大常委会在本行政区域内，保证宪法、法律、行政法规和上级人大及其常委会决议的遵守和执行；监督本级人民政府、人民法院和人民检察院的工作；受理人民群众对“一府两院”及其工作人员的申诉和意见；撤销下一级人大及其常委会不适当的决议；撤销本级人民政府不适当的决定和命令。

（3）任免国家机关工作人员。在本级人民代表大会闭会期间，地方各级人大常委会可以依法行使有关人事任免权。

（4）制定地方行政法规。在本级人民代表大会闭会期间，可根据本地方的实际情况和实际需要，在不同宪法、法律、行政法规和本省、自治区的地方性法规相抵触的前提下，制定地方性法规，报省、自治区人大常委会批准后实施。

（5）履行本级人民代表大会常设机关的其他职责。

2.2.4 乡级人民代表大会的职权

根据《宪法》和《地方各级人民代表大会和地方各级人民政府组织法》（以下简称《地方组织法》）的规定，乡、民族乡、镇的人民代表大会的职权可以概括为以下四个方面：

（1）在本行政区域内，保证宪法、法律、行政法规和上级人大及其常委会决议的遵守和执行；保护社会主义全民所有的财产和劳动群众集体所有的财产，保护公民私人所有的合法财产，维护社会秩序，保障公民的人身权利、民主权利和其他权利；保护各种经济组织的合法权益；保障少数民族的权利；保障宪法和法律赋予妇女的男女平等、同工同酬和婚姻自由等各项权利。

（2）在职权范围内通过和发布决议；根据国家计划，决定本行政区域内的经济、文化事业和公共事业的建设计划；审查和批准本行政区域内的财政预算和预算执行情况的报告；决定本行政区域内民政工作的实施计划。

（3）选举并有权罢免本级人民代表大会主席、副主席，乡长、副乡长，镇长、副镇长。

（4）听取和审查本级人民政府的工作报告，撤销本级人民政府不适当的决定和命令。

少数民族聚居的乡、民族乡、镇的人民代表大会在行使职权的时候，应当采取适合民族特点的具体措施。

2.3　国家元首

国家元首，是一国的最高代表，在国际上代表本国，是国家政权机构的重要组成部分。国家元首具有公布法律权、发布命令权、外交权、统率武装力量权、任免权、赦免权和荣誉权等职权。世界各国元首制度由各国宪法加以规定。君主制国家的国家元首统称为君主，具体称谓有所不同，如英国、沙特阿拉伯、摩洛哥称国王，一些伊斯兰国家称苏丹，还有些国家称埃米尔（如科威特），日本称天皇。君主制国家的国家元首实行世袭制，终身任职。在共和制国家，国家元首一般称总统或主席，由选举产生，有一定的任期，不是终身制。

2.3.1　我国国家元首制度的基本情况

我国的国家元首是中华人民共和国主席。我国设国家主席是 1954 年《宪法》确定的。在这之前，根据 1949 年 9 月中国人民政治协商会议第一次全体会议通过的《中央人民政府组织法》的规定，我国设立中央人民政府委员会，对外代表国家，对内领导国家政权，集体行使国家元首的职权。主席是中央人民政府委员会的组成人员，但称为中央人民政府主席，召集和主持中央人民政府委员会会议，领导中央人民政府委员会的工作，并且在中央人民政府委员会闭会期间领导政务院的工作。《宪法》规定，中华人民共和国主席对外代表中华人民共和国；国家主席根据全国人民代表大会及其常务委员会的决定，公布法律，任免国家机关工作人员。

1966 年以后，国家主席长期空缺，主席制度名存实亡。1975 年，第四届全国人民代表大会通过的《宪法》正式取消了国家主席的建制，把原来由国家主席行使的统率全国武装力量的职权改由中共中央主席行使，把原来全国人民代表大会根据国家主席的提议任免国务院总理，改为根据中共中央委员会的提议任免国务院总理。1978 年《宪法》仍然没有设国家主席，并把 1954 年《宪法》规定由国家主席行使的部分职权又改由全国人民代表大会常务委员会委员长行使。1982 年，第五届全国人民代表大会第五次会议通过的《宪法》，决定恢复国家主席的建制。历届党和国家领导人如表 2-2 所示。

表 2-2 党和国家领导人一览表

	成立时间	历届领导人	现任领导人
中国共产党	1921 年 7 月 23 日	陈独秀 瞿秋白 向忠发 王 明 博 古 张闻天 毛泽东 华国锋 胡耀邦 赵紫阳 江泽民 胡锦涛	习近平
全国人民代表大会	1954 年 9 月 15 日	刘少奇 朱 德 叶剑英 彭 真 万 里 乔 石 李 鹏 吴邦国	张德江
中华人民共和国主席		毛泽东 刘少奇 宋庆龄 李先念 杨尚昆 江泽民 胡锦涛	习近平
中央军事委员会		毛泽东 华国锋 邓小平 江泽民 胡锦涛	习近平

2.3.2 国家元首的产生与任期

按照现行《宪法》的规定，中华人民共和国主席、副主席由全国人民代表大会选举产生。具体选举程序是：首先由全国人民代表大会会议主席团提出国家主席和副主席的候选人名单，然后经各代表团酝酿协商，再由主席团根据多数代表的意见确定正式候选人名单，提交大会全体会议表决，以全体代表过半数当选。当选中华人民共和国主席、副主席必须同时具备以下三个条件：(1) 国籍条件，即必须是中华人民共和国的公民；(2) 政治条件，即有选举权和被选举权；(3) 年龄条件，即必须年满 45 周岁。1954 年《宪法》规定是年满 35 周岁，1982 年《宪法》改为年满 45 周岁，主要考虑国家主席是一个崇高的职务，不仅要有丰富的政治阅历，而且必须在国内外享有较高的声誉和威望，只有到一定年龄的人，才可能具备这些条件。国家主席、副主席每届任期同全国人民代表大会每届任期相同。国家主席在任期未满前因病或其他情况不能继续担任这一职务，职位出现缺位时，由国家副主席继任主席的职位。副主席缺位时，由全国人民代表大会补选。国家主席、副主席都缺位时，由全国人民代表大会补选；在补选前，由全国人大常委会委员长暂时代理主席职位。

2.3.3 国家元首的职权

中华人民共和国主席、副主席由全国人民代表大会选举产生。副主席协助主席工作。

我国《宪法》规定，我国国家主席的职权主要有：(1) 公布权。根据全国人民代表大会常务委员会的决定公布法律。(2) 任免权。根据全国人民代表大会及其常务委员会的决定任免国务院总理、副总理、国务委员、各部部长、各委员会主任、审计长、秘书长。(3) 荣典权。授予国家勋章和荣誉称号。(4) 发布权。根据全国人民代表大会及其常务委员会的决定发布特赦令，宣布进入紧急状态，宣布战争状态，发布动员令。(5) 外交权。代表国家进行外事活动，接受外国使节，根据全国人大常委会的决定派遣和召回驻外全权代表，批准和废除同外国缔结的条约和重要协定。

2.4 国家军事机关、审判机关与检察机关

2.4.1 国家军事机关——中央军事委员会

1. 中央军事委员会的产生与发展

1949 年，《中国人民政治协商会议共同纲领》明确规定："人民解放军和人民公安部队，受中央人民政府人民革命军事委员会统率。"人民革命军事委员会统一管辖并指挥中国人民解放军和其他人民武装力量。中华人民共和国的武装力量包括人民解放军、人民公安部队和人民警察。人民革命军事委员会由主席、副主席若干人和委员若干人组成，由中央人民政府委员会任免。

1954 年《宪法》规定，在国家机构中设立国防委员会，由国家主席统率全国武装力量，担任国防委员会主席；全国人民代表大会根据国家主席的提名，决定国防委员会副主席、委员的人选，由国家主席任免。

1975 年《宪法》和 1978 年《宪法》取消了国防委员会的设置，规定由中国共产党中央委员会主席统率全国武装力量。这一规定使军队在国家体制中的地位不够明确，混淆了政党职能和国家职能。

1982 年《宪法》总结了新中国成立以来的历史经验，根据我国的实际情况和需要，设立中央军事委员会，并领导全国武装力量，明确了军队在国家体制中的地位，有利于加强武装力量的建设。

2. 中央军事委员会的性质和地位

1982 年《宪法》规定：中华人民共和国中央军事委员会领导全国武装力量。这一规定表明，中央军事委员会是国家最高军事领导机关，有权领导和指挥全国武装力量。1982 年《宪法》把"中央军事委员会"单列一节，并明确规定，中央军事委员会由全国人民代表大会产生，中央军事委员会主席对全国人民代表大会及其常务委员会负责。这表明中央军事委员会同最高国家行政机关、最高国家审判机关、最高国家检察机关一样，在国家机构体系中处于从属最高国家权力机关的地位。

3. 中央军事委员会的组成和任期

1982 年《宪法》规定：中央军事委员会由主席、副主席若干人和委员若干人组成。中央军事委员会主席由全国人民代表大会选举产生；中央军事委员会其他组成人员的人选，根据中央军事委员会主席的提名，由全国人民代表大会决定。在全国人民代表大会闭

会期间，根据中央军事委员会主席的提名，由全国人民代表大会常务委员会决定中央军事委员会其他组成人员的人选。全国人民代表大会有权罢免中央军事委员会主席和中央军事委员会其他组成人员。中央军事委员会每届任期同全国人民代表大会每届任期相同，为五年。

4. 中央军事委员会的职责

1982 年《宪法》规定：中华人民共和国的武装力量属于人民。它的任务是巩固国防，抵抗侵略，保卫祖国，保卫人民的和平劳动，参加国家建设事业，努力为人民服务；中华人民共和国中央军事委员会领导全国武装力量。这表明中央军事委员会作为我国武装力量的最高领导机关，其职能是领导全国武装力量完成宪法赋予人民军队的各项神圣使命。

我国《宪法》规定，中央军事委员会实行主席负责制。

2.4.2 国家审判机关与检察机关

1. 国家审判机关

《宪法》规定，中华人民共和国人民法院是国家的审判机关。审判权是国家权力的重要组成部分。人民法院通过审理和判决刑事与民事案件，具体实现国家职能。为了维护国家法制的统一性并保证正确运用法律，保护国家和人民的利益，除了由人民法院代表国家统一行使审判权以外，其他任何机关、组织和个人都无权进行审判。任何公民都无权拒绝人民法院的合法审判。人民法院依照法律独立行使审判权，任何行政机关、社会团体和个人都无权干涉。

人民法院的任务是通过行使国家审判权，惩办一切犯罪分子，解决民事纠纷，维护法制和社会秩序，保护社会公共财产，保护公民个人的合法财产，保护公民的人身权利、民主权利和其他权利。人民法院还通过其审判活动教育公民忠于国家，自觉遵守宪法和法律。

我国的人民法院分为最高人民法院和地方人民法院。地方人民法院分为高级人民法院、中级人民法院和基层人民法院。最高人民法院是国家最高审判机关，它监督各级人民法院和专门人民法院的审判工作。其主要职责是：审理全国性的重大民事和刑事案件；审理法律规定由它管辖的和它认为应当由它审判的第一审案件；审理对高级人民法院的判决和裁定不服的上诉和抗诉案件；审理最高人民检察院按照审判监督程序提出的抗诉案件；核准部分死刑案件；对在审判过程中如何具体适用法律进行解释。

最高人民法院由院长一人，副院长、庭长、副庭长和审判员若干人组成。最高人民法院院长由全国人民代表大会选举产生，最高人民法院院长每届任期与全国人民代表大会每届任期相同，连续任职不得超过两届。

我国的审级制度是两审终审制度。一般案件按照法律规定的受理范围经过各级人民法院第一审做出判决和裁定后，当事人不服的，可以按照法律规定的程序上诉到上一级人民法院，本级人民检察院也可以按照法律规定的程序向上级人民法院抗诉，经过上级人民法院即中级人民法院、高级或者最高人民法院的第二审判决和裁定，立即发生法律效力。最高人民法院因为是最高审级，它所做出的第一审判决和裁定也是最终的判决和裁定，立即发生法律效力。

人民法院的组织活动原则是：平等原则，公开审判原则，被告人有权获得辩护原则，独立行使审判权原则，合议制原则。

2. 国家检察机关

《宪法》规定，中华人民共和国人民检察院是国家的法律检察机关。检察权是指对宪法、法律的统一实施进行检察监督的权力，是国家权力的重要组成部分。检察权由各级人民检察院行使。检察监督的内容包括法纪监督、侦查监督、审判监督和监所监督。各级人民检察院的职责是：（1）对于叛国案、分裂国家案以及严重破坏国家的政策、法律、法令、政令统一实施的重大犯罪案件，行使检察权。（2）对于直接受理的刑事案件，进行侦查。（3）对于公安机关侦查的案件，进行审查，决定是否逮捕、起诉或者免予起诉；对于公安机关的侦查活动是否合法，实行监督。（4）对于刑事案件提起公诉，支持公诉；对于人民法院的审判活动是否合法，实行监督。（5）对于刑事案件的判决、裁定的执行和监狱、看守所、劳动改造机关的活动是否合法，实行监督。

国家设立最高人民检察院、地方各级人民检察院和军事检察院等专门人民检察院。省一级人民检察院和县一级人民检察院，根据工作需要，提请本级人民代表大会常务委员会批准，可以在工矿区、农垦区、林区等区域设置人民检察院，作为派出机构。

各级人民检察院接受“双重领导”，即除了对产生它们的本级国家权力机关负责外，还要对上级人民检察院负责。实行双重领导的原则是由法律监督的职能本身所要求的。各级人民检察院对本级国家权力机关负责，有利于把法制的统一性和本地区的实际情况更好地结合起来，也便于接受本级国家权力机关的监督。同时，地方各级人民检察院分别受上级人民检察院并且统一受最高人民检察院的领导，可以保证各级人民检察院依法独立行使检察权。下级人民检察院办理案件遇到特殊情况和困难时，上级人民检察院可以给予指示和支持，甚至直接予以处理，以便排除干扰，解决问题，更好地履行法律监督的职能。

第3章

当代中国的行政区划体制

3.1 行政区划体制及其特点

3.1.1 什么是行政区划

所谓行政区划，就是国家为了实现自己的职能，便于进行管理，在中央的统一领导下将国家的国土划分为若干区域，并相应建立各级行政机关分层管理的区域结构。①

行政区划的特点表现为：(1) 政治性。行政区划是一个国家权力再分配的一种重要形式，也是国家意志及政治、经济、军事等各项制度在区域管理上的客观反映。因此，行政区划体制是一个国家政治制度的重要组成部分和国家意志的重要体现。行政区划是否合理，直接关系到国家的政权结构和行政管理体制，关系到国家能否有效地统率、指导和监督地方政府，关系到国家的安定和民族团结。行政区划的政治性还表现在它的阶级性上，不同类型的国家具有不同形式的行政区划体制，国家体制的变化必然带来行政区划体制的变化。(2) 地域性。行政区划都是在一定区域空间内进行的，地域性是行政区划的基本特征，尤其对于中国这样一个幅员辽阔、人口众多、区域发展极其不平衡的多民族国家，在划分行政区域并对其进行有效的管理时，更要考虑到地域因素，从地域特点出发，进行合理的规划。根据地域划分行政区划既要全面，又不能重复；既要避免一个地域分别由几个

---

① 参见《中国大百科全书·法学卷》，675页，北京，中国大百科全书出版社，1984。

行政单位管理的现象，又要避免出现“三不管”的独立王国。(3) 继承性和相对稳定性。行政区划是一个国家根据情况将其领土划分为若干个区域进行管理的重要制度。行政区域的划分是一个国家长期发展和政权延续的反映与体现，尤其是历史悠久的国家，其现代的行政区划在一定程度上体现了这种历史的延续和发展过程。我国的县制始于东周时期，历经近 3 000 年，一直沿用至今。行政区划还受到地理条件、风俗习惯、传统因素的影响和制约，具有相对稳定性；同时，从政府管理的角度也要求行政区划具有一定的稳定性。

3.1.2　我国行政区划的基本结构

行政区划的结构就是某一行政区内行政组织纵向和横向排列的方式。按照组织理论，行政区划结构反映在管理层次和管理幅度两个方面。行政区划的管理层次是指纵向结构的等级层次，即纵向划分为不同层次，从而构成国家行政管理的基本等级体系。管理层次的数目以及划分的方法直接影响和决定着国家管理的有效性和有序性。行政区划的管理幅度是指一个行政区直接管辖的下一级行政区的数量，如中央政府直接管辖多少个省、自治区、直辖市，省政府直接管辖多少个县，市政府直接管辖多少个区等。管理层次与管理幅度存在着相互制约的关系：管理层次越多，管理幅度就越小；管理层次越少，管理幅度就越大。管理层次多、管理幅度小的行政区划的结构形式呈尖形形态，而管理层次少、管理幅度大的呈扁形形态。我国现行《宪法》规定的行政区划基本上是三级制，即省（自治区、直辖市），县（自治县、县级市），乡（民族乡、镇）。有的省、自治区下设自治州、市，而州、市下属的自治县、县或区又设乡、民族乡、镇，属于四级制。截至 2016 年 2 月底，我国行政区划的状况是：共有 34 个省级行政单位，包括 23 个省、5 个自治区、4 个直辖市和 2 个特别行政区；334 个地级行政区，其中包括 293 个地级市、30 个自治州、8 个地区与 3 个盟；2 853 个县级单位，包括 872 个市辖区、368 个县级市、1 442 个县、117 个自治县、49 个旗、3 个自治旗、1 个特区、1 个林区；40 497 个乡级单位，包括 2 个区公所、20 117 个镇、11 626 个乡、151 个苏木、1 034 个民族乡、1 个民族苏木、7 566 个街道（不含台湾省和香港、澳门 2 个特别行政区）。

不同时期的管理层次也有一些变化。新中国成立前期曾设立华北、东北、西北、华东、中南、西南 6 个大行政区，大区是一级地方政府，到 1949 年底，共设有大区 6 个、省 30 个、自治区 1 个、直辖市 12 个、行署区 5 个、地级单位 293 个、县级单位2 607个。1954 年撤销了大行政区，省级行政区减少为 32 个。1955 年开始，先后设立了新疆、宁夏、广西、西藏 4 个自治区。1967 年天津市恢复为直辖市。1988 年设立海南省。1997 年重庆市升为直辖市。

3.1.3　行政区划及其变更的审批权限

在我国，有权审批行政区划变更的是全国人大、国务院和省（自治区、直辖市）人民政府。我国《宪法》及国务院 1985 年 1 月 15 日颁布的《关于行政区划管理的规定》，对全国人大、国务院和省级人民政府三级审批权限做了明确规定。

1. 全国人大的审批权限

（1）审议、批准省、自治区、直辖市的设立、撤销、更名。

（2）决定特别行政区的设立。

2. 国务院的审批权限

（1）审批省、自治区、直辖市的行政区域界线的变更，以及省、自治区人民政府驻地的迁移。

（2）审批自治州、县、自治县、市、市辖区的设立、撤销、更名和隶属关系的变更，以及自治州、县、自治县、市人民政府驻地的迁移。

（3）审批自治州、自治县的行政区域界线的变更，以及县、市的行政区域界线的重大变更。

（4）审批凡涉及海岸线、海岛、边疆要地、重要资源地区及特殊情况地区的隶属关系或行政区域界线的变更。

3. 省、自治区、直辖市人民政府的审批权限

（1）根据国务院授权，审批县、市、市辖区的部分行政区域界线的变更（批准变更时，同时报送民政部备案）。

（2）审批乡、民族乡、镇的设立、撤销、更名和行政区域界线的变更，以及乡、民族乡、镇人民政府驻地的迁移。

3.2 我国的城市行政区划体制

3.2.1 城市的类型与城市的发展

我国的城市按照行政等级划分为直辖市、地级市、县级市三级。直辖市，在古代称为直隶。我们现在所说的直辖市是指中央直辖市，是由中央政府直接管辖的城市，其行政地位相当于省。现在我国有北京、上海、天津、重庆四个直辖市，它们都是市区非农业人口达数百万的超级大城市。地级市，即行政地位相当于地区或自治州一级的市，截至2016年，全国共有293个地级市。县级市，即行政地位相当于县一级的城市，截至2016年，全国共有368个县级市。

按照城市规模，我国的城市可分为特大城市、大城市、中等城市和小城市。特大城市，是指市区非农业人口在100万以上的城市。它是工业、人口高度集中的城市，具有综合性的城市功能。大城市，是指市区范围内总人口在50万以上但不足100万的城市。在我国，大城市一般是工业和人口高度集中，经济发展水平比较高，文化、科学技术发达的城市。中等城市是指市区非农业人口在20万以上但不足50万的城市。小城市是指市区非农业人口在20万以下的城市。

我国城市的发展与管理经历了以下几个阶段：

1949年，全国共设有132个市，1951年底市增至155个，形成了新中国成立后的第一个设市高峰。

1953 年，由于一些大型工矿区的建立，市的数量也增加到 176 个。1955 年，国家提高了设市的标准，撤销了一些不合标准的城市。

1958 年以后，由于受“大跃进”指导思想的影响，在市的设置上急于求成，形成了新中国成立后的第二个设市高峰，到 1961 年城市数量增加到 208 个。

1963 年，中共中央、国务院颁发《关于调整市镇建制、缩小城市郊区的指示》的文件，撤销了一些不符合条件的市，1965 年底城市数量降为 168 个。

1966—1978 年，城市发展处于停滞不前的状态，到 1978 年底，全国共有城市 193 个。

1978 年至今是我国改革开放发展时期，也是全国城市快速发展时期，到 2011 年，全国城市数量增加到 657 个。

3.2.2 城市的设市标准

在城市发展的不同时期，国家在设市的标准、程序上都做出过具体的规定，尤其是 20 世纪 80 年代和 90 年代，国务院对设市标准做了详细的规定。1993 年，国家对县级市、地级市设置的标准做出了具体的规定。

1. 设立县级市的标准

（1）每平方公里人口密度 400 人以上的县，达到下列指标，可撤县设市：

1）县人民政府驻地所在镇从事非农产业的人口不低于 12 万，其中具有非农业户口的从事非农产业的人口不低于 8 万；县总人口中从事非农产业的人口不低于 30%，并不少于 15 万。

2）全县乡镇以上工业产值在工农业总产值中不低于 80%，并且不低于 15 亿元（经济指标均以 1990 年不变价格为准，按年度计算）；国内生产总值不低于 10 亿元，第三产业产值在国内生产总值中的比例达到 20%以上，地方本级预算内财政收入不低于人均 100 元，总收入不少于6 000万元，并承担一定的上解支出任务。

3）城区公共基础设施较为完善，其中自来水普及率不低于 65%，道路铺装率不低于 60%，有较好的排水系统。

（2）每平方公里人口密度 100～400 人的县，达到下列指标，可撤县设市：

1）县人民政府驻地所在镇从事非农产业的人口不低于 10 万，其中具有非农业户口的从事非农产业的人口不低于 7 万；县总人口中从事非农产业的人口不低于 25%，并不少于 12 万。

2）全县乡镇以上工业产值在工农业总产值中所占比例不低于 70%，并不低于 12 亿元；国内生产总值不低于 8 亿元，第三产业产值在国内生产总值中的比例达到 20%以上；地方本级预算内财政收入不低于人均 80 元，总收入不少于5 000万元，并承担一定的上解支出任务。

3）城区公共基础设施较为完善，其中自来水普及率不低于 60%，道路铺装率不低于 55%，有较好的排水系统。

（3）每平方公里人口密度 100 人以下的县，达到下列指标，可撤县设市：

1）县人民政府驻地所在镇从事非农产业的人口不低于 8 万，其中具有非农业户口的从事非农产业的人口不低于 6 万；县总人口中从事非农产业的人口的比例不低于 20%，并不少于 10 万。

2）全县乡镇以上工业产值在工农业总产值中所占比例不低于 60%，并不低于 8 亿元；国内生产总值不低于 6 亿元，第三产业产值在国内生产总值中的比例达到 20%以上；地方本级预算内财政收入不低于人均 60 元，总收入不少于 4 000 万元，并承担一定的上解支出任务。

3）城区公共基础设施较为完善，其中自来水普及率不低于 55%，道路铺装率不低于 50%，有较好的排水系统。

（4）具备下列条件之一者，设市时条件可以适当放宽：

1）自治州人民政府或地区（盟）行政公署驻地。

2）乡、镇以上工业产值超过 40 亿元，国内生产总值不低于 25 亿元，地方本级预算内财政收入超过 1 亿元，上解支出超过 50%，经济发达，布局合理的县。

3）沿海、沿江、沿边境重要的港口和贸易口岸，以及国家重点骨干工程所在地。

4）具有政治、军事、外交等特殊需要的地方。

具备上述条件之一的地方设市时，州（盟、县）驻地镇非农业人口不低于 6 万，其中具有非农业户口的从事非农产业的人口不低于 4 万。

（5）少数经济发达，已成为该地区经济中心的镇，如确有必要，可撤镇设市。设市时，非农业人口不低于 10 万，其中具有非农业户口的从事非农产业的人口不低于 8 万；地方本级预算内财政收入不低于人均 500 元，上解支出不低于财政收入的 60%，工农业总产值中工业产值所占比例高于 90%。

（6）国家和部委以及省、自治区确定予以重点扶持的贫困县和财政补贴县原则上不设市。

（7）设置市的建制，要符合城市体系和布局的要求，具有良好的地质、地理环境条件。

（8）县级市不设区和区公所，撤县设市后，原由县管辖的乡、镇，由市管辖。

2. 设立地级市的标准

市区从事非农产业的人口达 25 万以上，其中市政府驻地具有非农业户口的从事非农产业的人口 20 万以上；工农业总产值 30 亿元以上，其中工业产值占 80%以上；国内生产总值在 25 亿元以上；第三产业发达，产值超过第一产业，在国内生产总值中的比例达 35%以上；地方本级预算内财政收入 2 亿元以上，已成为若干市县范围内中心城市的县级市，方可升格为地级市。

3. 直辖市基本情况（见表 3－1）

表 3－1　　直辖市基本情况

序号	直辖市	基本情况
1	北京市	北京市是全国政治中心、文化中心、国际交往中心、科技创新中心。北京辖东城区、西城区、朝阳区、丰台区、石景山区、海淀区、顺义区、通州区、大兴区、房山区、门头沟区、昌平区、平谷区、密云区、怀柔区、延庆区 16 个区，共 147 个街道、38 个乡和 144 个镇。2015 年末，北京市常住人口共 2 170.5 万，地区生产总值 22 968.6 亿元

续前表

序号	直辖市	基本情况
2	上海市	上海市是中国重要的经济、交通、科技、工业、金融、会展和航运中心，是世界上规模和面积最大的都会区之一。上海含 16 个市辖区，分别是黄浦区、徐汇区、长宁区、静安区、普陀区、虹口区、杨浦区、浦东新区、闵行区、宝山区、嘉定区、金山区、松江区、青浦区、奉贤区、崇明区。2015 年，上海市常住人口共计 2 415.27 万，地区生产总值达 24 964.99 亿元
3	天津市	天津市是我国环渤海地区经济中心城市、首批沿海开放城市、全国先进制造研发基地、北方国际航运核心区、金融创新运营示范区、改革开放先行区。天津下辖 16 个区，分别为和平区、河东区、河西区、南开区、河北区、红桥区、滨海新区、东丽区、西青区、津南区、北辰区、武清区、宝坻区、宁河区、静海区、蓟州区。2015 年，天津市常住人口共计 1 546.95 万，地区生产总值达 16 538.19 亿元
4	重庆市	重庆市是我国长江上游地区经济中心、金融中心和创新中心，是西部地区门户城市和西南地区最大的工商业城市。重庆市辖 24 个区、10 个县、4 个自治县。2015 年，重庆市常住人口共计 3 016.55 万，地区生产总值达 15 719.72 亿元

3.2.3　我国城市政府机构的设置

1. 直辖市政府机构

（1）直辖市人民代表大会。直辖市人民代表大会由下级人民代表大会选举产生的代表组成，代表任期五年，每年至少召开一次会议。直辖市人民代表大会设常务委员会作为常设机构，由主任一人、副主任若干人、委员若干人和秘书长组成。直辖市人民代表大会常务委员会设专门委员会，与省人大大致相同，它还设立城建或市政建设专门委员会。

（2）直辖市人民政府。直辖市人民政府是同级人大的执行机关。直辖市人民政府由市长、副市长若干人以及秘书长、厅长（局长）、委员会主任等组成。直辖市人民政府可根据需要设立若干个局或办公室作为下属机构。

（3）直辖市人民法院。直辖市设有高级人民法院和中级人民法院，作为直辖市的审判机关。直辖市高级人民法院和中级人民法院，分别由院长一人，副院长、庭长和审判员若干人组成，其中院长由同级人大选举产生，其他人员则由市人大常委会任免。

（4）直辖市人民检察院。根据《宪法》规定，直辖市设有直辖市人民检察院及其分院，作为直辖市的法律监督机关，行使检察权。直辖市人民检察院检察长及其分院检察长，由直辖市人民代表大会选举产生和罢免，还需报最高人民检察院检察长提请全国人大常委会批准。

2. 省辖市政府机构

省辖市又称设区的市和地级市。省辖市政府机构的设置和直辖市有许多相似的地方，但也有一些区别：（1）省辖市国家权力机关的组成人员少于直辖市，一般为 13～35 人。（2）在隶属关系上，直辖市直接隶属中央人民政府，省辖市隶属省人民政府。（3）省辖市只设中级人民法院，没有高级人民法院的设置。（4）省辖市人民检察院没有分院的设置。

3. 县级市政府机构

县级市政府机构与直辖市和省辖市政府机构的设置不同的地方在于：县级市人大及其

常委会、人民政府、法院、检察院的领导任期为三年；县级市人大代表由直接选举产生。

4. 市辖区

市辖区是由市管辖的一级行政区域单位，其法律地位相当于县、县级市。直辖市的市辖区相当于自治州，就其政治地位而论，具有城市基层政权的性质。每一个城市都有市区，但不一定有市辖区建制。市辖区的设置由国务院批准，城市的若干个市辖区实行分区域、分层级管理。市辖区制度是市发展到一定阶段的必然产物，是我国城市制度的重要组成部分。

区人民代表大会是市辖区人民行使管理国家和城市权力的机关。区人民代表大会由直接选举产生的人民代表组成，任期三年。区人民政府由区人民代表大会产生，每届任期三年。区人民政府机构可分为三类：(1) 工作部门；(2) 办事机构；(3) 区政府在街道的派出机构。

5. 街道办事处

城市街道办事处是不设区的市和市辖区人民政府的派出机关。按照《城市街道办事处组织条例》的规定，不设区的市和市辖区经上级人民政府批准，可以设立街道办事处，作为政府的派出机关。（此条例已于2009年第十一届全国人大常委会第九次会议上废止。）街道办事处一般设主任、副主任和若干干事，其职责和任务主要有：办理市、市辖区人民政府交办的有关居民工作的事项；指导所属居委会的工作；反映居民的意见和要求。街道办事处的工作对象首先是本社区内的广大居民，它是基层政府与居民群众联系的桥梁。此外，街道办事处还代表地方政府对街道社区内的各类机关、团体和企事业单位实行必要的行政管理，组织和协调各类单位与地区性工作，并有权对本社区内的公安派出所、粮管所、房管所、工商所等与社区居民日常生活密切相关的单位进行工作上的督促、检查和协调。

6. 城市居民自治组织——居民委员会

居民委员会是城市中按居民居住地区设立的基层群众性自治组织，简称居委会。1954年，第一届全国人大常委会第四次会议通过和颁布了《城市居民委员会组织条例》，使居委会成为受法律保护的群众组织。1989年12月26日，第七届全国人大常委会第十一次会议通过了《城市居民委员会组织法》，标志着我国城市居民委员会发展进入新的阶段。根据《城市居民委员会组织法》的规定，居民委员会是居民自我管理、自我教育、自我服务的基层群众性组织。它的任务主要有：宣传宪法、法律和国家政策，维护居民的合法权益，教育居民依法履行应尽的义务，爱护公共财产，开展各种形式的社会主义精神文明建设活动；办理本居住区居民的公共事务和公益事业；调解民事纠纷；协助维护社会治安；协助人民政府或它的派出机关做好与居民利益有关的公共卫生、计划生育、优抚救济、青少年教育等项工作；向人民政府或者它的派出机关反映居民意见、要求和提出建议。

3.3 我国的民族区域自治制度

民族区域自治制度在中国是指各少数民族在国家统一领导下，在其聚居地区实行区域自治，设立自治机关，行使管理本民族内部事务之权利的一种政治制度。实行民族区域自治，既体现了国家尊重和保障少数民族管理本民族内部事务权利的精神，也体现了国家坚持实行各民族平等、团结和共同繁荣的原则。这是一项符合中国国情的民族区域制度。

3.3.1　我国民族区域自治地区的类型与级别

根据我国各民族聚居地区的民族成分、民族关系、经济条件和历史情况，目前建立的民族自治地方有三个级别和三种类型。

三个级别是：省级的自治区；地区级的自治州和自治县；县以下少数民族聚居地的民族乡（镇）。

三种类型是：以一个少数民族聚居区为基础建立的自治地方，如西藏自治区、吉林省延边朝鲜族自治州；以一个人数较多的少数民族聚居区为基础，包括其他人数较少的少数民族聚居区而建立的自治地方，如新疆维吾尔自治区主要是维吾尔族的聚居区，但其中包括哈萨克、蒙古、回、柯尔克孜、锡伯、塔吉克等民族的聚居区，这些少数民族也分别以其聚居区为基础，建立了具有相应行政地位的自治机关；以两个或多个少数民族的聚居区为基础联合建立的自治地方，如湖南湘西土家族苗族自治州。

3.3.2　我国民族区域自治制度的产生与发展情况

1947 年，中国共产党组织建立了第一个省级自治区——内蒙古自治区。

1949 年 9 月 29 日召开的中国人民政治协商会议通过的《中国人民政治协商会议共同纲领》明确规定：各少数民族聚居的地区，应实行民族区域自治，按照民族聚居的人口多少和区域大小，分别建立各种民族自治机关。民族区域自治作为解决中国民族问题的基本政策和重要政治制度，以法律的形式正式确定下来。

新中国成立 60 多年来，我国的民族区域自治制度取得了很大成功，特别是近十几年来，为了适应少数民族地区经济、社会的发展，并根据少数民族的迫切要求，先后恢复了内蒙古自治区“文化大革命”前的行政区域，在贵州、湖北、辽宁、云南、河北等 9 个省、自治区的满、畲、土家、仫佬、布朗、保安等 20 多个少数民族聚居地区，新建了 2 个自治州、56 个自治县。

党的十一届三中全会以后，党中央做出了一系列重要决定，以改善和发展社会主义的民族关系，加强民族区域自治工作。1984 年 5 月，正式颁布了《民族区域自治法》，使我国民族区域自治制度进一步完善。截至 2016 年 2 月底，我国民族自治地方的状况是：5 个自治区、30 个自治州、117 个自治县、3 个自治旗。全国 55 个少数民族中，除俄罗斯、塔塔尔、乌孜别克、赫哲、门巴、珞巴、阿昌、基诺、德昂、高山 10 个少数民族因人口少居住分散等原因，不具备建立民族自治地方的条件外，其余 45 个少数民族都建立了相应的自治地方。这些民族自治地方的建立，对于巩固和加强各民族的大团结，进一步调动少数民族的社会主义积极性，促进当地经济、文化的发展，起到了积极作用。

3.3.3　我国民族区域自治制度的特点

（1）我国宪法和法律规定，少数民族在我国政治生活中享有很高的权利，如在全国人民代表大会中各少数民族都要有适当的代表，人口特少的民族，至少应有代表一人。全国人民代表大会常务委员会和地方各级人大中，也应有适当名额的少数民族代表。全国人民代表大会以及由它产生的国务院，分别设立专门从事民族工作的机构，在民族事务较为突出的地区，地方国家行政机关也都设立类似的机构，从而从组织上保证民族平等和团结原则的实施。

（2）民族区域自治机关享有民族自治权利，即自主地管理本民族内部事务的权利，体现在：有权依照当地民族的政治、经济和文化特点，制定自治条例和单行条例，报上级人大常委会批准后生效；上级机关的决议、决定、命令和指示如有不适合民族自治地方的实际情况的，自治机关可以报经该上级国家机关批准，变通执行或停止执行；依照国家军事制度和当地的实际需要，经国务院批准，可以组织本地方维护社会治安的公安部队；根据本地方的特点和需要，自主地安排和管理地方性的经济建设事业。

（3）民族区域自治地方的人大常委会应当由实行区域自治民族的公民担任主任或副主任，自治区人民政府主席（自治州州长、自治县县长）由实行区域自治的民族的公民担任，并实行主席（州长、县长）负责制，民族区域自治地方的政权机关及其工作部门的公务员中，实行民族区域自治的民族和其他少数民族的人员要占有一定的比例。

（4）我国实行民族区域自治，不采取民族自决。我国的民族区域自治是在我国单一制下实行的自治，是民族自治与区域自治的结合，各民族自治机关均有两重性，一方面有自主权；另一方面又是单一制国家的一级地方政府，在国务院的领导下，服从中央的统一领导。

3.3.4 我国民族区域自治制度的优越性

我国实行的民族区域自治制度，由于适应了我国的民族特点和民族关系状况，因而显示出了巨大的优越性。

（1）民族区域自治制度保证了祖国的统一和各民族的团结。它有利于促进各民族间的团结合作，巩固人民民主专政，保证社会主义建设事业的顺利进行。随着新中国的建立，我国各族人民获得了解放，实现了政治、法律上的平等，这就有利于各民族之间的相互交流和优势互补，加强各民族之间的经济、文化联系，促进各民族经济、文化的共同发展，为消除历史上遗留下来的各民族之间的矛盾、隔阂和不信任心理创造了条件，保障了国家的统一，促进了各民族间的平等、团结、合作关系。

（2）民族区域自治制度保障了少数民族的平等权利和他们当家作主、管理本民族内部事务的权利。它有助于调动少数民族人民管理国家各项事务，特别是本民族事务的积极性，充分体现了少数民族人民在自治地方的当家作主权利，从而保障了少数民族人民的政治地位和平等权利。我国的民族区域自治是地方自治和民族自治的有机结合。民族自治机关除了享有一般地方国家机关的权力外，还享有广泛的治权，这就为民族地区立足于本地区的特点，在政治、经济、文化等方面更快、更好地发展开拓了广阔的空间，并且有利于国家从立法、行政、组织等方面来保障少数民族的民主权利和自治权利的切实实现。

（3）民族区域自治制度促进了少数民族地区的进步和发展。它便于发挥少数民族人民建设社会主义现代化强国的创造性、智慧和才能，促进民族地区经济、文化的繁荣和发展，为消除民族差别打下了物质基础。由于历史的原因，我国各少数民族之间还存在着事实上的不平等。民族区域自治在国家的统一领导下，以先进地区的发展经验和技术来支援、帮助后进的少数民族地区。与此同时，国家还赋予民族地区广泛的自治权，在财政、税收等方面给予民族地区大量的优惠政策，使民族地区可以根据自身的资源、地理优势，充分利用外在的有利条件，赶上、超过先进地区。从这个意义上讲，民族区域自治制度是一种有利于各少数民族进步和发展的先进的政治制度。

（4）民族区域自治制度有助于国家的统一。它实现了中央统一领导，确保了国家的独立和领土完整，反对分裂祖国的活动，使民族自治地方自治机关的全部活动都符合宪法的原则和精神。

3.4　我国的特别行政区制度

3.4.1　特别行政区的概念与特点

特别行政区是指在中华人民共和国版图内，根据宪法和法律的规定，实行不同于一般行政区的政治、经济和法律制度，具有特殊的法律地位，但在中央政府管理之下，不拥有国家主权的行政区域。特别行政区是我国为解决香港、澳门和台湾问题而设立的特殊的地方行政区域，构成了我国单一制的一大特点。特别行政区相对于我国其他地方行政区域来说，有以下特点：

（1）"一国两制"。在统一的中华人民共和国境内，在主体部分坚持实行社会主义制度、坚持四项基本原则的前提下，为解决香港、澳门、台湾这些历史遗留问题，根据宪法的规定设立特别行政区，在一个相当长的时期内，保持其原有的资本主义社会经济制度和生活方式，不实行社会主义的制度和政策。

（2）高度自治。特别行政区是统一的中华人民共和国的一个地方行政区域，但与其他一般行政区域不同，它实行高度自治，依照法律的规定享有立法权、行政管理权、独立的司法权和终审权。特别行政区通用自己的货币，财政独立，收入全部用于自身需要，不上缴中央人民政府，中央人民政府不在特别行政区征税。

（3）由当地人管理。特别行政区的政权机关由当地人组成，中央人民政府不派遣干部到特别行政区担任公职，即实行所谓的"港人治港""澳人治澳"。

3.4.2　特别行政区自治权的内容

特别行政区实行高度自治，享有广泛的自治权，具体说来包括以下方面：

（1）行政管理权。特别行政区有权依照基本法的有关规定自行处理有关行政事务，包括特别行政区的经济、财政、金融、贸易、工商业、土地、航运、民航、教育、科学、文化、体育、宗教、劳工、社会服务等事项。

（2）立法权。特别行政区的立法机关有权依据基本法的规定，制定适用于特别行政区的法律。

（3）独立的司法权和终审权。特别行政区法院独立进行审判，不受任何干涉；在特别行政区内发生的任何案件，以特别行政区终审法院为最高审判机关，特别行政区终审法院的判决即最终判决。

（4）自行处理有关对外事务的权力。包括：1）特别行政区有参加外交谈判、国际会议、国际组织的权力；2）特别行政区有签订国际协议的权力；3）特别行政区有与外国互设官方、半官方机构的权力；4）特别行政区有签发特区护照和旅行证件的权力。

（5）高度自治的其他方面。包括：1）特别行政区的行政机关、立法机关由当地永久性居民组成，中央人民政府不从内地派遣官员去担任特别行政区行政机关和立法机关的重要职务；2）特别行政区不实行社会主义的制度和政策，保持原来的资本主义制度和生活方式50年不变；3）特别行政区内的土地和自然资源在所有权属于国家的前提下，由特别行政区政府负责管理、使用、开发、出租，或者批给个人、法人及团体使用或者开发，其收入归特别行政区政府支配；4）特别行政区保持财政独立，财政收入不上缴中央人民政府，中央人民政府不在特别行政区征税；5）特别行政区的货币体系独立，其发行权属于特别行政区政府；6）特别行政区使用的语言文字，除中文外，在香港特别行政区还可使用英文，在澳门特别行政区还可使用葡文；7）特别行政区除悬挂中华人民共和国国旗外，还悬挂自己的区旗、区徽等。

特别行政区与省、自治区和直辖市都属于中央人民政府直接管辖的地方政权，但与省、自治区和直辖市相比，除享有高度自治权外，它还有以下特殊性：

（1）在我国一般地方政权体系中，省、自治区和直辖市属于最高的一级地方政权，在其之下还有市、市辖区及县、乡、镇等行政单位。根据基本法的有关规定，特别行政区不再下设任何政权单位。

（2）中央对特别行政区和省、自治区、直辖市的干预程度不同。省、自治区和直辖市必须执行中央及有关部门制定的行政规章、政策及措施，中央有关部门可以直接下达各种指令、指示以及要求完成的具体指标。而中央对特别行政区的事务管得相对较少，中央人民政府所属各部门不得干预特别行政区自行管理的事务。

（3）实施的法律不同。中央政府除为特别行政区制定基本法外，全国性法律除极少数由法律明确规定须在特别行政区实施外，其他法律均不在特别行政区实施。从这个意义上说，特别行政区所实行的法律自成体系。

3.4.3 特别行政区机关及其关系

1. 行政长官

行政长官是特别行政区的首长，代表特别行政区对中央人民政府和特别行政区负责；同时，作为特别行政区政府的首长，要对立法会负责。行政长官由年满40周岁、在香港或者澳门通常居住连续满20年、在外国无居留权（澳门基本法没有此项规定）的特别行政区永久性居民中的中国公民担任。行政长官在就职时，必须依法宣誓拥护基本法，效忠特别行政区。基本法规定，行政长官通过选举或者协商产生，由中央人民政府任命。行政长官产生的具体办法在基本法的附件一中做了规定。行政长官任期5年，可连任一次。行政长官短期不能履行职务时，由政务司长、财政司长、律政司长依次临时代理其职务。行政长官缺位时，应在6个月内依法产生新的行政长官，缺位期间的职务代理，依照前述规定办理。行政长官因疾病或者其他原因无力履行职务时，必须辞职。

行政长官行使的职权可分为下列几类：(1) 执行权。执行基本法和依照基本法适用于特别行政区的其他法律；执行中央人民政府就基本法规定的有关事务发出的指令；代表特别行政区政府处理中央授权的对外事务和其他事务。(2) 立法方面的职权。签署立法会通过的法案，公布法律；签署立法会通过的财政预算案，将财政预算、决算报中央人民政府备案。(3) 行政方面的职权。领导特别行政区政府；决定政府改革和发布行政命令；提名并报请中央人民政府任命各司司长、副司长，各局局长，廉政专员，审计署署长，警务处处长，入境事务处处长，海关关长，并可建议中央人民政府免除上述官员的职务；依照法定程序任免公职人员；批准向立法会提出有关财政收入或者支出的决议。(4) 司法方面的职权。赦免或者减轻刑事罪犯的刑罚；处理请愿、申诉事项；依照法定程序任免各级法院法官。此外，行政长官有权根据安全和重大公共利益的考虑，决定政府官员或者其他负责政府公务的人员是否向立法会或者其属下的委员会作证和提供证据。

2. 行政机关

特别行政区政府是特别行政区的行政机关，必须遵守法律，对立法会负责。政府的首长是行政长官；政府设政务司、财政司、律政司和各局、处、署。行政机关的主要官员由行政长官提名报请中央人民政府任命。基本法规定，主要官员由在香港或者澳门通常居住连续满 15 年并在外国无居留权（澳门基本法没有此项规定）的特别行政区永久性居民中的中国公民担任。

行政机关主要有以下 6 项职权：(1) 制定并执行政策；(2) 管理各项行政事务；(3) 办理基本法规定的中央人民政府授权的对外事务；(4) 编制并提出财政预算、决算；(5) 拟订并提出法案、议案、附属法规；(6) 委派官员列席立法会并代表政府发言。

3. 立法机关

立法会是特别行政区的立法机关，根据基本法的规定，它享有广泛的权力：(1) 立法权。根据基本法的规定并依照法定程序制定、修改和废除法律。(2) 财政权。根据政府的提案，审核、通过财政预算，批准税收和公共开支。(3) 监督权。听取行政长官的施政报告并进行辩论，对政府的工作进行质询，就任何有关公共利益的问题进行辩论，对有严重违法或者渎职行为而不辞职的行政长官进行弹劾。(4) 任免权。同意终审法院和高等法院首席法官的任免。此外，立法会还有权接受居民的申诉并做出处理。

立法会由选举产生，产生办法根据特别行政区的实际情况和循序渐进的原则确定，最终达到全部议员由普选产生的目标。特别行政区立法会除第一届任期为 2 年外，每届任期 4 年；如经行政长官依法解散，须于 3 个月内重新选举产生。立法会议员每届 60 名，其任职资格是在外国无居留权（澳门基本法无此项规定）的特别行政区永久性居民中的中国公民，非中国籍的或在外国有居留权的香港特别行政区永久性居民也可以当选为立法会议员，但其所占比例不得超过全体议员的 20%。立法会议员在立法会上的发言，不受法律追究，在出席会议时和赴会途中不受逮捕。

立法会议员根据基本法规定并依照法定程序提出法律草案，凡不涉及公共开支、政治体制及政府运作者，可由议员个别或者联名提出，凡涉及政府政策者，在提出前必须得到行政长官的书面同意。立法会通过的法案，须经行政长官签署、公布方能生效，并报全国人大常委会备案。

4. 司法机关

香港特别行政区设立终审法院、高等法院、区域法院、裁判署法庭和其他专门法庭。高等法院设上诉法庭和原讼法庭。原在香港实行的司法体制，除因设立香港特别行政区终审法院而产生变化外，其他的予以保留。澳门特别行政区设立初级法院（包括行政法院）、中级法院和终审法院。初级法院还可根据需要设立若干专门法庭。行政法院是管辖行政诉讼和税务诉讼的法院，不服行政复议裁决者，可向中级法院上诉。终审法院是澳门特别行政区的最高法院，行使澳门特别行政区终审审判权。

香港特别行政区没有单独的检察机关，其检察职能属于律政司，因为在普通法系地区，律政司不属于司法机关，而属于行政机关。澳门属于大陆法系，设独立的检察机关，并属于司法机关范畴。

行政机关和立法机关既互相配合又互相制衡。(1) 行政长官对立法会有制衡作用。立法会通过的法案必须经行政长官签署、公布方能生效；在基本法规定的条件和程序下，行政长官可以拒绝签署立法会通过的法案，并可在3个月内将法案发回立法会重议；如果行政长官拒绝签署立法会再次通过的法案，或者立法会拒绝通过政府提出的财政预算案及其他重要法案，经协商仍不能取得一致意见时，行政长官可解散立法会，但在其任期内只能解散立法会一次；立法会议员所提出的法律草案，凡涉及政府政策者，在提出前必须得到行政长官的书面同意。(2) 立法会对行政长官有制衡作用。行政长官发回重议的法案，如获立法会不少于全体议员2/3的多数再次通过，行政长官必须在一个月内签署公布，否则行政长官可解散立法会。在以下两种情况下，立法会可迫使行政长官辞职：一是行政长官因两次拒绝签署立法会通过的法案而解散立法会，重选的立法会仍以全体议员2/3的多数通过所争议的原案，而行政长官仍拒绝签署；二是行政长官因立法会拒绝通过财政预算案或者其他重要法案而解散立法会，重选的立法会继续拒绝通过所争议的原案。基本法还规定，如果行政长官有严重违法或者渎职行为，经法定程序，立法会可提出弹劾案，报中央人民政府决定。

特别行政区政府对立法会负责，执行立法会通过并已生效的法律；定期向立法会做施政报告；答复立法会议员的质询；征税和公共开支须经立法会批准。行政机关与立法机关之间需互相配合。香港特别行政区的行政会议的成员、澳门特别行政区的行政会的委员，由行政长官从行政机关的主要官员、立法会议员和社会人士中委任；行政长官在做出重要决策、向立法会提交法案、制定附属立法（或行政法规）和解散立法会之前，须征询行政会议的意见，但人事任免、纪律制裁和紧急情况下的措施除外。行政长官如不采纳行政会议多数成员的意见，应将具体理由记录在案。

第4章

当代中国中央政府

4.1　中央政府的组成和职权

4.1.1　中央政府的演变

中华人民共和国成立到现在，中央政府经历了政务院、国务院两个阶段。

1. 政务院

依据《中国人民政治协商会议共同纲领》和《中央人民政府组织法》，1949 年 10 月 1 日新中国宣告成立，并成立了中央人民政府委员会。按照“民主集中制”等原则，新中国确立了一种全新的政府体制：中央人民政府委员会是行使国家最高权力的机关，它对外代表中华人民共和国，对内领导国家政权。中央人民政府委员会负责组织政务院，作为国家政务的最高执行机关；组织人民革命军事委员会，作为国家军事的最高统辖机关；组织最高人民法院和最高人民检察署，作为国家的最高审判机关和检察机关。

1949 年 10 月 21 日，政务院成立并正式开始办公。1954 年 9 月，政务院为国务院所取代。

2. 国务院

1954 年 9 月召开了第一届全国人民代表大会第一次会议，会议通过了第一部《宪法》以及《全国人民代表大会组织法》《国务院组织法》《人民法院组织法》《人民检察院组织法》《地方各级人民代表大会和地方各级人民委员会组织法》等重要法律，这些法律后来又经过多次修改，规定中华人民共和国国务院即中央人民政府是最高国家权力机关的执行机关，是最高国家行政机关。国务院对全国人民代表大会负责并报告工作；在全国人民代表大会闭会期间，对全国人民代表大会常务委员会负责并报告工作。

4.1.2 中央政府的组成与任期

1954 年 9 月前的政务院由总理、副总理、政务委员和秘书长组成。总理负责全面工作。副总理是总理的助手，负责某一个方面的工作。不兼任部门首长的政务委员的职责不明确。秘书长主持政务院日常事务，并办理总理和副总理交办的事项。

1954 年《宪法》规定，国务院由总理、副总理若干、各部部长、各委员会主任、审计长、秘书长组成。1975 年《宪法》和 1978 年《宪法》取消了秘书长作为国务院组成人员的规定。1982 年《宪法》又恢复了 1954 年《宪法》关于国务院组成人员的规定，同时增加国务委员若干人为国务院组成人员，并延续到现在。总理领导国务院工作，副总理、国务委员协助总理工作。副总理没有人数规定，最少时 2 人，最多时达到 18 人。1982 年机构改革中为了减少副总理人数，设立了国务委员一职，其地位相当于副总理，可兼任国务院秘书长、部长、委员会主任或国务院其他机构的首长。国务委员受总理或国务院常务会议委托，负责某些方面的工作或者重要的专项任务，并且可以代表国务院进行外事活动。国务院秘书长在总理领导下，负责处理国务院的日常工作。

1978 年前，国务院组成人员的任免均由中共中央提议后，由全国人民代表大会决定。1978 年《宪法》规定，国务院总理人选由党中央提名后，由全国人民代表大会决定。1982 年《宪法》规定，国务院总理由中华人民共和国主席提名，全国人民代表大会决定，国家主席任免；国务院其他组成人员由国务院总理提名，全国人民代表大会决定，国家主席任免。在全国人民代表大会闭会期间，根据国务院总理的提名，全国人民代表大会常务委员会有权决定部长、委员会主任、审计长、秘书长的人选，由国家主席任免。

国务院的每届任期与全国人民代表大会的每届任期相同，1954 年《宪法》规定为 4 年，1975 年后规定每届任期为 5 年。1982 年后，《宪法》规定，总理、副总理、国务委员连续任职不得超过两届。

4.1.3 中央政府的职权

1949 年的《中央人民政府组织法》规定，政务院根据并为执行《中国人民政治协商会议共同纲领》、国家的法律与法令、中央人民政府委员会规定的施政方针，行使 6 项职权。1954 年《宪法》规定国务院的职权为 17 项。1975 年《宪法》规定国务院的职权只有 1 项。1978 年《宪法》规定国务院的职权为 9 项。1982 年后，《宪法》规定国务院的职权为 18 项，具体如下：

（1）根据宪法和法律，规定行政措施，制定行政法规，发布决定和命令；

（2）向全国人民代表大会或者全国人民代表大会常务委员会提出议案；

（3）规定各部和各委员会的任务和职责，统一领导各部和各委员会的工作，并且领导不属于各部和各委员会的全国性的行政工作；

（4）统一领导全国地方各级国家行政机关的工作，规定中央和省、自治区、直辖市的国家行政机关的职权的具体划分；

（5）编制和执行国民经济和社会发展计划和国家预算；

（6）领导和管理经济工作和城乡建设；

（7）领导和管理教育、科学、文化、卫生、体育和计划生育工作；

（8）领导和管理民政、公安、司法行政和监察等工作；

（9）管理对外事务，同外国缔结条约和协定；

（10）领导和管理国防建设事业；

（11）领导和管理民族事务，保障少数民族的平等权利和民族自治地方的自治权利；

（12）保护华侨的正当的权利和利益，保护归侨和侨眷的合法权利和利益；

（13）改变或者撤销各部、各委员会发布的不适当的命令、指示和规章；

（14）改变或者撤销地方各级国家行政机关的不适当的决定和命令；

（15）批准省、自治区、直辖市的区域划分，批准自治州、县、自治县、市的建置和区域划分；

（16）依照法律规定决定省、自治区、直辖市范围内部分地区进入紧急状态；

（17）审定行政机构的编制，依照法律规定任免、培训、考核和奖惩行政人员；

（18）全国人民代表大会和全国人民代表大会常务委员会授予的其他职权。

4.2　中央政府的机构设置及演变

4.2.1　政务院的组织机构

政务院的组织机构是以华北人民政府的班底为基础组建的，设立的主要依据是《中华人民共和国中央人民政府组织法》和 1949 年 12 月 2 日中央人民政府委员会颁布的《政务院及其所属各机关组织通则》。

政务院最初设立了 35 个工作部门。1951 年 12 月，政务院颁布了《关于调整机构紧缩编制的决定（草案）》，进行了新中国成立以来第一次精兵简政工作。主要内容包括：（1）调整紧缩上层，合理充实下层；（2）合并分工不清和性质相近的机构；（3）精简机构，减少层次；（4）明确规定干部与勤杂人员的比例；（5）划清企业、事业机构和行政机构的编制和开支；（6）严格编制纪律。这次机构改革的中心内容是加强中央集权。到 1954 年上半年，政务院设立的机构为 42 个，包括 4 个委员会，34 个部、院、会，3 个署、行、局，1 个厅。

4.2.2　国务院的组织机构

第一部《宪法》颁布后，按照《国务院组织法》，我国对原政务院时期的机构设置进行了改组，国务院共设 35 个部委、8 个办公机构、1 个秘书厅、20 个直属机构，共计 64 个工作部门。

从1954年底开始，我国对中央和地方各级机关进行了一次较大规模的精简。中央一级机关的精简包括：(1) 在划清业务范围的基础上，调整精简了机构，减少了层次；(2) 各级机关根据业务需要，紧缩了编制，明确了新的编制方案；(3) 妥善安置精减下来的干部。以后，国务院又开始增设机构，到1956年，国务院的机构总数达到81个。

1956年下半年，中央提出了《关于改进国家行政体制的决议（草案）》。这是第二次较大规模的体制改革和机构改革。这次改革以中央向地方下放权力为主要内容，国务院精简所属工作部门，下放权力，以达到扩大地方自主权的目的。1958年，中央撤销合并了10多个单位，国务院部委减少了8个，直属机构减少了5个，到年底国务院设68个工作部门。1959年，国务院工作部门又做了进一步的调整和撤并，到年底国务院设39个部委、21个直属机构和办事机构，机构总数为60个。

1960—1964年，为了贯彻国民经济调整的方针，我国进行了新中国成立后的第三次较大规模的机构改革。一是先后在中央和地方各级机关进行了两次比较集中的干部精减运动。第一次是1960年7月至1961年9月，主要集中在中央一级机关。这次干部精减以事业单位为重点，对行政部门和事业单位的干部同时进行精减。一年多以后，在机构方面，中央各部门司局级机关减少了15%，事业单位减少了26%；在人员方面，行政机关精减1.6万余人，事业单位精减6.5万余人。第二次是1962年2月到1964年，范围包括中央和地方各级机关。到1964年，中央国家机关在1961年精减的基础上又精减了1万人，全国共精减81万人。精减下来的干部大多数充实到基层的生产第一线。二是中央收回了50年代后期下放给地方的权力并恢复被撤销的机构，到1965年底，国务院机构达到79个。

在"文化大革命"期间，政府机构发生了非常大的变动。1970年，国务院的79个部门撤销合并为32个，其中有13个由部队管理。1975年，国务院工作部门恢复到52个。

1976年粉碎"四人帮"后，我国沿用并发展了50年代后期的管理体制和机构设置，到1981年，国务院的工作部门达到100个。

1981年12月，在第五届全国人民代表大会第四次会议的《政府工作报告》中，国务院决定进行机构改革，并限期完成。1982年3月8日，第五届全国人大常委会第二十二次会议通过了《关于国务院机构改革问题的决议》。经过三年改革，到1985年时，在领导班子方面，明确规定了各级各部门的职数、年龄和文化结构，减少了副职，提高了素质；在机构方面，国务院各部委、直属机构、办事机构减为61个；在人员编制方面，国务院各部门从原来的5.1万人减为3万人。

1988年4月9日，七届全国人大一次会议通过了旨在大力推进政府职能转变的《国务院机构改革方案》，主要内容是合理配置职能、科学划分职责、调整机构设置、转变职能、改变工作方式、提高行政效率、完善运行机制、加速行政立法。重点是改革那些与经济体制改革关系密切的经济管理部门，从直接管理为主转变为间接管理为主，强化宏观管理职能，淡化微观管理职能。改革后，国务院所属部委由45个减为41个，直属机构从22个减为19个，非常设机构从75个减为44个，人员编制减少了9 700多人。

1993年3月22日，八届全国人大一次会议审议通过了《关于国务院机构改革方案的决定》，国务院组成部门由86个减为59个，人员减少了20%，不再设置部委归口管理的国家局，之后不断进行机构调整：一是把属于企业经营自主权范围的职能还给企业；二是把配置资源的基础性职能转移给市场；三是把经济活动中社会服务性和相当一部分监督性职能转交给市场中介组织；四是专业经济部门逐步深化改革为不具有政府职能的经济实体、国家授权经营国有资产的单位或行业管理组织。

1998 年 3 月 10 日，九届全国人大一次会议通过了《关于国务院机构改革方案的决定》，重点改革国务院组成部门。除国务院办公厅外，国务院当时的组成部门为 40 个，经过改革，国务院组成部门减少为 29 个。国务院组成部门主要由宏观调控部门、专业经济管理部门、教育科技文化社会保障和资源管理部门、国家政务部门等类型的机构组成。

根据党的十六大提出的深化行政管理体制改革的任务和十六届二中全会审议通过的《关于深化行政管理体制和机构改革的意见》，十届全国人大一次会议在 2003 年 3 月 10 日通过了《关于国务院机构改革方案的决定》。改革后除国务院办公厅外，国务院组成部门为 28 个。这次国务院机构改革不是简单的撤并、分合，而是在对社会主义市场经济体制下政府职能的认识进一步加深的基础上实施的一项意义重大、影响深远的改革举措。这次国务院机构改革有 5 个重点：深化国有资产管理体制改革，完善宏观调控体系，健全金融监管体制，继续推进流通管理体制改革，加强食品安全和安全生产监管体制建设。这次政府改革有其自身明显的特点：紧紧抓住政府职能转变的主题，部门和人员数量没有太大改变，突出加强监督和监管力度，有力地推进了政治体制改革和依法行政。

根据十一届全国人大一次会议通过的《关于国务院机构改革方案的决定》，2008 年国务院机构改革的主要任务是：围绕转变政府职能和理顺部门职责关系，探索实行职能有机统一的大部门体制，合理配置宏观调控部门职能，加强能源环境管理机构，整合完善工业和信息化、交通运输行业管理体制，以改善民生为重点加强与整合社会管理和公共服务部门。改革后，除国务院办公厅外，国务院组成部门设置 27 个。具体内容包括：(1) 合理配置宏观调控部门职能。(2) 加强能源环境管理机构。(3) 组建工业和信息化部。(4) 组建交通运输部。(5) 组建人力资源和社会保障部。(6) 组建环境保护部。(7) 组建住房和城乡建设部。(8) 国家食品药品监督管理局改由卫生部管理。

4.2.3　2013 年国务院机构改革与职能转变

根据党的十八大和十八届二中全会精神，深化国务院机构改革与职能转变，要高举中国特色社会主义伟大旗帜，以邓小平理论、“三个代表”重要思想、科学发展观和习近平总书记系列重要讲话精神为指导，按照建立中国特色社会主义行政体制目标的要求，以职能转变为核心，继续简政放权、推进机构改革、完善制度机制、提高行政效能，加快完善社会主义市场经济体制，为全面建成小康社会提供制度保障。

这次国务院机构改革，重点围绕转变职能和理顺职责关系，稳步推进大部门制改革，实行铁路政企分开，整合加强卫生和计划生育、食品药品、新闻出版和广播电影电视、海洋、能源管理机构。这次改革后，国务院正部级机构减少 4 个，其中组成部门减少 2 个，副部级机构增减相抵数量不变。改革后，除国务院办公厅外，国务院设置组成部门 25 个。具体内容包括：

(1) 实行铁路政企分开。将铁道部拟订铁路发展规划和政策的行政职责划入交通运输部。交通运输部统筹规划铁路、公路、水路、民航发展，加快推进综合交通运输体系建设。组建国家铁路局，由交通运输部管理，承担铁道部的其他行政职责，负责拟订铁路技术标准，监督管理铁路安全生产、运输服务质量和铁路工程质量等。组建中国铁路总公司，承担铁道部的企业职责，负责铁路运输统一调度指挥，经营铁路客货运输业务，承担专运、特运任务，负责铁路建设，承担铁路安全生产主体责任等。不再保留铁道部。

（2）组建国家卫生和计划生育委员会。将卫生部的职责、国家人口和计划生育委员会的计划生育管理和服务职责整合，组建国家卫生和计划生育委员会。将国家人口和计划生育委员会的研究拟订人口发展战略、规划及人口政策职责划入国家发展和改革委员会。国家中医药管理局由国家卫生和计划生育委员会管理。不再保留卫生部、国家人口和计划生育委员会。

（3）组建国家食品药品监督管理总局。对生产、流通、消费环节的食品安全和药品的安全性、有效性实施统一监督管理等。将工商行政管理、质量技术监督部门相应的食品安全监督管理队伍和检验检测机构划转食品药品监督管理部门。不再保留国家食品药品监督管理局和单设的国务院食品安全委员会办公室。

（4）组建国家新闻出版广电总局。为进一步推进文化体制改革，统筹新闻出版广播影视资源，将国家新闻出版总署、国家广播电影电视总局的职责整合，组建国家新闻出版广电总局。不再保留国家广播电影电视总局、国家新闻出版总署。

（5）重新组建国家海洋局。为推进海上统一执法，提高执法效能，将原国家海洋局及其中国海监、公安部边防海警、农业部中国渔政、海关总署海上缉私警察的队伍和职责整合，重新组建国家海洋局，由国土资源部管理。国家海洋委员会的具体工作由国家海洋局承担。

（6）重新组建国家能源局。为统筹推进能源发展和改革，加强能源监督管理，将原国家能源局、国家电力监管委员会的职责整合，重新组建国家能源局，由国家发展和改革委员会管理。不再保留国家电力监管委员会。

2013 年国务院机构改革是转变政府职能、深化行政管理体制改革的重要组成部分。转变国务院机构职能，必须处理好政府与市场、政府与社会、中央与地方的关系，深化行政审批制度改革，减少微观事务管理，该取消的取消、该下放的下放、该整合的整合，以充分发挥市场在资源配置中的决定性作用，更好发挥社会力量在管理社会事务中的作用，充分发挥中央和地方两个积极性。同时该加强的加强，改善和加强宏观管理，注重完善制度机制，加快形成权界清晰、分工合理、权责一致、运转高效、法治保障的国务院机构职能体系，真正做到该管的管住管好，不该管的不管不干预，切实提高政府管理科学化水平。

4.2.4 中央政府组织机构的类别

1. 办公机构

中央政府的办公机构在政务院时为秘书厅，国务院成立时仍称秘书厅，1970 年改为办公室，1980 年改为办公厅。

办公机构的主要职责是：负责中央政府的日常工作；协助中央政府领导密切与中央政

府各部门和各省、自治区、直辖市的工作联系；掌管中央政府印信，办理中央政府的文书、电报、会议事务，编辑“公报”，整理保管档案资料等；掌握政务院或国务院机关的总务、警卫和人事工作；办理来信来访事宜。

国务院秘书厅下设秘书处、机要处、人民接待室、资料室、警卫室、人事处和总务处。秘书厅设主任主持全厅工作，每半月主持召开一次厅务会议。

国务院办公厅由秘书长领导，并设副秘书长若干人协助秘书长工作。国务院办公厅设四个秘书局，第一秘书局起综合秘书局作用；其余三个秘书局分别承办有关部门的文电等工作，起上传下达、梳理汇总的作用；综合司负责重要文件的起草、政策性问题的调研、综合性业务及临时事项等；人事司负责厅内人事管理；行政司负责为在中南海北区办公的党和国家领导同志以及机关职工服务的行政事务工作。

2008 年，《国务院办公厅主要职责内设机构和人员编制规定》对国务院办公厅的主要职责进行了调整，“强化服务职责，加强应急、督查工作，进一步发挥参谋助手和运转枢纽作用。增加指导、监督全国政府信息公开工作的职责”。具体职责调整为：负责国务院会议的准备工作，协助国务院领导同志组织实施会议决定事项；协助国务院领导同志组织起草或审核以国务院、国务院办公厅名义发布的公文；研究国务院各部门和各省、自治区、直辖市人民政府请示国务院的事项，提出审核意见，报国务院领导同志审批；督促检查国务院各部门和地方人民政府对国务院决定事项及国务院领导同志指示的贯彻落实情况，及时向国务院领导同志报告；负责国务院值班工作，及时报告重要情况，传达和督促落实国务院领导同志指示；协助国务院领导同志做好需由国务院组织处理的突发事件的应急处置工作；指导、监督全国政府信息公开工作；办理国务院和国务院领导同志交办的其他事项。内设机构有秘书一局、秘书二局、秘书三局、国务院应急管理办公室（国务院总值班室）、督查室、电子政务办公室、人事司、行政司等。2000 年，原中办国办信访局更名为国家信访局，国务院办公厅不再办理来信来访事宜。

中央政府办公机构是中央政府的事务中枢。它也有发布文件的职权，但这种文件并非办公机构本身的决定，而是代表了中央政府的意见，且内容多具全局性，地位仅低于以中央政府名义发布的文件。办公机构有转发某一或某几个中央政府部门及省、自治区、直辖市政府文件的职权，这类文件可对全国发挥指导或借鉴作用。

2. 职能机构（部、委、行、署）

中央政府最主要的职能机构是部、委、行、署，它们是国务院的组成部门，在中央政府直接领导下，负责领导和管理某方面的国家行政事务。其设立、撤销或者合并，须经总理提出，由全国人民代表大会决定；在全国人大闭会期间，由全国人大常委会决定。部、委、署前冠“中华人民共和国”。行是指中国人民银行，署是指审计署。

十二届全国人大一次会议后，国务院设立的部、委、行、署有：外交部、国防部、国家发展和改革委员会、教育部、科学技术部、工业和信息化部、国家民族事务委员会、公安部、国家安全部、监察部、民政部、司法部、财政部、人力资源和社会保障部、国土资源部、环境保护部、住房和城乡建设部、交通运输部、水利部、农业部、商务部、文化部、国家卫生和计划生育委员会、中国人民银行、审计署。

3. 直属机构

直属机构是在中央政府领导下主管各项专门业务的机构。这些业务不便于划归各部委管理，但根据工作需要，又必须按行业进行管理。在名称上，一般涉外均冠以“中华人民共和国”字样，凡涉及较广泛的业务范围、机构独立性较大的均冠以“国家”字样，凡业务范围较窄、机构独立性较小的则冠以“国务院”字样。直属机构的地位比部、委低半格，属副部级。直属机构的设立、撤销或变动，1954 年规定由总理报全国人大常委会审议通过，1982 年规定由国务院自行决定，其行政首长从 1988 年 5 月以后由人事部（现人力资源和社会保障部）参与考察，由国务院常务会议讨论决定，由总理任免，虽不是国务院组成人员，但有时可列席国务院全体会议。

十二届全国人大一次会议后，国务院设立的直属机构有：中华人民共和国海关总署、国家税务总局、国家工商行政管理总局、国家质量监督检验检疫总局、国家新闻出版广电总局、国家体育总局、国家安全生产监督管理总局、国家食品药品监督管理总局、国家统计局、国家林业局、国家知识产权局、国家旅游局、国家宗教事务局、国务院参事室、国家机关事务管理局、国家预防腐败局、国家版权局。

4. 办事机构

1982 年颁布的《国务院组织法》规定，国务院可以根据工作需要和精简原则，“设立若干办事机构协助总理办理专门事项”。但最早设立的办事机构是 1978 年成立的国务院港澳办公室。办事机构均冠以“国务院”字样。多数办事机构都行使一定的行政职权。

十二届全国人大一次会议后，国务院设立的办事机构有：国务院侨务办公室、国务院港澳事务办公室、国务院法制办公室、国务院研究室。

5. 国务院部委管理的国家局

部委管理的国家局也是中央政府主管各项专门业务的机构，但归口各部委管理。从解放初即存在这种情况。它们与归口管理的部委不是领导与被领导的关系，本身是独立的行政机构，只是在向中央政府或中共中央汇报工作时须经归口管理的部委转呈，做出较大决定时须与归口管理的部委协商并征得同意。

十二届全国人大一次会议后，国务院部委管理的国家局有：国家信访局、国家粮食局、国家能源局、国家国防科技工业局、国家烟草专卖局、国家外国专家局、国家公务员局、国家海洋局、国家测绘地理信息局、国家铁路局、中国民用航空局、国家邮政局、国家文物局、国家中医药管理局、国家外汇管理局、国家煤矿安全监察局。

6. 国务院直属事业单位

事业单位一般是指从事某种专门业务、以脑力劳动为主、其“生产产品”主要体现为社会效益的单位。

十二届全国人大一次会议后，国务院设立的直属事业单位有：新华通讯社、中国科学院、中国社会科学院、中国工程院、国务院发展研究中心、国家行政学院、中国地震局、中国气象局、中国银行业监督管理委员会、中国证券监督管理委员会、中国保险监督管理委员会、全国社会保障基金理事会、国家自然科学基金委员会。

7. 非常设机构

非常设机构也称临时性机构，主要包括：为指导某些专门性工作而设立的办事机构，一般称为“办公室”；邀请有关专家或部门负责人组成的咨询性机构，一般称为“委员会”；议事、协调或调节性的机构，一般称为“委员会”或“领导小组”。

8. 特设机构

特设机构是 2003 年国务院机构改革提出的一种新的机构类型。在 2003 年机构改革及 2008 年机构改革中设立的国务院国有资产监督管理委员会，被定位为“国务院直属正部级特设机构”。

4.3 中央政府的领导体制

4.3.1 政务院的领导体制

政务院实行民主合议制的领导体制。政务院总理主持政府工作，副总理和秘书长协助总理执行职务，但政务院的重要决策必须经过政务会议集体讨论决定。

政务会议由总理、副总理、秘书长、政务委员组成，每星期举行一次，由总理召集。总理根据需要，或者由 1/3 以上政务委员提出请求，可以提前或延期召开会议。政务会议必须有过半数政务委员出席才能召开，表决时，每个与会者（包括总理）都有平等的一票权，出席政务会议的政务委员过半数同意才能通过决议。也就是说，政务院的最高决策权属于全体政务委员，而不是总理一人。政务院发布的决议和命令，有的由总理单独签署，有的除由总理签署外，还要由有关部、委、会、院、署、行的首长副署。

4.3.2 国务院的领导体制

1. 1982 年前国务院的领导体制

1954 年《宪法》明确规定，总理领导国务院工作，主持国务院会议。1954 年《国务院组织法》规定，国务院发布的决议和命令，必须经国务院全体会议或国务院常务会议通过。出席国务院全体会议的包括总理、副总理、各部部长、各委员会主任和秘书长，每月举行一次，在必要的时候由总理临时召集。在此期间国务院的领导体制也是一种合议制，或者是一种类似于部长会议制的体制。

1975 年《宪法》取消了总理领导国务院工作、主持国务院会议的规定。1978 年《宪法》重新规定，总理主持国务院工作，副总理协助总理工作。

2. 1982 年后国务院的领导体制

1982 年《宪法》明确规定，国务院实行总理负责制，总理领导国务院的工作，副总理、国务委员协助总理工作。

总理负责制是首长负责制的一种，是指总理在民主讨论的基础上，有权对国务院工作中的重大问题做出最后决定，并对这些决定以及他所领导的全部工作负有全面责任。具体内容包括“三权一责”：

（1）全面领导权。总理对国务院工作拥有全面领导权，副总理、国务委员协助总理工作，副总理、国务委员、秘书长、各部门首长等均向总理负责，总理代表国务院向全国人大及其常委会负责。

（2）最后决定权。总理召集和主持国务院全体会议和常务会议。国务院工作中的重大问题，必须经国务院常务会议或全体会议讨论决定，但一般不采取少数服从多数的表决办法，而是在充分讨论之后，由总理集中正确意见做出最后决定。

（3）人事提名权。副总理、国务委员、各部门首长、秘书长的任免人选，由总理向全国人民代表大会或其常委会提名。

（4）全面负责制。国务院发布的决定、命令和行政法规，向全国人民代表大会或其常委会提出的议案，任免行政人员，均由总理签署，表示对其做出的最后决定全面负责。

总理负责制是民主集中制基础上的首长负责制。国务院工作中的重大问题必须经过国务院全体会议和常务会议讨论，但并不是国务院的一切决议和命令都要经过两会讨论。国务院全体会议由国务院全体成员组成，国务院常务会议由总理、副总理、国务委员、秘书长组成。

国务院各部设部长 1 人、副部长 2～4 人，各委员会设主任 1 人、副主任2～4人、委员 5～10 人。各部、各委员会实行部长、主任负责制，各部部长、各委员会主任领导本部门的工作，召集和主持部务会议或者委员会会议、委务会议，签署上报国务院的重要请示、报告和下达的命令、指示。副部长、副主任协助部长、主任工作。各部、各委员会工作中的方针、政策、计划和重大行政措施，应向国务院请示报告，由国务院决定。根据法律和国务院的决定，主管部、委员会可以在本部门的权限内发布命令、指示和规章。

第5章

当代中国地方政府

5.1 当代中国地方政府概述

5.1.1 我国地方政府的组织形式及其演变

我国的地方政府是指除中央政府以外、按照国家行政区域建立起来的地方各级行政机关。自中华人民共和国成立至今，我国地方政府的组织形式经过了几次大的变化。

1. 军事管制委员会、人民政府委员会

在解放初期，各地实行军事管制制度，军事管制委员会行使地方政府的权力。后来，各地普遍建立了各级人民代表会议，政府权力逐渐改由各地人民政府委员会行使。

2. 人民委员会

1954年9月我国第一部《宪法》颁布实施后，我国地方政府的名称改为人民委员会。从法律上看，该形式一直到1975年《宪法》才被改变，但实际上在1966年“文化大革命”开始后即被废止。

3. 革命委员会

从1967年开始，革命委员会被确定为地方各级人民代表大会的常设机关，同时又是地方各级人民政府，是统领该地方一切权力的组织形态。

4. 人民政府

1979年7月1日，五届全国人大二次会议通过了《地方各级人民代表大会和地方各级人民政府组织法》，宣布将各级革命委员会改为地方人民政府。

5.1.2 我国地方政府的性质、地位及层次

按照我国《宪法》和《地方组织法》的规定，省、自治区、直辖市、自治州、市、市辖区、县、自治县、乡、民族乡、镇设立人民政府。

我国地方各级人民政府是我国地方各级权力机关——人民代表大会的执行机关，是地方各级国家行政机关。地方各级人民政府对本级人民代表大会和上一级国家行政机关负责并报告工作。

县级以上的地方各级人民政府在本级人民代表大会闭会期间，对本级人民代表大会常务委员会负责并报告工作。全国地方各级人民政府都是中央政府统一领导下的国家行政机关，都服从中央政府的领导。

由于我国地方政府是按照行政区划设立的，因此地方政府的层级与行政区划基本一致。在1954年9月以前，我国地方政府分为大区人民政府、省级人民政府、县级人民政府、乡级人民政府。1954年以后，东北人民政府、西北军政委员会、华东军政委员会、中南军政委员会、西南军政委员会、华北人民政府六个大区级地方政府相继经过改制而被撤销。为了便于对数量众多的县级人民政府进行管理，我国在省级与县级之间实际上一直存在着地市级人民政府这样一个层次。

此外，我国还存在特别行政区政府、经济特区政府、计划单列市政府、矿山及自然保护区政府等。

5.1.3 地方各级政府的领导体制

1. 合议制领导体制

在1982年以前，我国地方各级政府实行的是合议制领导体制。新中国成立初期，政务院分别制发了省、市、县组织通则，规定：省、市、县人民政府委员会全体会议每月举行一次，由省政府主席、市长、县长召集，省政府主席、市长、县长根据需要或经1/3以上委员提出，可以提前或延期召集。全体委员会议必须有过半数的委员出席才能开会，必须经出席委员过半数的同意才能通过决议。1954年以后，按照《地方组织法》的规定，行政首长的责任加强了许多，但没有明确规定行政首长有最后决定权和对本级政府的工作负全面责任。

2. 行政首长负责制

1982年《宪法》和《地方组织法》规定，地方各级人民政府实行行政首长负责制，也就是实行省长、自治区主席、市长、州长、县长、区长、乡长、镇长负责制。各级行政首长分别主持地方各级人民政府的工作，他们在本级人民政府的全部工作中负有“三权一责”。

（1）全面领导权。行政首长对本级人民政府的工作负有全面领导权，副职协助正职工作，或受正职委托分管某方面的工作。

（2）最后决定权。行政首长召集并主持本级人民政府的常务会议或全体会议，但对政府工作中的重大问题，行政首长有权做出最后决定。

（3）人事提名权。行政首长有权就本级人民政府的秘书长、厅长、局长、主任、科长

的任免，向本级人民代表大会常务委员会提名。

（4）全面负责制。行政首长对本级人民政府的工作全面负责。以本级人民政府名义向本级人民代表大会及其常委会提出的议案，向上级人民政府提出的请示、报告，向下级人民政府发出的指示、指令等，均应由本级行政首长签署。

我国实行的行政首长负责制，虽不同于少数服从多数的合议制，但也是以民主集中制为基础的，与《宪法》规定的“中华人民共和国的国家机构实行民主集中制的原则”是一致的。《地方组织法》规定，县以上地方各级人民政府工作中的重大问题，须经政府全体会议或常务会议讨论决定。全体会议由本级人民政府的全体成员参加，每年举行 2～3 次。常务会议由本级人民政府的正副职领导人员（省、地市政府还包括秘书长）参加，一般每周举行一次。全体会议和常务会议皆由行政首长召集并主持。本级人民政府向本级人民代表大会所做的政府工作报告、关于一个阶段全局性的工作安排以及其他重要的工作部署，一般须经全体会议讨论决定。本级人民政府各行政机构在工作中遇到的涉及面广、政策性强的重要问题，一般须提请常务会议讨论决定。全体会议和常务会议讨论的问题，不必由出席会议者过半数通过决议，最后由行政首长决定。

5.1.4　经济特区政府

1980 年 8 月，第五届全国人大常委会第十五次会议通过和颁布了《广东省经济特区条例》，正式建立了深圳、珠海、汕头经济特区。1980 年 10 月又批准建立了厦门经济特区，1988 年 4 月批准建立了海南经济特区。

我国的经济特区实行特殊的经济政策、灵活的经济措施和特殊的管理体制。特区的经济发展主要靠吸收和利用外资，产品主要是出口。特区的经济在全国的社会主义经济领导下，以中外合资、合作经营企业和外商独资企业为主，各种经济成分并存。特区的经济活动充分发挥市场调节的作用。对到特区投资的外商，特区在税收、出入境等方面给予特殊的优惠和方便。特区在管理体制上有比内地更大的自主权。

我国经济特区政府有四种行政管理体制模式：（1）副省级特区由地方政府全面管辖。深圳市人民政府是副省级行政待遇。（2）珠海、厦门经济特区管理委员会隶属所在市人民政府统一管理。（3）汕头经济特区管理委员会由广东省授权，相对独立，不隶属汕头市人民政府管辖。（4）海南省级地方政府管理海南大特区。

经济特区政府的组织机构设置较为精干、合理，尤其是海南省政府实行的是“小政府、大社会”的体制。

5.2　省级人民政府

我国现行《宪法》规定，省级人民政府是省级国家权力机关的执行机关，是地方国家行政机关。

5.2.1　省级人民政府的范围

作为最高一级地方人民政府，我国现行省级人民政府包括 22 个省人民政府、5 个自治区政府、4 个直辖市政府（台湾省和港、澳特别行政区除外）。

1. 省人民政府

我国从元代开始设省。清末时省建制为 22 个，抗战胜利后全国设 35 个省。中华人民共和国成立前夕，全国设 32 个省。中华人民共和国成立时，全国设有黑龙江、辽东、辽西、热河、松江、吉林、陕西、甘肃、青海、宁夏、新疆、山东、浙江、福建、河南、湖南、湖北、江西、广东、广西、云南、西康、贵州、河北、山西、平原、绥远、察哈尔 28 个省；同时建立了苏北、苏南、川东、川南、川西、川北、皖南、皖北 8 个省级行署区。后经过合并和撤销，到 20 世纪 50 年代中期，以上省和行署区确定为 21 个省。1988 年设立海南省。因此，全国现有 22 个省人民政府：河北、山西、辽宁、吉林、黑龙江、江苏、浙江、安徽、福建、江西、山东、河南、湖北、湖南、广东、海南、四川、贵州、云南、陕西、甘肃、青海。

2. 自治区人民政府

自治区是我国为少数民族聚居地方实行民族区域自治而建立的行政区域，行政地位相当于省。自治区以一个人口较多的少数民族为基础，由该少数民族和居住在本区域内的其他民族共同组成。我国民族自治地方在解放初期统称为自治区，1954 年《宪法》公布后分为自治区、自治州和自治县（旗）三级。目前，我国的自治区共有 5 个：1947 年 5 月 1 日成立的内蒙古自治区，1955 年 10 月 1 日成立的新疆维吾尔自治区，1958 年 3 月 5 日成立的广西壮族自治区，1958 年 10 月 25 日成立的宁夏回族自治区，1965 年 9 月 1 日成立的西藏自治区。我国的自治区下设市、县或盟、旗，并在其境内其他少数民族聚居地方设自治州、自治县或自治旗。按照 1982 年《宪法》的规定，自治区主席由实行区域自治的民族的公民担任。

3. 直辖市人民政府

直辖市是我国由中央直接管辖的大城市，属省级行政区域。在解放初期，我国由大区代管的中央直辖市有南京、哈尔滨、长春、沈阳、旅大、鞍山、抚顺、本溪、武汉、广州、西安、重庆等，后均改为省辖市。现在的直辖市有北京、天津、上海、重庆。直辖市的人口比较集中，在政治、经济、文化上具有特别重要的地位，下设市辖区和市辖县。

5.2.2 省级人民政府的组成与任期

在解放初期，省级人民代表大会选举并报中央人民政府委员会批准，任命主席 1 人、副主席若干人、委员若干人组成省级人民政府委员会，不是由省人民政府委员兼任的省政府所属厅长、局长、委员会主任不是省政府组成人员。1954 年省级人民政府改称人民委员会，由省长、副省长（或主席、副主席，市长、副市长）、委员共计 25～55 人组成，超过 55 人时必须经国务院批准，每届任期 4 年。“文化大革命”后的省级革命委员会，由主任 1 人、副主任若干人、委员若干人组成，每届任期 3 年。

1979 年 7 月通过后又经过几次修正的《地方组织法》规定：省级人民政府由省长、副省长（或自治区主席、副主席，市长、副市长）和秘书长、厅长、局长、委员会主任等组成。正副省长、正副自治区主席和正副市长由省级人民代表大会选举产生。在省级人民代表大会闭会期间，副省长、副主席、副市长的个别任免，由本级人民代表大会常委会决定。省级人民政府其他组成人员的人选，由省长、主席、市长提名，省级人民代表大会常委会决定，报国务院备案。省级人民政府每届任期 5 年。

5.2.3 省级人民政府的职权

1950 年 1 月，政务院发布了《省人民政府组织通则》，规定省人民政府行使下列职权：执行并转发政务院和大行政区政府的决议和命令，在其职权范围内颁发决议和命令；实施省人大的决议案；拟订与省政府有关的暂行法令条例；任免重要行政人员；编制本省的概算或预算、决算；领导并监督下级人民政府和省政府各部门的工作；等等。省政府在行使每项职权时都必须报政务院或大行政区政府批准或备案。

1954 年 9 月颁布的《地方组织法》规定：县以上的人民委员会在本行政区域内行使 17 项职权，除了领导和管理本行政区域内的经济、文化和社会事务外，还行使作为本级人民代表大会常设机关方面的职权，如主持本级人民代表大会的选举，召集本级人民代表大会会议等。1979 年，县以上地方人民代表大会设立常务委员会后，地方政府和地方人大的工作才完全分开。

1979 年 7 月颁发了新的《地方组织法》，后经几次修正，规定省级人民政府行使下列职权：

（1）执行本级人民代表大会及其常务委员会的决议以及上级国家行政机关的决定和命令，规定行政措施，发布决定和命令，根据法律和国务院的行政法规制定规章。

（2）领导所属各工作部门和下级人民政府的工作。

（3）改变或者撤销所属各工作部门的不适当的命令、指示和下级人民政府不适当的决定、命令。

（4）依照法律的规定任免、培训、考核和奖惩国家行政机关工作人员。

（5）执行国民经济和社会发展计划、预算，管理本行政区域内的经济、教育、科学、文化、卫生、体育事业、环境和资源保护、城乡建设事业和财政、民政、公安、民族事务、司法行政、监察、计划生育等行政工作。

（6）保护社会主义的全民所有的财产和劳动群众集体所有的财产，保护公民私人所有的合法财产，维护社会秩序，保障公民的人身权利、民主权利和其他权利。

（7）保护各种经济组织的合法权益。

（8）保障少数民族的权利，尊重少数民族的风俗习惯，帮助本行政区域内各少数民族聚居的地方依照宪法和法律实行区域自治，帮助各少数民族发展政治、经济和文化建设事业。

（9）保障宪法和法律赋予的男女平等、同工同酬和婚姻自由等各项权利。

（10）办理上级国家行政机关交办的其他事项。

5.2.4 省级人民政府的机构设置

关于省级政府的机构设置，中央政府不强求一致，有关法律法规也没有做出具体规定，只是要求根据工作需要和精干的原则，设立必要的工作部门。省级人民政府除了不设主管外交、国防等全国性事务的机构和将某些任务单纯、职责相近的机构合并设置外，所设机构大体上与中央人民政府类似，并且各省级政府所设机构情况也基本相同。

《中国人民政治协商会议共同纲领》规定省政府设立人民监察委员会。1950 年 1 月，政务院公布了《省人民政府组织通则》，省人民政府根据这一规定，一般设委、厅、局 16 个。1952 年 8 月 7 日，中央人民政府委员会发布了《关于调整地方人民政府机构的决议》，加上后来的调整，到 1953 年省级政府机构一般设 30 个左右。

大行政区建制取消后，省级政府的管理权限扩大，各省级政府对机构做了较大的调整和充实。

1954 年 12 月 15 日，国务院通过了《关于各省人民委员会设置工作部门和办公机构的决定》。到 1957 年，各省级政府机构一般设 45 个左右。1958 年，中央决定扩大地方经济管理权限，将绝大多数中央直属企业、事业单位下放到地方管理，对省级政府机构尤其是经济管理部门进行了较大的调整。60 年代初期，为了适应国民经济调整的需要，省级政府工作部门经历了几次大的精简调整、恢复增设，到 1965 年底，省级政府机构一般设置 60 个左右。

“文化大革命”期间，各级党政机关普遍受到冲击，陷入瘫痪和半瘫痪状态，取代省委、省政府的革命委员会初期一般分设办事组、政工组、人保组、生产指挥组四大组，大组下再分设若干职能小组。1970 年，各省党委相继恢复，与革命委员会合署办公，实行“一元化”领导体制，党政机构不分设，随后革命委员会开始恢复设立职能局、专业局。到 1976 年，省级革命委员会一般设置 45 个左右的机构。

1977 年和 1978 年，随着拨乱反正和经济建设的需要，省级政府恢复和增设了 20 多个机构。到 1982 年末，省级政府机构一般设置 80 个左右，有的超过 90 个，出现了机构过多、人浮于事、办事效率低下等问题。1982 年底，中共中央、国务院发布了《关于省、市、自治区党政机关机构改革若干问题的通知》后，各省级政府工作部门一般压缩控制在 35～40 个。但到 1985 年，各省级政府机构又恢复设置到 60～70 个，并且成立了许多临时性机构和不列入政府序列的“二级机构”。后在 1988 年、1993 年、1998 年、2003 年、2008 年、2013 年又相继进行了多次机构改革，目前，省级政府机构一般保持在 50 个左右。

省级人民政府所设机构的名称为厅、局或委员会，其设立、增加、减少或合并，由省级人民政府报请国务院批准。省级人民政府设秘书长领导办公厅的工作，根据情况还可设副秘书长。

省级人民政府工作机构的领导关系和业务关系一般有三种：（1）受省级人民政府的统一领导，同时受国务院有关部门的业务指导。职能部门多数属于这种情况。（2）受省级人民政府和国务院有关部门的双重领导。这部分机构主要是监督性机构，如审计、监察、国家安全等部门。（3）受省级人民政府和国务院有关部门的双重领导，以国务院有关部门的领导为主，如邮电、铁路等部门。

同时，省级人民政府还应当协助设立在本行政区域内不属于自己管理的国家机关、企业、事业单位进行工作，并且监督它们遵守和执行法律、法令和政策。这些单位主要是指中国人民银行各分行（1999 年以前）、部属重点企业、部属高等院校等。

直辖市人民政府与其他省级人民政府的机构设置略有区别，除了管理本行政区域内行政事务的机构外，还有为城市建设与管理服务的机构，如城市规划建设、公用事业、市政工程、交通、环境保护与卫生部门等。直辖市人民政府的工作部门都称局、委员会，其机构设置一般在 70 个左右。

5.2.5　省级人民政府的派出机关

1954 年《地方组织法》规定，省、自治区的人民委员会在必要的时候，经国务院批准，可以设立若干专员公署作为派出机关。1975 年《宪法》取消了省政府派出机关的设置，规定在省、县之间设地区人民代表大会和革命委员会，作为一级地方政权机关。1978 年《宪法》和 1979 年《地方组织法》规定，重新恢复行政公署作为省级政府的派出机关。

解放初至"文化大革命"前，省级政府的派出机关叫做专员公署，"文化大革命"中改称革命委员会，"文化大革命"后改称地区行政公署。该派出机关所辖区域不是一级行政区域单位，本身也不是一级政府，它是受省级政府派遣建立在地理相连的若干县、市之上，执行委托任务的一种地方行政管理组织。

省级政府派出机关的机构设置没有明确规定，也不统一。1983 年地市机构改革时，中央曾限定地区行署的工作部门在 25 个以内，但实际上，其工作部门一般为 40～50 个，工作人员数百人。

1983 年后，我国开始地市合并，实行市领导县的行政体制，地区行政公署逐渐转变为一级行政组织实体。

5.3　地级市人民政府

5.3.1　地级市人民政府的范围

1. 一般性地级市人民政府

1954 年《宪法》明确规定，城市人民政府的行政地位分为四等：与省同级的直辖市，低于省而高于县的较大的市即地级市，与县同级的市，与乡同级的镇。1955 年 6 月，国务院发布《关于设置市、镇建制的决定》，规定了市的设置标准：除直辖市外，其他的市均属于省、自治区、自治州领导的行政单位；人口在 20 万以上的市，确有分设区的必要的，可以设市辖区；规模较大、聚居人口较多、由省领导的工矿基地，可以设置市建制或市辖区。设市标准在以后又进行过一定的调整，但是城市建制的行政地位基本未变。1983 年开始实施地市合并、市管县后，地级市政府迅速增加，逐步取代了原来的地区行政公署。绝大部分地级市是辖县市，有少数地级市是非辖县市。

2. 少数民族自治地方人民政府——自治州、盟

少数民族自治地方人民政府是民族自治地方的自治机关，除了拥有一般地方人民政府的职权外，同时还依照《宪法》《民族区域自治法》和其他法律规定的权限行使自治权。自民族自治区成立后，自治州、盟人民政府一直是介于自治区与县、旗之间的一级国家行政机关。

3. 计划单列市人民政府

1962 年，我国曾将天津、沈阳、武汉、广州、重庆、西安六大城市在工业生产、基本建设、物资调拨、主要商品分配、职工人数和工资总额、财政预算方面计划单列。现在的计划单列市是1983年开始设立、1984年开始实施的，包括13个城市：武汉市、沈阳市、大连市、哈尔滨市、广州市、西安市、青岛市、宁波市、厦门市、深圳市、南京市、成都市、长春市。重庆市在成为直辖市前也是计划单列市。虽然没有明确的法律依据，甚至中央还曾明文规定计划单列市不要搞机构升格、增加编制，但实际上这些计划单列市在行政级别上都是副省级。这些城市"单列"的内容主要有：经济和社会发展的各项计划全部单列，直接纳入全国计划综合平衡，统筹安排，赋予其在制订和执行计划、管理经济方面相当于省一级的权限，即省级经济管理权。

4. 能够制定行政规章的非计划单列市人民政府

《地方组织法》规定，省、自治区人民政府所在地的市和经国务院批准的较大的市的人民政府，可以根据法律、行政法规和本省、自治区的地方性法规，制定行政规章。非计划单列市人民政府也可以制定行政规章，但需报省级人民政府批准。

5.3.2 地级市人民政府的组成与职权

1950年1月，政务院颁发了《市人民政府组织通则》，规定市人民政府委员会由市人民代表大会选举市长一人（必要时可设副市长）及委员若干人组成，并提请上级人民政府任命。1979年《地方组织法》规定，地级市人民政府由市长、副市长和秘书长、局长、委员会主任等组成。市长、副市长均由本级人民代表大会选举产生，其他组成人员由市长提名、本级人民代表大会常委会决定，报省级人民政府备案。在人民代表大会闭会期间，副市长的个别任免由本级人民代表大会常委会决定。自治州、盟人民政府的组成和地级市人民政府相同，州长、盟长由实行区域自治的民族的公民担任。地市级人民政府每届任期5年。

政务院发布的《市人民政府组织通则》原则上规定了地级市人民政府的职权，主要内容为：执行和实施上级人民政府和本级人民代表大会的决议和命令，拟订与市政有关的暂行法令条例，任免行政人员，编制概算或预算和决算，领导各部门工作。地级市人民政府的职权可概括如下：

（1）执行本级人民代表大会及其常委会的决议，执行国务院和省、自治区人民政府的决议和命令。

（2）规定行政措施，发布决议和命令。有的市人民政府还有权制定行政规章。

（3）全面领导和管理本行政区域内的经济文化建设和各项行政事务。

（4）保护国家、集体和公民个人的一切正当权益。

（5）领导并监督所属各工作部门和区、县人民政府的工作，改变或撤销它们不适当的命令、指示和决定。

（6）办理上级国家行政机关交办的其他事项。

此外，自治州、盟人民政府还有相应的民族自治权。

对于设在本行政区域内而不属于自己管理的国家机关和企业、事业单位，地市级人民政府应当协助它们开展工作，并监督它们遵守和执行法律、法规和政策。

5.3.3　地级市人民政府的工作部门

根据有关规定，地级市人民政府应根据市区大小和工作需要设立机构，这些机构的设立、增加、减少或合并，由本级人民政府报请省级人民政府批准，它们由本级人民政府统一领导，同时受省级人民政府主管部门的领导或业务指导。地级市人民政府所设机构称为局（处）、委员会，数量一般为 30～50 个。

5.3.4　市领导县的行政体制

市领导县，是指地级市人民政府领导县级人民政府。在 1983 年前，尤其是在 20 世纪 60 年代初，我国曾部分试行过市领导县体制。1983 年开始全面推广实施市领导县行政体制，目的是以城市为依托带动周围各县共同发展，采取的方式主要有地市合并、划县入市、建市领县三种，之后逐渐形成地级市人民政府领导县级人民政府的体制，地级市人民政府也就不再是单纯的城区政府。

1986 年 4 月，国务院规定了领导县的市的条件是："市区非农业人口 25 万以上、年国民生产总值 10 亿元以上的中等城市（即设区的市），已成为该地区政治、经济和科学、文化中心，并对周围各县有较强的辐射力和吸引力，可实行市领导县的体制。"这样，在我国，省和县之间有了一级正式的行政层次。

5.4　县级人民政府

5.4.1　县级人民政府的范围

县级人民政府是指行政级别上相当于县一级的行政机关，主要包括县人民政府、市辖区人民政府、县级市人民政府。

1. 县人民政府

自秦朝开始，县一直是我国最基层的行政建制单位。1950 年，政务院为了确定行政编制数，曾根据人口多少将县划分为五等：80 万人口以上为特等县，50 万～80 万人口为甲等县，30 万～50 万人口为乙等县，15 万～30 万人口为丙等县，15 万人口以下为丁等县。

按照我国有关法律的规定，县人民政府是我国的一级地方人民政府，直接由省级人民政府管辖。但实际上，在实行市领导县体制之前，是由地区行政公署领导县；1983 年开始实行市领导县体制后，县人民政府一般由市人民政府直接管辖。县人民政府是我国县级人民政府的主体。直辖市所属县人民政府的行政级别为地市级。

2. 市辖区人民政府

按照有关规定，中等以上城市可分区。但是直辖市下设的区人民政府的行政级别为地市级。

3. 县级市人民政府

县级市人民政府也就是不设区的市人民政府。1955 年 6 月国务院发布的《关于设置市、镇建制的决定》规定，10万以上非农业人口的城镇可以设市。80年代后兴起了几次撤县建市高潮。1983年时，民政部规定的设市标准为：凡非农业人口8万以上的镇或总人口50万以上的县，县城非农业人口占总人口的20%，工业产值2亿元以上者可设市。1986年，国务院批转民政部《关于调整设市标准和市领导县条件的报告》，规定设市条件为："非农业人口（含县属企事业单位聘用的农民合同工、长年临时工，经工商行政管理部门批准登记的有固定经营场所的镇、街、村和农民集资或独资兴办的第二、三产业从业人员，城镇中等以上学校招收的农村学生，以及驻镇部队等单位的人员）六万以上，年国民生产总值二亿元以上，已成为该地经济中心的镇，可以设置市的建制。少数民族地区和边远地区的重要城镇，重要工矿科研基地，著名风景名胜区，交通枢纽，边境口岸，虽然非农业人口不足六万、年国民生产总值不足二亿元，如确有必要，也可以设置市的建制。"1993年5月17日，国务院批转民政部《关于调整设市标准的报告》，设市条件有所提高。

4. 自治县、旗人民政府

这是在少数民族聚居地区设置的县级人民政府。

5. 直辖市的街道办事处、特区、工农区、林区等政府

5.4.2 县级人民政府的组成与职权

解放初期，县级人民政府同其他各级人民政府一样，先由上级人民政府或上级军事管制机关任命产生，后来由县级人民代表大会选举县长（市长、区长）一人（必要时可设副职）及委员若干人组成，并报请省级人民政府呈报中央人民政府政务院批准任命。1954年颁布的《地方组织法》规定，县级人民政府由9～21人组成。

1979年后，县级人民政府由县长（市长、区长）、副县长（副市长、副区长）和局长、科长组成，每届任期5年。县长（市长、区长）、副县长（副市长、副区长）由县级人民代表大会选举产生。在县级人民代表大会闭会期间，副县长（副市长、副区长）的个别任免由县级人民代表大会常务委员会决定。县级人民政府局长、科长的任免，由县长（市长、区长）提名，本级人民代表大会常务委员会决定，报上一级人民政府备案。

1950年颁布的《县人民政府组织通则》规定县人民政府行使7项职权，《市人民政府组织通则》规定市人民政府行使6项职权，《大城市区人民政府组织通则》规定区人民政府行使5项职权，基本内容大体相同。1954年颁布的《地方组织法》规定县以上地方各级人民政府行使17项职权。

1979年后，县级人民政府行使的职权与省级人民政府的职权相比，除了不能制定行政规章外，其余都一样。

5.4.3 县级人民政府的机构设置

县级人民政府根据工作需要和精干、高效的原则，依法设立必要的行政机构。新中国成立初期县级人民政府一般设机构不到10个，1954年后一般为25个左右，1979年后一般超过30个。

县级人民政府的机构称局或科，其设立、增加、减少或者合并，由本级人民政府报请上一级人民政府批准。县级人民政府的机构受本级人民政府的统一领导，并且受上一级人民政府主管部门的领导或业务指导。

县级市、市辖区人民政府除了设有县级人民政府的一般工作部门外，还设有市政管理所需的工作部门。

5.4.4　县级人民政府的派出机关

根据法律规定，县级人民政府在必要的时候，报请上级人民政府批准，可以设立派出机关。

1. 区公所

县、自治县人民政府在必要的时候，报请省级人民政府批准，可以设立区公所作为它的派出机关。

在解放初期，我国县人民政府下辖的区分为低于县而高于乡的一级行政机关的区人民政府和作为县人民政府派出机关的区公所。1954 年以后撤销了区人民政府，全部改为区公所。区公所设区长一人，副区长、秘书及助理员若干人，由县人民政府委派。区公所的职权是指导、监督与协助所辖乡人民政府的工作，执行县人民政府交办的事项。

国务院在 1986 年规定，为了加强农村基层政权建设，减少管理层次，提高工作效率，除边远山区、交通不便的地区外，县以下一般不再设立区公所，逐步实行区镇合并，由区级镇领导乡。

2. 街道办事处

1954 年颁布的《城市街道办事处组织条例》规定：10 万人口以上的市辖区和不设区的市，应当设立街道办事处；10 万人口以下 5 万人口以上的市辖区和不设区的市，如果工作确实需要，也可以设立街道办事处；5 万人口以下的市辖区和不设区的市，一般不设立街道办事处。（该条例已于 2009 年废止。）

街道办事处的任务主要是：（1）办理市、市辖区人民政府交办的有关居民工作的事项；（2）指导居民委员会的工作；（3）及时向政府部门反映居民的意见和要求。

5.5　乡级人民政府

5.5.1　乡级人民政府的范围

乡级人民政府包括乡、民族乡、镇人民政府。

1. 乡、民族乡人民政府

1950 年 12 月，政务院公布了《乡（行政村）人民政府组织通则》，规定乡与行政村并存，同为农村基层行政区划。

1954 年，我国第一部《宪法》明确规定，乡、民族乡是农村基层行政区划，乡政权是农村基层政权。

1958 年下半年，全国实现了农村人民公社化，乡建制被政社合一的人民公社取代，公社管理委员会（1967—1978 年改为“革命委员会”）取代了乡政权，人民公社成为农村基层行政建制，行政村改为生产大队。公社的规模一般是以乡建社，也有的是数乡合并建成一社。

1983 年 10 月，中共中央、国务院发出了《关于实行政社分开建立乡政府的通知》，随后各地开始进行农村基层政权体制改革，建立了乡人民政府，生产大队改为行政村，村建立了村民委员会。绝大多数地方以公社建乡，个别地方以大队建乡。1986 年上半年，政社分设基本结束，全国有乡、民族乡 10 万个左右。

从 20 世纪末开始，全国陆续推进撤乡并镇、撤乡设镇、撤乡设街道办事处的乡镇政策，乡的数量大量减少。

2. 镇人民政府

我国从清末开始将镇作为行政建制。镇是农村中因地理、文化、传统等多种因素而自发形成的商业、手工业和文化活动的中心。

1955 年 6 月，国务院发布了《关于设置市、镇建制的决定》，规定镇是属于县、自治县领导的行政单位。设镇的条件是：县级或县级以上国家机关所在地或者聚居人口在 2 000 人以上且 50%为非农业人口的地区（少数民族地区人口不足 2 000 人也可以设镇）；规模较小，人口不多，且由县领导的工矿基地。

1963 年，为了调整城镇人口和城镇数量，中共中央、国务院发出了《关于调整市镇建制、缩小城市郊区的指示》，重新规定设置镇的标准为：工商业和手工业相当集中、聚居人口在 3 000 人以上，其中非农业人口占 70%以上，或者聚居人口在 2 500 人以上不足 3 000人，其中非农业人口占 85%以上，确有必要由县级国家机关领导的地方，可以设置镇的建制。少数民族地区的工商业和手工业集中地，聚居人口虽不足 3 000 人，或者非农业人口不足 70%，但确有必要由县级国家机关领导的，也可以设置镇的建制。对于当时已有的镇，凡是不符合上述条件的，都应该撤销。在撤销了镇建制的地方，原镇属居民一律列为乡村人口。镇的数量也因此而大量减少。

1984 年，国务院批转了民政部《关于调整建镇标准的报告》，规定：(1) 凡县级地方国家机关所在地，均应设置镇的建制。(2) 总人口在20 000人以下的乡，乡政府驻地非农业人口超过2 000人的，可以建镇；总人口在20 000人以上的乡，乡政府驻地非农业人口占全乡人口 10%以上的，也可以建镇。(3) 少数民族地区、人口稀少的边远地区、山区和小型工矿区、小港口、风景旅游区、边境口岸等地，非农业人口虽不足2 000人，如确有必要，也可以设置镇的建制。自此，尤其是 20 世纪末开始的乡镇改革以后，镇的数量发展很快。

5.5.2 乡级人民政府的机构设置

新中国成立初期颁布的《乡（行政村）人民政府组织通则》规定：乡、行政村政府在同级人民代表会议休会期间，是本行政区域行使政权的机关，它由同级人民代表会议选举的正、副乡（村）长（同时必须由区政府或区公所报县政府批准）和若干名委员组成，乡长领导全乡工作，副乡长协助乡长工作。乡政府设文书 1 人，承乡长之命办理文书事宜，并可视工作需要设立各种经常的及临时的工作委员会。镇设镇长、副镇长。

1954 年颁布的《地方组织法》规定：乡、民族乡、镇人民委员会为乡一级政府，其组成人员一般为 3～13 人。乡级人民委员会可设民政、治安、武装、生产合作、财粮、文教（含卫生）和调解 7 个工作委员会。

在人民公社化时期，人民公社管理委员会一般配有主任、副主任以及秘书、民政、公安、财政、文教、生产、会计等职位。

1983 年 10 月后开始建立乡人民政府。1986 年开始，在全国范围内对乡、民族乡、镇党政机关人员编制进行了核定工作。乡设依法选举产生的乡长、副乡长，镇设镇长、副镇长。镇政府的行政编制比同等的乡的行政编制多 10%～25%。乡级人民政府在 2004 年前每届任期 3 年，在 2004 年后改为每届任期 5 年。乡级人民政府的办公机构和工作部门的设置，由各地省政府或县政府根据本行政区域的实际情况自行安排。大体情况如下：乡、镇政府都设立由文书、统计员、会计组成的办公室，设立 1 职 1 人（也有 2 人）的民政、公安（有派出所的不设此职）、司法、财政、文教卫生、计划生育、生产建设、乡镇建设等助理员，设立人武部等机构，以及县政府设立在本乡镇的财政、工商管理、税务等机构。有的地方将镇分为区级和乡级两等，分别核定行政编制和机构设置。乡级镇与乡相同。区级镇在机构设置上有两种情况：（1）在镇长领导下，设若干办公室，分管各方面工作，如政府办公室、工交财贸办公室、农村办公室、民政司法办公室、文教卫生办公室、计划生育办公室、城镇规划建设与管理办公室等；（2）委、办、科并存。

除上述机构外，乡级人民政府还有一些事业和企业单位，如中小学校、卫生院、信用社、供销社、供电站、农机站、食品站、商店等，这些单位的工作对象是乡镇，但它们的业务工作和人、财、物的调配，均由县级政府有关职能机构掌握。

5.5.3　乡级人民政府的职权

按照《地方组织法》的规定，乡级人民政府主要行使以下四个方面的职权：

（1）执行本级人民代表大会的决议和上级国家行政机关的决议和命令，发布决议和命令。

（2）执行本行政区域内的经济和社会发展计划、预算，管理本行政区域内的经济、教育、科学、文化、卫生、体育事业和财政、民政、公安、司法行政、计划生育等行政工作。

（3）保护社会主义全民所有的财产和劳动群众集体所有的财产，保护公民和私人所有的合法财产，维护社会秩序，保障公民的人身权利、民主权利和其他权利；保护各种经济组织的合法权益；保障少数民族的权利，尊重少数民族的风俗习惯；保障宪法和法律赋予妇女的男女平等、同工同酬和婚姻自由等各项权利。

（4）办理上级人民政府交办的其他事项。

第6章

当代中国行政监督体系与监督机制

6.1 行政监督思想与监督体系

6.1.1 行政监督的含义与监督思想

行政监督是由“行政”和“监督”组成的。行政是指国家行政机关依照法定职权开展组织与管理政府事务的活动，它在国家权力体系中是一个非常重要的系统。监督是指观察、察视，是对被监督主体的行为进行审视的活动。

行政监督有广义与狭义两种解释。广义的行政监督是指，拥有国家权力的非行政机关和公民、社会对行政机关是否执行权力主体的意志所进行的监督，这种监督具有“监督行政”的含义。监督行政权力的行使是近代民主、法治与分权思想的体现。在依法治国和依法行政思想指导下，行政权力的行使必须受到法律的制约和限制；同时，行使行政权力的行政行为也必须受到法律和民主的监督。近代资产阶级学者针对“君权神授论”提出了“主权在民论”，并进一步提出了分权学说。英国的约翰·洛克在他的《政府论》中提出了主权源于人民的思想；法国思想家孟德斯鸠在其名著《论法的精神》中重申主权在民，并发展了资产阶级的分权学说，提出了防止滥用权力的理论，他认为：“一切有权力的人都容易滥用权力，这是万古不易的一条经验。”① 因此，他主张人民必须对政府滥用权力进行事先的预防和监督。孟德斯鸠把国家权力分为三部分：行政权、立法权、司法权。他认

① ［法］孟德斯鸠：《论法的精神》，上册，188页，北京，商务印书馆，1961。

为这三种权力既相互分立，又相互制约，有助于防止权力专横和滥用，保证人民对政府的监督。

马克思和恩格斯在总结巴黎公社斗争经验的基础上提出了新型行政监督模式，体现为：(1) 立法和行政的统一。公社“不应当是议会式的，而应当是同时兼管行政和立法的工作机关”①。(2) 行政机关从属于权力机关，所有其他行政部门的公务员均由公社任命。(3) 保障人民对国家权力的监督和控制，从而确立了社会主义国家由国家权力机关产生并监督行政机关的基本监督体制。

我国的人民代表大会制度是中国人民民主专政的政权组织形式，是中国的根本政治制度。

在我国，对国家权力的行使活动进行监督也是中国共产党的重要职责之一。

狭义的行政监督是在行政系统内部设置专门的监察机关，对行政机关及其工作人员行使职权的活动进行察视与督导的活动。在我国，是指在国务院下面设立监察部，负责监督行政系统各部门与行政人员的行政行为。

6.1.2　我国政府的监督体系

我国政府的监督体系是一个完整、全面的监督系统，它具体包括：

(1) 权力机关的监督，主要是指全国人民代表大会及其常务委员会、地方各级人民代表大会对授权立法与执法的监督。这是行政监督的最高层次与最高权威。

(2) 司法监督，是指检察机关和审判机关对行政机关及其行政人员的违法行为进行的监督。

(3) 政党的监督，包括执政党和参政党对行政机关及其工作人员的监督，在我国主要是指中国共产党对行政机关的监督。

(4) 社会与公民的监督，即人民政协、社会团体、公民、新闻舆论对行政机关的监督。

(5) 行政机关自身的监督（也是狭义的行政监督），即行政机关自上而下设立的职能部门进行的工作活动监督和行政机关设立的专门监察机构对行政人员的行政行为所进行的监督。

前四种监督也可以称为行政系统外部的监督，或“监督行政”；后一种监督称为行政系统内部的监督或狭义的行政监督。

6.1.3　行政监督机制的产生与发展

当代中国政府的行政监督机制的建立与发展走过了曲折的道路。在新中国成立初期，我们就确立了以全国人民代表大会及其常务委员会、政治协商会议全国委员会为核心的法律监督与政治监督机制。新中国成立伊始，就根据《中国人民政治协商会议共同纲领》和

---

① 《马克思恩格斯选集》，2 版，第 3 卷，121 页，北京，人民出版社，1995。

《中央人民政府组织法》的规定，建立了人民检察署，其主要职权就是检察全国各级政府公务人员和全国国民是否严格遵守人民政府的政策、方针和法律、法令。1950年10月，又根据《共同纲领》的规定，正式创建了新中国第一个行政监察机构，即中央人民政府政务院的人民监察委员会。人民监察委员会是当时政务院的四大委员会之一，其地位高于政务院的各部，它的监督对象是一切国家机关的公务人员，监督内容涉及国家政策、法律、法令的执行以及违反国家利益的行为。

1954年，根据《宪法》的规定，将人民检察署改为人民检察院。人民检察院对国务院所属各部门和地方国家机关的决议、命令和措施是否合法，国家机关工作人员是否遵守法律实施监督。党的十一大确立了党内纪律检查的原则。根据《宪法》和《国务院组织法》的规定，建立了国家监察部，取代了原来的人民监察委员会。它的监督对象是国家行政机关、国营和公私合营企业的工作人员，监督内容是上述人员是否正确执行国务院的决议、命令等。

1959年4月28日，国家监察部被撤销，党的纪律检查机构也被撤销。1960年，在精简机构的名义下，实行了“公、检、法”合署办公。

1966—1976年“文化大革命”期间，党和政府的正常工作遭到了巨大破坏，人民检察院、人民法院都停止了工作，人民检察院被撤销。

1978年，根据修改后的《宪法》和新制定的《人民检察院组织法》，恢复了人民检察院。

1978年12月，党的十一届三中全会选举产生了中共中央纪律检查委员会。

1986年12月2日，全国人大常委会根据国务院的提请，决定重新设立国家监察部和建立行政监察制度。

1993年，党的纪律检查委员会和监察部合署办公，行政监察制度得到了不断的完善和发展。

6.2 权力机关的监督

6.2.1 权力机关监督的含义与地位

权力机关又称代议机关，它是指由选民选举产生的人员所组成的、以行使立法权和监督权为主要职能的国家机关。在西方国家主要是指议会、国会，在我国是指全国人民代表大会及其常务委员会和地方各级人民代表大会及其常务委员会。

权力机关的监督，是指拥有一定立法权和监督权的各级权力机关对国家行政机关、国家公务员所实施的监督。

权力机关的监督在整个国家监督体系中具有重要的地位。

（1）权力机关的监督是一种最具权威的监督。在我国，权力机关的地位非常重要，行政机关不仅由它产生，而且对它负责，因此，它是最高国家机关。权力机关享有立法权和法律的解释权，行政机关是否执行了国家宪法与法律，是否代表了人民的意志，要由权力机关做出最有权威的观察和评判。

（2）权力机关的监督也是最高层次的监督。无论从其监督的对象、监督的内容还是从其监督的范围来看，权力机关的监督均处于最高的监督地位。

（3）权力机关的监督是直接代表人民意志的监督。权力机关通过由人民选举产生的人民代表来行使监督权，能够较直接地代表人民的监督意愿；同时，它也是民众监督的枢纽和桥梁。

6.2.2　权力机关监督的内容

权力机关监督的内容有许多方面，概括起来有三个重要方面：法律监督、政策和计划监督、人事监督。

1. 法律监督

权力机关的法律监督，是指国家权力机关对国家行政机关及其工作人员执行宪法和法律的情况的监督，以及对行政机关的准立法行为的监督。具体来讲，主要包括以下几个方面：

（1）对准立法行为的监督。这是指国家权力机关对国家行政机关制定的行政法规、行政规章及其规范性法律文件的合法性所进行的监督。1）审查制定的法规是否违宪，即是否与宪法的基本原则和精神相违背。宪法是一个国家的根本大法，包括立法机关及其执行机关在内的所有政府机关制定的法律、法规、规章等，都必须与宪法相一致。全国人民代表大会及其常务委员会有权撤销国务院制定的同宪法相抵触的行政法规和行政命令，地方各级人民代表大会有权撤销同级人民政府制定的同宪法相抵触的行政规章。2）审查行政机关制定的行政法规、行政规章及其规范性法律文件是否与国家的基本法律、法规相违背。

（2）对违宪行为的监督。全国人民代表大会及其常务委员会有权对国家机关组成人员和一切公职人员是否有违宪行为进行监督，并纠正他们的违宪行为和追究其违宪责任。

（3）执法监督。这是指全国人民代表大会及其常务委员会对国家法律的执行情况进行监督。执法监督的对象是各级法律执行机关及其执行人员，包括中央政府和地方政府的公职人员、各级法院和检察院的司法人员。

2. 政策和计划监督

国家在一定时期制定的政治、经济、社会发展的重大改革政策和计划是权力机关监督的重要内容，主要表现为：（1）听取政府工作报告；（2）审查和批准政府提出的国民经济和社会发展报告；（3）审查和批准政府的财政预算和决算；（4）对国家生活中的重大事项有决定权和监督权。

3. 人事监督

人事监督，主要是指国家权力机关对一定范围内的行政机关的组成人员及一定范围内的公职人员的履行职责行为进行监督。人事监督权主要体现在人事任免权和人事罢免权上。我国权力机关对行政机关的人事任免权和人事罢免权体现在依法选举和产生各级政府组成人员上。

6.2.3 权力机关监督权行使的方式

权力机关监督权的行使主要体现在了解权、处置权和制裁权三个方面。

1. 了解权

作为监督主体首先要拥有对监督对象的工作情况和履职情况知晓的权力，这是进行监督的基础。在我国，权力机关主要通过以下途径来了解行政机关的情况：(1) 听取行政机关的工作报告。如听取由国务院总理所做的政府工作报告，各部委领导所做的工作报告和工作汇报。(2) 组织视察和进行专门的调查。全国人民代表大会的代表和全国人民代表大会的各专门委员会，经常组织各种视察团和专门调查团去了解对法律和法规的执行情况，如全国人民代表大会的科教文卫委员会就《教育法》《促进科技成果转化法》等法律的执行情况和存在的问题组织委员们进行广泛的调查。(3) 通过受理人民来信和控告等途径了解民意。

2. 处置权

处置权是指权力机关对其监督的各种事项做出处理的权力。处置权是监督主体监督权威的一种体现。处理权主要体现为：(1) 做出某项决议的权力。权力机关有权根据了解和调查的情况，对行政机关的执法情况和执行政策情况做出决议，指示有关部门采取适当的行为，也可以纠正其具体失误。决议一旦做出，有关部门必须执行。(2) 组织调查委员会的权力。全国人民代表大会可以就特定问题组织调查委员会，对特定事项进行调查。

3. 制裁权

制裁权是权力机关对监督对象的违法和失职作为的一种处理权。全国人民代表大会及其常委会的制裁权主要有两项：(1) 罢免、撤职权，即根据法律有权罢免、撤销由其选举、决定任命的政府组成人员的职务。(2) 撤销权，即对违反宪法、法律、法规的行政命令、指令等有权予以撤销。

6.2.4 权力机关监督的主要途径

权力机关进行行政监督的途径主要有会议监督和日常监督。

会议监督，是指权力机关在开会期间按照会议内容和程序所进行的行政监督，具体有：听取和审查同级人民政府的工作报告，并做出相应的决议；审查和批准同级人民政府提出的国民经济和社会发展计划及其执行情况的报告，国家预算及其执行情况的报告；依照法律规定的程序向同级人民政府及其行政机关提出质询案，被质询机关必须做出答复；审查同级人民政府及其行政机关颁布的行政法规、决议和命令；罢免同级人民政府的组成人员。

日常监督，是指权力机关在会议结束后对行政机关所进行的多种监督，主要有：开展执法检查，及时发现法律实施中存在的问题，提出改进实施的对策；组织人大代表和人大常委会委员就政府的全面工作或某一方面工作进行视察；组织调查委员会就特定问题进行调查；县级以上各级人大常委会设立处理公民来信来访的机构，受理公民对同级行政机关及其工作人员的申诉、控告和检举，并进行处理；督促办理人民代表提出的建议、批评和意见。

6.3　司法监督

6.3.1　检察机关对行政机关的监督

根据《宪法》，中华人民共和国人民检察院是国家法律的监督机关。人民检察院是行使司法监督权的重要机关。

1. 检察监督的性质与特征

（1）检察监督是一种法律监督，它不同于政党监督、群众监督等监督形式。（2）检察监督是一种国家性质的监督，它主要监督行政机关是否执行了国家意志和代表了人民的利益，是否遵循了国家的法律。（3）检察监督是一种对法律行为的监督，它是对国家机关及其工作人员遵法、守法和执法情况的监督。

根据以上性质，检察监督具有国家性、专门性、强制性和规范性等特征。

2. 检察监督的权力与监督内容

根据我国 1979 年颁布的《人民检察院组织法》，检察机关的监督权主要有：侦查权，逮捕权，起诉权，刑事审判监督权，侦查监督权，对执行刑事判决、裁定和监督改造活动的监督权，抗诉权，司法解释权。

检察监督的主要内容有两个方面：

（1）依照职权对公安机关和司法行政机关的活动予以监督，其目的在于保证公安机关和司法机关在行使职权时严格依法办事，保障公民的权利和合法权益不受侵犯。

（2）对国家行政机关工作人员职务犯罪或利用职权犯罪的案件行使检察权，如对国家行政机关工作人员的贪污、行贿、受贿、玩忽职守、重大责任事故、偷税抗税、挪用国家抢险救灾物资等犯罪案件直接进行立案侦查，并依法严肃处理其犯罪行为。检察院在办案中发现的问题，将以司法建议书、司法建议通知书的方式，向发案单位及其主管部门提出改进意见和建议。

6.3.2　审判机关的监督

人民法院是国家的审判机关，它对国家行政机关的监督表现为：（1）通过行使审判权，审理与国家行政机关及其工作人员有关的刑事案件、行政案件、经济案件等，以判决、裁定的形式处理行政机关及其工作人员的违法行为和犯罪行为，保护国家财产和公民的合法权益。（2）通过公开审判制度、辩护制度，教育公民和国家行政工作人员忠于国家，自觉遵纪守法。（3）人民法院对抽象行政行为有间接审查权。

6.4　政党的监督

政党的监督，包括执掌国家政权的政党以及参政党对各国家机关及其工作人员的监督，在我国主要是中国共产党对行政机关的监督。

6.4.1 党的监督的基本内容

党的监督表现为政治监督和纪律监督两个方面：(1) 党的政治监督。党的领导主要体现在政治领导、组织领导和思想领导三个方面，而政治领导的一个重要内容就是进行政治监督，监督各国家机关是否贯彻执行了党的路线、方针和政策，各级国家机关领导干部和工作人员是否坚持了党的民主集中制原则和党的组织与纪律。党通过经常性的检查和了解，确保党制定的路线、方针、政策顺利贯彻实施，对违背党的原则、方针和纪律的党员干部和公务人员进行批评、教育以及开除党籍等处分，以保障党组织的政治敏锐性和党员干部在政治上与党中央保持一致。(2) 党的纪律监督。党的纪律监督主要是通过党的基层组织来进行的。一是对党员的监督。即通过召开党的代表大会、党员大会和组织生活会，党员以开展批评与自我批评的方式来查找问题，担任行政领导职务的党员，必须以普通党员的身份参加党小组或党支部的活动。二是党组织上下级之间的相互监督。上级党组织要经常了解下级的工作情况和组织生活情况，发现问题及时纠正；下级党组织对上级党组织的监督主要是对上级领导干部的行为是否符合党内规范和党的纪律的监督。下级党组织的党员有权通过组织渠道向上级直至中央反映自己的建议、意见。三是领导集体内部的监督。党委委员之间、常委之间和党组成员之间进行相互监督，通过领导班子民主生活会的形式开展批评与自我批评，完善领导决策的民主集中制。四是设立专门的监督机构进行监督。设立各级党的纪律检查机关的目的就是实现对党组织和党员的监督。

6.4.2 党的监督的特点

党的监督与权力机关的监督、司法机关的监督不同，它具有以下特点：

(1) 党的监督是通过党的组织系统来进行的。中国共产党的组织系统是由中央、地方和基层组织组成的有机整体。党的监督系统正是通过党的组织原则和党员的作用来实现的。党的组织原则的核心就是，党员个人服从组织，少数服从多数，下级组织服从上级组织，全党各级组织和全体党员服从党的全国代表大会和中央委员会。

(2) 党的监督的重点是对党的政策的制定与执行的监督。党的政策是党的生命力所在。党通过制定党的方针、政策来实现执政党对国家和社会事务的领导。党对行政机关的党员与党员领导干部的监督就是要看他们是否遵守党制定的方针和政策，是否忠实地执行了党的方针和政策，是否遵守了党的纪律。党对行政机关的监督绝不是直接干预行政机关的活动。

(3) 党对权力机关的监督是通过权力机关的党的组织和党员的作用来实现的。在我国，中国共产党是中国社会主义事业的领导核心，包括国家权力机关在内的政府机关应当接受党的监督。但是，这种监督并不是直接干预和代替权力机关和行政机关的工作，而是通过这些机关建立的党的组织来发挥党的约束力和指导性作用。

(4) 党的监督活动是在宪法和法律范围内进行的。我国《宪法》明确规定：任何组织和个人都不得有超越宪法和法律的特权。《中国共产党章程》也明确规定：党必须在宪法和法律的范围内活动。只有坚持党在宪法和法律的范围内活动，才能从根本上维护社会主义法制的权威性和统一性，才能真正实现以法治国。同时，这也是维护党的领导的重要体现。我国的宪法和法律是在中国共产党的领导下制定的，宪法和法律是党的基本政策的法律化与规范化。因此，如果执政党不在宪法和法律的范围内活动，就会违背党自身的意志，从而也就会损害和削弱党的领导。坚持党的监督活动必须在宪法和法律的范围内进行是国家意志和党的意志相统一的具体体现。

6.5　社会与公民的监督

6.5.1　人民政协的监督

中国人民政治协商会议（简称“政协”）是各民主党派、各人民团体、各界代表和特邀人士参加的统一战线组织，是具有广泛代表性的统一战线组织。政协不是国家机关，但与国家机关有着密切的联系。全国人大和全国人大常委会召开会议期间，一般都吸收全国政协委员列席；全国人大和政协全国委员会同时召开会议，讨论和协商重大问题。政协的主要职能之一就是通过政治协商进行民主监督。政协的行政监督是一种有组织的社会监督。

政协的行政监督的主要内容是工作监督，具体有：（1）对国民经济和社会发展计划及国家预算的执行情况进行监督。（2）对国家行政机关及其工作人员履行职责、遵守法纪、为政清廉等方面的情况进行监督。

政协的行政监督形式有：（1）国家行政机关在制定重大决策前召开由政协委员参加的座谈会，征询意见。（2）政协各专门委员会与政府各有关部门召开联席会议，进行对口协商。（3）政协设有提案委员会，广泛征集提案进行分析研究、汇集整理、逐案审查，分送有关部门，并由提案委员会督促有关部门办理。（4）政协委员就政府工作进行调查和视察，召开各类座谈会等。

近些年来，各级政协组织发展很快，政协组织已遍布基层，各级政协组织吸收了大批有代表性的委员，这些委员大都有丰富的政治经验、较高的文化水平和专业知识，有一定的社会影响力。相信随着我国政治民主建设的发展，人民政协在参政、议政和民主监督方面的作用会越来越大。

6.5.2　人民团体和群众组织的监督

工会、共青团、妇联等人民团体，群众自发建立起来的各种组织，如行会、协会、联合会等，也从各个方面对国家行政机关及其工作人员进行监督。它们通过开展各种活动了解和掌握各阶层人民群众的愿望和要求，是我国各阶层人民群体的代表者，也是其利益的表达者。如随着国内经济的发展，各种保护消费者的组织以及工商、服务企业的个体劳动者协会组织对市场机制运行过程中存在问题的认识比较深刻，它们向国家机关和政府部门提出了许多建议和意见，并通过反映问题等方式监督执法部门和行政管理部门的工作。

6.5.3 公民监督

公民监督指公民（主体为公民个人）对国家行政机关及其工作人员实施的监督。公民直接监督国家行政机关及其工作人员，是我国行政监督体系的重要组成部分。社会主义国家是人民当家作主的国家，人民享有管理国家的权利，公民监督是社会主义国家本质的体现。公民可以直接向行政机关提出询问、要求、批评和建议，有关行政机关应认真听取，给予答复；公民可以向各类举报中心申诉、控告和检举国家行政机关及其工作人员的违法、渎职、侵权等犯罪行为；公民还可以通过信访和协商对话渠道实行监督。

公民的监督行为是一种法律行为，任何破坏或阻止公民行使监督权的行为都是违法行为，应当受到法律的追究。为了实现公民的监督权利，我国已先后制定了《人民检察院复查刑事申诉案件的规定》《最高人民法院关于各级人民法院处理刑事案件申诉的暂行规定》《最高人民法院关于各级人民法院处理民事和经济纠纷案件申诉的暂行规定》《人民检察院举报工作规定》《行政诉讼法》等法律、法规和司法机关工作规定。同时，各级检察院、党的纪律检查委员会以及党政机关都设有群众举报中心和信访机构，通过群众举报发现贪污贿赂等腐败现象，并迅速进行侦查和处理，这是我国处理政治腐败问题的一条成功经验。另外，纪律检查和监察机关还建立了廉政监督员制度。

6.5.4 新闻舆论监督

新闻舆论监督，是指通过报纸、杂志、广播、电视等新闻媒体，公开反映公众意见，对党政机关的政务活动以及工作人员的行为进行有效的监督，对违法犯罪行为进行“曝光”。在中国，新闻舆论监督有如下特点：（1）新闻舆论要经主管部门的审查和同意后才能在媒体上“曝光”，而这一点又恰恰使我们的新闻舆论监督具有一定的“力度”，即一旦被“曝光”，不仅监督对象要及时有所回应，而且其上级主管部门也要迅速过问和表态，如中央电视台《焦点访谈》就是这种情况。一旦被《焦点访谈》等有影响的新闻节目“曝光”，监督对象就会受到来自社会舆论和上级领导机关的双重压力，因此，问题能够得到比较快的解决和处理。（2）我国的新闻舆论监督还不成熟，规范新闻媒体本身的相应法律、法规还未出台，因此，怎样既保护公民的合法利益，又避免侵犯公民的隐私权，切实发挥新闻媒体的舆论监督作用，迫切需要有关部门尽快出台相应的法律、法规。

6.6 行政系统内部的监督

行政系统内部的监督主要有一般监督、行政监察和审计监督。

6.6.1 一般监督

一般监督通常是指按照行政系统的直接隶属关系，实行自上而下和自下而上的双向监督。这是一种最经常、最直接、最主要，也是最有力的监督形式。一般监督的主体有两方面：一方面是作为行政机关领导的行政首长对下级公务人员的监督和督促；另一方面是下级公务人员群体对上级机关及领导人员的监督。但是，这种监督必须以一定的监督法律和监督权力做后盾，才能发挥实际的效力。

一般监督的形式有：(1) 实行行政责任制，明确行政机关的工作岗位责任制，以具体的任务指标、要求来衡量行政人员是否尽职尽责。(2) 通过定期和不定期的检查工作来了解方针、政策的执行情况，督促和纠正不当的行政作为，改变不当的行政命令与决定，如财务税收大检查、计划生育检查等。(3) 通过奖惩制度来达到监督的目的。

6.6.2　行政监察

1. 行政监察的概念与职权

行政监察是指专门机关对行政机关各部门及其公务员的行政活动及行政行为的监督检查活动。在我国，地方行政监察机关是地方人民政府负责监察工作的专门机构。县以上人民政府设立监察局，省、自治区人民政府设立监察厅。

行政监察机关有以下职权：

(1) 检查权。我国行政监察机关对国家行政机关及其工作人员在政务、事务活动中的行为是否合法具有的一种清理、查核和查询的权力。这种检查权对被检查者具有约束力，被检查者有义务予以配合和协助。检查权行使的目的是维护法律、政令的统一，纠正监察对象职能活动不力或业务办理不当。在检查中如发现监察对象存在的问题，应写出书面报告或做出决议，并制定出加以预防或纠正的措施。此类报告或决议具有法律约束力，有关行政机关和人员必须执行，否则应承担法律责任。

(2) 调查权。监察机关根据检查所得的线索和公民的举报、检举、控告，具有就某一具体事项或对象进行调查的权力。调查权所涉及的问题绝大多数属于具体行政行为问题。行使调查权，必要时要使用强制性方法或借助专门性手段，例如监察机关在查办案件时，可以按照程序提出申请，经批准后，请公安机关予以协助，采用专门手段开展调查。

(3) 行政处分权。如果行政监察机关通过立案调查证实了监察对象的行为已构成违反政纪，则行政监察机关有权对行为人予以一定范围的行政处分。我国《公务员法》中规定了我国行政处分的种类，即警告、记过、记大过、降级、撤职、开除。行政处分权是监察机关依法独立实施行政监察的重要保障，也是行政监察惩戒作用、威慑力量产生和形成的源泉。把行政监察机关的直接处分权限制在一定范围内，目的是保证监察机关使用权力时慎重、适当，防止权力的滥用。

(4) 建议权。建议权是行政监察机关就监察对象行使权力、履行职责的情况及行为向有关机关提出建议的权力。监察机关根据检查、调查的结果向有权处置的机关提出建议，并由它们来实施。建议的内容包括：纠正或撤销不适当的决定、命令、指示，纠正或撤销明显不适当的录用、任免、奖惩决定，对违反政纪者给予行政处分，依法予以行政处罚等。

2. 行政监察机关的领导体制

我国行政监察机关为双重领导体制，即监察部受国务院领导，地方行政监察机关受本级人民政府和上级行政监察机关领导。地方行政监察机关主要领导的任免，必须征求上级行政监察机关的意见。地方行政监察机关既要对本级人民政府负责，又要对上级行政监察机关负责。地方行政监察机关在对一定职级行政人员违反政纪情形立案调查、做出处理决定时，需同时报告所在的本级政府和上级行政监察机关。地方行政监察机关可以向地方行政主管机关提出奖励和处分的建议，如果建议不被采纳，有权向上级行政监察机关申告，上级行政监察机关可以向同级行政主管机关提出处理建议。

3. 行政监察机关的监督内容

（1）廉政监察。廉政监察是监察机关依法监督、惩戒、纠举国家机关公务员利用职权非法获取各种利益的腐败行为的一种行政监督活动。其主要任务是监督、检查国家机关公务员执行廉政制度的情况和自身廉洁状况，查处贪污贿赂、以权谋私等违法违纪案件，促进廉政建设。廉政监察以事后监督为主。

（2）效能监察。效能监察是行政监察机关依法监督、惩戒、纠举国家机关公务员违反职责及行政法规制度、命令和工作秩序，并在政治、经济上造成重大损失或造成行政工作秩序紊乱等行为的一种行政监督活动。其主要任务是查处行政失职和渎职案件，以保证行政机关工作的正常运作及其内部正常的工作秩序，督促公务人员恪尽职守，高效率地完成行政任务。

（3）执法监察。执法监察是行政监察机关运用国家赋予的职权，依法对各级行政机关及其公务员贯彻执行国家法律、法规、政策和命令的情况进行的系统监督检查的活动。这种监察贯穿于行政机关履职活动的全过程，其主要内容包括：对行政机关制定的各种管理规定、制度的监察；对行政机关采取的各种行政措施的监察；对行政机关执行具体政策的监察。

（4）诉愿监察。诉愿是指公民或国家机关工作人员受到国家机关的违法、违纪等处分或其权利受到侵害时，请求原机关给予重新审查的一种要求与愿望。诉愿监察在我国主要是依法受理控告、申诉，监督、惩戒、纠举违法违纪或不当处分造成的对公民或监察对象权益损害行为的一种监督。诉愿监察也是一种行政救济制度，是一种与行政诉讼、行政复议不同的制度。

6.6.3 审计监督

审计监督，即审计机关所实施的行政监督。审计机关可依法稽查和审核各级政府的财务活动，目的是严肃财经纪律，预防和纠正违法犯罪。审计监督权包括调查权、建议权、处理权、通报权等。审计的形式有送达审计、就地审计、委托审计等。

6.7 加强我国监督体系建设，促进监督机制的完善

6.7.1 目前存在的主要问题

1. 权力机关监督的实际效力没有充分发挥出来

我国各级人民代表大会是国家的权力机关，其监督应该最具权威性和强制性，但由于

种种原因，目前其监督的实际效力没有充分发挥出来。从总体上看，我国的国家权力机关监督还不能适应不断发展的经济体制和政治体制改革的需要。当前亟待解决的问题是要实现国家权力机关监督的法律化与制度化，完善有关监督的实体规则和程序规则，通过法律明确规定这种监督的主体、客体、内容、方式、职权，并制定可操作的程序法。

2. 民主党派的监督作用发挥不够

民主党派对于行政机关及其工作人员的监督不具有法律约束力，因此，民主党派对政府的行政监督职能较弱，不能达到预期的效果。

3. 公民监督的影响力比较小

我国《宪法》规定，中华人民共和国的一切权力属于人民。人民依照宪法和法律的规定，通过各种途径和形式管理国家事务和经济、文化等社会事务。但是，由于政府办事的制度、程序、行政活动公开化的机制不够健全，透明度不高，群众和社会监督渠道不畅，因而在现实生活中，公民的行政监督难以发挥较大的作用。

我国行政监督存在的问题除上述所列之外，还包括政府内部监督机制不够完善、新闻舆论监督缺少法律保障等。这些问题如不解决，行政监督则难以发挥应有的作用，不利于有效地防止和遏制官僚主义、权力腐化现象，也会给我国的行政管理带来极大危害。因此，在改革开放的形势下，必须健全和强化对权力的监督、约束机制，使行政权力更好地服务于社会、造福于人民。

6.7.2　加强我国行政监督的几点构想

1. 加强国家权力机关的监督

权力机关是行政组织的决策机关，权力机关的监督是行政监督系统中最高层次的监督。加强国家权力机关的监督要注意解决好下列问题：

（1）加强机构建设。增设、充实高能高效的专司法律监督的专门委员会。例如，在全国人大设立专门负责宪法监督的宪法监督委员会，在各级人大设立专门负责廉政建设的廉政委员会，进一步充实、强化人大现有与监督有关的各专门委员会等。

（2）完善法律，明确职权。国家权力机关的行政监督权是宪法赋予国家权力机关的主要职权，是人民通过人民代表大会统一行使国家权力的主要方式。因此，应当通过法律规定，国家权力机关及其组成人员采用何种方式进行行政监督的行为是依法行使监督权的行为，是具有法律效力的行为，并应将国家权力机关的监督权和人事任免权有机结合起来，强化监督权的力度。同时，为使国家权力机关及其组成人员具有名副其实的监督权，应将国家行政机关及其工作人员接受人大监督作为法律义务并辅之以相应的法律责任。如果被监督的机关或相对人阻挠国家权力机关监督权的实现，则必须承担相应的法律责任。

（3）完善监督程序。通过法律规定国家权力机关行政监督的程序和具体方法，实现人大监督方式的法律化，保证公正、合法、有效地开展行政监督。

（4）明确人大代表的任职资格及履行行政监督的法律职责，提高人大代表履行行政监督的自觉性，保证监督实效。

2. 充分发挥政党监督的作用

为了充分发挥政党监督的作用，需要在制度上解决两个问题：（1）进行政治体制改革，避免权力过分集中。一些严重腐败行为之所以不能及时揭露，与党内权力过分集中、监督机制失灵有直接关系。权力监督的重要途径是权力之间的合理划分和互相制约。如果党政不分，权力过分集中于个别领导，就会使以国家机关之间的权力划分与制约为核心的监督机制无法发挥作用。正如邓小平所说："权力过分集中于个人或少数人手里，多数办事的人无权决定，少数有权的人负担过重，必然造成官僚主义，必然要犯各种错误，必然要损害各级党和政府的民主生活、集体领导、民主集中制、个人分工负责制等等。"① 因此，通过政治体制改革，实行党政分开，是改善党的领导的重要步骤。（2）党应当依据法律实施监督。党的监督的目的是保证监督对象活动的合法性，因此，应当在法律程序内开展监督，保证自己的党员和党组织严格依法办事。

3. 提高公民在行政监督中的地位和作用

在法理上，公民享有崇高地位，是重要的监督主体。提高公民的监督主体地位，亟须解决两个问题：（1）要健全和完善行政的公开化和透明制度，能公开的应一律公开。要公开行政部门的职责权限、办事规则、程序、条件，防止滥用职权；要实行政府官员的财产申报和公开制度。（2）要尽快制定公民监督法，具体、详细地规定公民监督的途径，完善对申诉人、揭发人、控告人的保护措施，明确规定对打击报复者的惩罚措施等，通过公民监督法使公民的行政监督纳入制度化、法治化轨道。

4. 强化政府机关内部的监督

政府机关内部要制定严格和科学的岗位责任制、廉政责任制等工作规则和程序；要强化上下级、同级和部门之间的制约监督；要定期对行政领导进行民主评议，及时撤换腐败无能的官员；要坚决惩处贪污腐化行为，做到执法必严，违法必究。

5. 强化各级行政监察人员的权力

我国行政监察人员的权力较小，监察人员升降荣辱的命运大都掌握在监察对象的手中。这种情况如不改变，就很难有效地惩治腐败。改变这种情况可做下列两方面尝试：（1）改双重领导体制为单一领导体制，实行监察部门的垂直领导。地方监察部门脱离了地方政府的领导，监察部门从组织上、经济上、办案手段上都自成系统，就可以更好地履行其职责。（2）改变监察人员的任命方式，由上一级政府任命下一级政府监察机关的主要领导。例如，县级监察机关的主要领导由省级政府任命，并对省级政府负责，省级监察机关的主要领导由国务院任命，并对国务院负责。这样做可消除各级监察人员的顾虑，也在事实上提高了他们的地位。

6. 加强舆论监督

我国是社会主义国家，可以充分发挥舆论监督的正确导向作用。当前我国的新闻舆论监督亟待加强和完善。一方面，新闻工作者的工作权利和舆论监督权利还缺乏充分的法律保护；另一方面，有些新闻报道由于个别从业人员受私利驱使不能做到客观、公正。此外，开展舆论监督还应避免干扰司法机关依法独立行使职权，避免误导公众。依法引导、规范、保障舆论监督，使新闻舆论监督法律化、制度化，对于发挥舆论监督的作用有着重要的意义。

---

① 《邓小平文选》，2版，第2卷，329页。

7. 尽快出台监督法，促进依法监督和用法律保护监督权力的真正实现

依法监督是我国加强和完善行政监督的重要途径，以法律为依据的监督才是真正有力的监督，也才能有效地发挥监督的作用。

6.8　党的十八大以来行政监督体制的改进

经过多年的行政体制改革，目前我国行政监督体制趋向完善，取得了一定的成效。但也要清醒地认识到行政监督体制还存在诸多问题，亟待改进与完善。党的十八大以来，我国在行政监督的对象、内容、程序等方面都进一步得到完善，各种监督方式相互依存、相互制约和相互作用。

6.8.1　监督权法治化

行政监督立法是行政监督的基础，只有建立健全的行政监督法律法规，才能使行政监督有法可依，减少监督的盲目性，这也是行政监督权法治化的基本要求。党的十八大以来，各监督主体出台了一系列的法律法规来加强我国的行政监督体制，其中既有专门的行政监督制度，又有具体的实施程序。特别是针对新出现的问题，及时修订和完善行政监督方面的法律法规，为行政监督提供了更有力的保障（见表 6 - 1）。

表 6 - 1　　近年出台的有关行政监督的文件

日期	文件名称
2010 年 6 月 25 日	第十一届全国人民代表大会常务委员会第十五次会议修改《行政监察法》
2012 年 11 月 14 日	中国共产党第十八次全国代表大会部分修改《中国共产党章程》
2013 年 12 月 25 日	中共中央印发《建立健全惩治和预防腐败体系 2013—2017 年工作规划》
2015 年 4 月 10 日	全国人大常委会办公厅出台《关于改进完善专题询问工作的若干意见》
2015 年 7 月 1 日	第十二届全国人民代表大会常务委员会第十五次会议通过《关于实行宪法宣誓制度的决定》
2015 年 10 月 21 日	中共中央印发《中国共产党纪律处分条例》《中国共产党廉洁自律准则》
2016 年 2 月 5 日	审计署发布《关于适应新常态践行新理念更好地履行审计监督职责的意见》
2016 年 7 月 17 日	中共中央印发《中国共产党问责条例》

6.8.2　监督权制度化

监督权制度化在权力制衡理论实践中得到了体现。孟德斯鸠指出："从事物的性质来说，要防止滥用权力，就必须以权力约束权力。"当权力失衡、失监，异化为谋私时，才会导致腐败。将监督权制度化，才能制约和监督权力的行使。

全国人大常委会开展了专题询问工作，"一府两院"由人大产生、对人大负责、受人大监督，而专题询问是人大监督的重要方式之一，围绕改革难度大、存在问题多、社会关注度高、关系群众切身利益的问题而开展。同时加入国务院副总理应询，引起社会广泛关注，体现了政府由人大产生、对人大负责、受人大监督，也加大了专题询问的工作力度。

建立决策问责和纠错制度。继续推进行政问责制度化、规范化，进一步明确问责范围、问责程序，加大问责力度，增强行政问责的针对性、操作性和时效性，坚决纠正行政不作为和乱作为。要健全责令公开道歉、停职检查、引咎辞职、责令辞职、罢免等问责方式和程序，对负有领导责任、主管责任和直接责任的人员，根据其在违法行政行为中的表现与后果，分别给予程度不同的处理处分，以体现“有权必有责、用权受监督、违法必追究”的基本要求。建立纠错制度对于减少决策失误、及时纠正错误决策和挽回损失，具有十分重要的意义。

完善审计制度，保障依法独立行使审计监督权。对公共资金、国有资产、国有资源和领导干部履行经济责任情况实行审计全覆盖。强化上级审计机关对下级审计机关的领导。探索省以下地方审计机关人财物统一管理。推进审计职业化建设。

6.8.3 监督权协调化

加强党内监督、人大监督、民主监督、行政监督、司法监督、审计监督、社会监督、舆论监督制度建设，强化对行政权力的制约和监督，形成科学有效的权力运行制约和监督体系，增强监督合力和实效。加强行政监督机制协调是一项系统的工程，具体而言，党内监督、人大监督、司法监督、审计监督是权力性监督，具有法律的强制性和行政的命令性，而民主监督、社会监督、舆论监督则是权利性监督，是人民民主的一种表现形式。它们相互补充、相得益彰，共同发挥对权力的监督与制约作用。

实践证明，在行使权力的过程中不可避免会产生一些与经济社会发展不适应不协调的新情况新问题，需要加强协调配合、完善机制，理顺各项职能和各种关系，有效推动各项权力的正常运行。合理界定职权职能，明确权力责任，确保权责一致。做到定位准确、边界清晰，权责一致、人事相符，各司其职、各负其责。坚持用制度管权、管事、管人，通过相关职能及其机构的整合，形成科学合理的监督组织结构和权力运行机制，解决某些方面缺乏有效配合以及执行不力等问题。

不仅监察、审计等监督机关密切配合，形成监督内部合力，同时强化社会监督，提高行政监督的透明性、公正性。强化群众监督的法律保障，使其权益得到应有的维护；强化舆论监督，新闻媒体在舆论监督中占有重要地位，对一些行政机关工作人员的某些腐败行为进行揭露，对惩治腐败起到了积极作用。

6.8.4 监督权公开化

要健全权力运行制约和监督体系，坚持用制度管权管事管人，保障人民知情权、参与权、表达权、监督权，是权力正确运行的重要保证。要确保决策权、执行权、监督权既相互制约又相互协调，确保国家机关按照法定权限和程序行使权力。坚持科学决策、民主决策、依法决策，健全决策机制和程序，发挥思想库作用，建立健全决策问责和纠错制度。凡是涉及群众切身利益的决策都要充分听取群众意见，凡是损害群众利益的做法都要坚决防止和纠正。

推进权力运行公开化、规范化，完善党务公开、政务公开、司法公开和各领域办事公开制度，健全质询、问责、经济责任审计、引咎辞职、罢免等制度，加强党内监督、民主监督、法律监督、舆论监督，让人民监督权力，让权力在阳光下运行。完善党务、政务公开和各领域办事公开制度，实施决策、管理、服务、结果公开。民主的基础是公开，公开是最好的监督。凡是经济社会发展重大事项、群众普遍关注事项、涉及群众切身利益事项、容易发生腐败问题领域和环节的事项，都要做到及时公开，提高权力运行的透明度；在党务公开方面，全面推进党的基层组织党务公开；在政务公开方面，深化财政预算决算、部门预算决算、重大建设项目和社会公益事业等信息公开；在各领域办事公开方面，要结合行风治理，进一步深化公开工作；要推进决策公开、管理公开、服务公开和结果公开，主动回应社会关切；着力促使显性权力规范化、隐性权力公开化。

6.8.5　反腐败常态化

各级党委（党组）担负党风廉政建设主体责任，纪委（纪检组）承担监督责任。党的组织、宣传、统战、政法等部门把党风廉政建设的要求融入各自工作，人大、政府、政协和法院、检察院的党组织按照中央要求，履行党风廉政建设主体责任。

严格审查和处置党员干部违反党纪政纪、涉嫌违法的行为，严肃查办贪污贿赂、买官卖官、徇私枉法、腐化堕落、失职渎职案件。落实惩治和预防腐败体系工作规划，加强对领导干部特别是主要领导干部的监督，反对特权思想和作风。

严肃责任追究，强化党风廉政建设主体责任；深入落实中央八项规定精神，驰而不息纠正“四风”；保持高压态势不放松，坚决遏制腐败蔓延势头；深化党的纪律检查体制改革，强化党内监督。充分发挥纪检监察干部监督机构的作用，完善自我监督机制，健全内控措施，严肃查处跑风漏气、以案谋私行为，坚决防止“灯下黑”。

第7章

当代中国政府的决策与政策

7.1 决策与政府决策

7.1.1 决策的概念与特点

简单地说，决策就是做出决定的活动，是在多种备选方案中选择最优方案的活动。决策活动是人类实践活动的一种普遍现象，有关于个人前途、命运的个人决策，也有关于组织的发展与管理的集体决策，还有关系到国家和民族前途、命运的政府决策。这些决策活动的共同特点是：(1) 目的性。任何决策活动都是在一定的目标支配下的有意识、有目的的活动，决策者根据预期达到的目标来选择最经济、最方便、最有效的方案，决策的成败也是以是否实现了预期的目标、是否达到了预期的目的作为标准。(2) 超前性（前瞻性）。决策是对事物未来（近期或远期）的发展变化做出判断和分析，以便采取恰当的行动，决策者必须在观念上和判断事物的方法上具有超前性和前瞻性。(3) 时效性。决策活动是对客观事物和现实问题的一种判断和解决，因此，这种判断应是及时的，做出的决定也应当是迅速的，尤其是对一些紧急问题的解决更是必须快速、准确地做出决策，否则，轻者会延误工作，重者会给各项工作和事业造成重大损失。

决策与政策的概念既有联系又有区别。决策的做出和政策的制定都是具有一定权力的政府机构和政府领导者为解决国家和社会问题而做出的选择，这种选择具有一定的目的性。同时，决策与政策又有一定的区别。一般来说，政策是由高层次的权力机关和政党组织来制定的，是国家和政府一定时期总的指导方针、路线和纲领；而决策的制定要依靠政策做指导。决策活动一般可以理解为一个动态的过程，包括发现问题、拟订方案、评估选优、确定方案等一系列的活动；而政策侧重过程的结果，因此，有人也把政策看作决策的结果。政策的表现形式主要是法规、规章、决议、决定等；而决策的表现形式主要是指示、命令和具体的实施办法和措施等。

7.1.2　政府决策的特点与类型

政府决策就是指拥有管理国家和社会公共事务权力的组织和个人对国家和社会事务的处理做出决定的活动。

1. 政府决策的特点

政府决策既具有一般决策活动的特点，同时又有自身的特点。

（1）决策主体地位的特殊性。政府决策的主体是具有管理国家和社会公共事务权力的组织和个人，在我国主要是中国共产党以及全国人民代表大会、中央人民政府（国务院）、地方人民政府等国家各级机关及政府公务人员，他们具有国家赋予的各种决策权力并对决策活动负责。

（2）决策目标的长远性。政府机关及其公务人员做出的决策必须以国家和社会发展的长远目标作为依据。这种目标要反映和代表国家和人民的长远发展利益和要求，要从国家的全局出发来处理部门和地区的社会事务，因此这种决策活动不应是一种短期行为和狭隘行为。

（3）决策利益的公共性。政府决策必须以追求国家和人民的公共利益作为出发点，以谋取最大的社会发展效益为其最终目的，而不能以谋取公务人员个人、集团或部门利益为目的。

（4）决策范围的综合性。政府决策涉及的范围非常广泛，涉及国家和社会的一切公共事务。由于决策涉及面广，动用的人力、物力、财力数量大，并且关系到各方面的利益，因此政府决策的做出就更需要认真收集信息，广泛进行方案的论证和分析，并及时地做出正确的判断。

（5）决策执行的权威性与强制性。政府决策以国家权力作为后盾，其强制力和约束力比其他决策要强得多。决策一旦制定，就要通过政府机构强制执行下去，对于违背和不执行政府决策的行为应给予相应的处罚和制裁，以保证政府决策的贯彻执行。

（6）决策影响力的深远性。政府决策不同于个人决策和企业、部门决策，政府决策对个人、企业及社会组织的影响力是非常大的，这种影响力表现为个人、企业和社会组织不得不在政府决策意愿的影响下去选择自己活动的方向和活动方式。

2. 政府决策的类型

政府决策的类型是多种多样的，根据不同的划分标准，可具体分为如下类型：

（1）战略性决策和战术性决策。根据决策主体权力的不同，所决策问题的轻重、责任的不同，决策所涉及的利益广泛性的不同，以及决策对国家政治、经济各方面生活的影响力的不同，政府决策可分为战略性决策和战术性决策。战略性决策是指全局性的、方向性的重大问题的决策，在中央政府主要表现为：国家社会发展的总体规划，政治、经济、文化、教育、科技等事业的方针、政策的制定等决策活动，如党中央、国务院关于农村和城市经济体制改革，人事改革，人口、社会福利与社会保障改革，国有企业改革，财政金融体制改革等一系列对国家和社会生活有重大影响的决策的制定和实施。在地方政府主要表现为：根据本地区的具体情况和特点而制定的经济、科学、文化、教育的方针、政策和措施。战术性决策是围绕战略决策的实现，为解决局部性、阶段性问题而制定的决策，它是战略性决策的具体化，是为战略性决策的实现而制定的具体措施和方案，例如，为实现政府制定的关于社会福利与社会保障政策而制定的社会保险、社会救济等方面具体的方案和措施。

（2）确定型决策、风险型决策和非确定型决策。这是按决策问题所处的客观条件和后果的确定程度不同来划分的。确定型决策是指决策目标明确、决策条件可以确定、决策后果可以预计的决策。风险型决策是指决策条件可以确定但不能控制，决策后果需承担一定风险的决策。非确定型决策是指决策条件不确定且完全不能控制，决策后果不好预计且承担较大风险的决策，因此，也是难度最大的决策。

（3）经验型决策和科学决策。这是根据决策者做出决策的依据和方式的不同来划分的。经验型决策是指决策的做出主要是依靠决策者的经验和直觉判断进行的。科学决策是指在科学的理论指导下，遵循一定的科学程序，对决策对象、环境条件、可行方案的分析和认定的过程。它主要是采用现代科学技术方法和手段，如预测技术、计算机技术、决策模型技术等进行决策活动。科学决策的方法和技术是适应现代化大生产和现代管理中的多变量和复杂的决策环境与决策问题的出现而发展起来的。经验型决策和科学决策各有其特点和适用的领域与范围，两者又可以相互补充。

（4）常规性决策和非常规性决策。这是按决策问题出现的机会情况不同来划分的。常规性决策是指对重复出现的问题，一般可以按照已有的标准和办法去解决，因此，这种决策又称为程序性、例行性和重复性决策。随着现代科学技术的发展和计算机在管理活动中的广泛应用，这类决策工作一般是通过计算机程序来进行的。非常规性决策又称为非程序性决策，是指对首次出现或偶然出现的非重复性问题的决策。这类决策的环境和决策所要解决的问题，对于决策者来说都是比较陌生的，解决此类问题也没有常规可以遵循，因此，这类决策对决策者的能力和决策水平要求比较高。一般来讲，高层领导者主要致力于非常规性决策，基层领导者多从事常规性决策。

7.2 政府决策权力与决策领导体制

政府决策权力是指政府对国家政治、经济、文化、科学教育以及其他社会事务做出管理决定的权力。在我国，这种权力主要体现在三个方面：一是以全国人大及其常务委员会为线索的权力机关的决策；二是以党的机构及其领导为线索的党的决策；三是以国务院及其职能部门为线索的执行机关的决策。

7.2.1 党在政府决策中的权力与决策形式

中国共产党是中国唯一的执政党，因此，中国共产党在政府决策中占据着核心地位，中国政府的实际运行情况也是中共中央和各级党委处于政府决策的中心地位。党的决策活动和决策权力主要体现在制定党和国家的大政方针、政策上。

中国共产党中央委员会、中央政治局及其常委会掌握着国家生活中重大事项的决策权。中国共产党中央委员会每年至少召开一次全会，集中讨论国家重大形势和政策问题，例如，1978 年 12 月召开的党的十一届三中全会在中国历史上是一次具有重要历史意义的会议，它果断地确立了党的政治、思想和组织路线，批判了“两个凡是”，肯定了实践是检验真理的唯一标准和实事求是的党的思想路线。1979 年党的十一届四中全会通过了《关于加快农业发展若干问题的决定》。1980 年党的十一届五中全会通过了《关于党内政治生活的若干准则》，并决定为刘少奇平反。1981 年党的十一届六中全会通过了《关于建国以来党的若干历史问题的决议》，实事求是地评价了毛泽东的历史地位。1984 年党的十二届三中全会做出了《关于经济体制改革的决定》。1986 年党的十二届六中全会做出了《关于社会主义精神文明建设指导方针的决议》。1993 年党的十四届三中全会做出了《关于建立社会主义市场经济体制若干问题的决定》。这些都是关系国家民族前途、命运的重大决策。

在中央全会闭会期间，中央政治局及其常务委员会行使最高决策权。中央政治局大致每月举行一次会议，政治局委员一般为 20 人左右。政治局常委是政治局的核心，他们经常集中研究和讨论国家生活中的重大问题，是中国政府的最高决策中心。

党的总书记负责召集中央政治局会议、中央政治局常委会议，其决策体制是集体领导、分工负责制。

地方各级党委以及各企事业单位的党委在决策过程中也起着核心的作用。

7.2.2　国家权力机关的决策权力

全国人民代表大会及其常务委员会是国家的最高权力机关。根据《宪法》规定，全国人民代表大会主要有以下决策权力：（1）法律修改制定权。全国人大负责修改宪法，监督宪法实施，制定和修改刑事、民事、经济、行政等基本法律。（2）政府组成人员的选举、监督和罢免权。全国人大有选举、监督和罢免同级政府组成人员的权力。（3）审查和批准权。全国人大负责审查和批准国民经济和社会发展计划，审查和批准国家预算，批准省、自治区、直辖市的建制，决定特别行政区的设立等。（4）改变或撤销权。全国人大及其常委会有权改变或者撤销国务院发布的同宪法、法律相抵触的行政法规、决定和命令，有权改变或者撤销省、自治区、直辖市国家权力机关制定的同宪法、法律和行政法规相抵触的地方性法规和决议。（5）监督权。全国人大及其常委会有对中央人民政府和各级地方人民政府的政治活动实施监督的权力。（6）国家生活中重大事项的决定权。关系国家生活的重大事项，由全国人大审议和决定。

关于什么是“重大事项”的问题，一般是依据国家一定时期的重大部署和本地区一定时期的中心任务来确定人大及其常委会决定重大事项的范围。凡是本行政区域内带有全局性、根本性和长远性的问题，改革开放、经济建设和社会发展中需要解决的突出问题，涉及政治、经济、教育、科学、文化、卫生、环境和资源保护、民政、民族等各个方面的重大问题，都属于人大及其常委会讨论决定的重大事项；那些在本行政区域内与人民群众的切身利益息息相关，人民群众普遍关注、反映强烈的重点、热点、难点问题，也应当纳入人大及其常委会讨论决定的范围，如三峡工作的最后决策就是由七届全国人大五次会议表决通过的。

权力机关的决定权与党的决策权的联系和区别。首先，根据《宪法》的规定，讨论、决定本行政区域内的重大事项，是各级人大及其常委会依法享有的重要决策权；而依据《中国共产党章程》，讨论本行政区域范围内的重大问题并做出决议，是各级党委所具有的决策权。人大的决定权和党委的决策权，从根本上说是一致的，都是对本地区的重大事项、重大问题做出决断、选择和规定，都是人民意志的集中体现，都是为了本地区的发展、稳定和人民的共同利益。因此，人大的决定权和党委的决策权的根本目的是相同的，决策内容也是具有密切联系的，这体现了党的领导与人民行使管理国家权力的一致性。其次，由于党和国家政权机关在性质、职能、组织形式和工作方式上毕竟是不同的，因而人大的决定权和党委的决策权又有着明显的区别。主要表现为：

（1）决策形式不同。党委做出决策，一般以党内文件发布，以决议、指示、决定、纲领、声明、意见、批示等形式表现出来，它体现了党的政治领导，是党针对一定时期的任务做出的政治性、方向性选择和原则性规定，它对人大及其常委会决定重大事项具有导向性。人大及其常委会决定重大事项，是通过人大或人大常委会决议、决定的形式，以法律、法规的形式表现出来，其实质是体现和反映人民当家作主的权利。

（2）程序不同。党委行使决策权的程序是由党章规定的，一般是党委有关部门或党委成员根据工作中存在的问题、总结的经验教训、提出处理的意见和办法，或者通过调查研究发现问题，经党委反复讨论形成解决问题的各种决策，如决定、决议、指示等权威性文件，在党内公布或者通过新闻媒介向社会公布。党委做出决策必须遵循少数服从多数的原则。而人大及其常委会决定重大事项的程序是由法律规定的，先由有关机关、组织或人大代表、人大常委会组成人员依照法定程序提出议案，再由大会主席团或者委员长会议决定是否提交会议审议；对列入会议议题的议案，则依照法定的议事规则进行审议表决；人大及其常委会的决议、决定须由全体代表或常委会全体组成人员的过半数通过；决议、决定获得通过后，通过公报或新闻媒介公之于众，然后监督行政机关、审判机关、检察机关实施。

（3）效力不同。原则上讲，党委决策的约束力只及于党内，对党外则主要靠号召力、影响力、吸引力来发挥作用，即通过决策的正确性、科学性，充分的说服力和党员的先锋模范作用去影响国家生活和社会生活，引导人民群众自觉地实现其决策。人大及其常委会做出的决议、决定，是国家权力机关具有普遍约束力的法律文件，本行政区域内的一切机关、政党、组织、团体和公民，都必须遵守和执行。这表明党的决策要想具有普遍的约束力，需要把党的意志以国家法律、法规的形式表现出来。

7.2.3 国务院的决策权力

《宪法》规定，国务院是全国人民代表大会的执行机关，它对全国人民代表大会及其常务委员会负责。但是中央政府——国务院及其各职能部门，以及各地方人民政府所拥有的实际权力不仅仅限于对权力机关制定的政策和法律的执行，它们在政府工作活动中实际上拥有比较大的行政决策权。因此，在中国，虽然全国人大及其常务委员会拥有立法权，但是，实际上多数法律草案的制定是由国务院及其职能部门来直接进行的，如《教育法》《环境保护法》等。另外，国民经济和社会发展计划也是由国务院职能部门来具体制定，最后由全国人民代表大会批准。

国务院决策组织机构是国务院的各种会议。国务院会议由国务院全体会议和国务院常务会议组成。

国务院全体会议由国务院全体人员组成，总理、副总理、国务委员、各部部长、各委员会主任、中国人民银行行长、审计长、秘书长等人员参加。会议人数一般为50人左右，一般每年召开1～2次。全体会议的内容多是国务院布置一个时期的国家主要行政工作，讨论一些重大的形势和政策问题。由于会议人数多、会期短，一般不形成具体的决策。

国务院常务会议由总理、副总理、国务委员、秘书长组成，一般有十几人参加。这是国务院对重大问题进行决策的一种主要形式。会议主要讨论和通过国务院制定的行政法规，审议向全国人大及其常委会提出的方案，处理国家政治、经济、科学、文化、教育等重大的决策性问题，处理突发性事件等。

地方各级人民政府的决策会议制度与国务院大致相同。县以上的地方各级人民政府会议分为全体会议和常务会议，政府工作中的重大问题须经政府常务会议和全体会议讨论。这也是民主集中制在决策中的具体体现。

7.2.4　政府决策的领导体制

政府决策领导体制主要有首长制和委员会制两种基本的形式。首长制又称为一长制，即决策权力主要由行政首长一人执掌，行政首长对所管辖的行政事务进行统一领导并全权负责，副首长和领导班子成员只是作为首长的助手，为首长决策提供建议和参谋的一种领导决策体制。委员会制又称为合议制，是最高决策权由两人以上的人员执掌的行政决策体制。首长制与委员会制是两种不同的决策体制，它们各有优缺点。首长制的优点是：事权集中，责任明确，指挥统一，决策及时果断。其不足是：行政首长一人把持决策权力，在缺乏监督和制约的情况下，容易产生个人专断和滥用职权现象；决策的水平和效率受决策领导个人的智慧、能力的影响很大。委员会制的优点是：集思广益，民主决策，有利于做出科学的决策；分工合作，互相监督，有利于防止个人专断。委员会制的缺点是：事权分散，决策过程迟缓，效率较低，容易贻误决策时机。

我国政府决策体制的发展演变大致经历了这样几个阶段或方式：

1. 委员会制的集体领导制

新中国成立初期，《中国人民政治协商会议共同纲领》规定：人民政府委员会向人民代表大会负责并报告工作，在人民代表大会和人民政府委员会内，实行少数服从多数的制度。当时实际上实行的是委员会制的集体领导决策体制。1954年《宪法》规定的“总理领导国务院的工作，主持国务院会议”，可以解释为总理对处理日常工作有决定权。《国务院组织法》也规定，国务院发布的决议和命令，必须经国务院全体会议或国务院常务会议通过，实际上还是实行集体决策的体制。“文化大革命”期间，整个国家机构和政党的工作秩序都遭到了严重的破坏，党和政府的一切权力都集中在“革命委员会”手中，实行上也不存在真正的委员会制。

2. 行政首长个人负责制

1982 年《宪法》对我国政府决策领导体制进行了重大改革，实行行政首长个人负责制。1982 年《宪法》第 86 条明确规定：“国务院实行总理负责制。各部、各委员会实行部长、主任负责制。”第 105 条规定：“地方各级人民政府实行省长、市长、县长、区长、乡长、镇长负责制。”这就正式确立了首长负责制，也就明确了行政机关的决策体制。

从世界各国政府决策体制的发展趋势来看，当代 80%以上的国家的行政机关都实行首长负责制。中国各级政府的首长负责制，是建立在民主集中制基础上的，各级政府首长个人必须依照法律行使行政权力，并对由此产生的行政行为负法律、政治和行政责任。中国行政首长负责制的特点表现为：

（1）首长负责制是和决策会议制度相配套的决策体制。我国的行政首长负责制是个人负责和集体领导的有效结合，即决策集团成员在决策会议上就各种决策方案充分地发表意见，民主讨论，集思广益，以克服行政首长个人在意志、经验、学识和精力上的局限，同时，为了适应现代政府要求决策责任明确、迅速有效的特点，防止议而不决，最后还是由行政首长做出最终的抉择。

（2）副职领导的“分口”管理体制。在中国各级政府领导的机构中，一般设正职行政首长一名，副职领导若干名，这些副职除了作为各级人民政府的组成人员参加本级人民政府的全体会议和常务会议以外，还直接分管某一部门的日常管理和决策事务，协助行政首长进行决策。这是中国政府决策体制上的一个特点。在地方各级政府中也采取分口管理体制，如省政府通常按其工作范围划分为综合、经济、文教卫生、政法、财务等几个口，由各副职行政领导分工负责。总的来说，这种由副职领导分口把关的分管领导体制是中国政府领导决策体制的重要方式之一。这种管理体制的优点在于，由副职分工负责可以有效地减少正职领导具体工作的压力，使其能够有更多的精力去处理全局性的重大问题，从而适应现代政府管理的职能化要求。当然，这种管理体制也有其局限性：一是分口管理往往会造成副职权力膨胀，从而形成各把一口的“山头主义”，影响正职的综合协调；二是容易造成管理层次增多，如在职能部门上面设置分口管理的办公室、委员会等，实际上是增加了决策层次；三是容易造成决策权力的分散以及决策权力与决策责任相脱离。因此，在实际管理过程中，如何既保证分管领导制度的有效运行，又确保行政首长对全局行政事务的决策权力，防止形成多头领导，甚至形成副职超越和代替行政首长决策，仍需要从机制上加以完善。

7.3 政府决策的过程

政府决策是一个发现问题、确定目标，分析问题、拟订方案，分析方案、进行抉择的过程。

7.3.1　发现问题，确定决策目标

政府决策的过程是一个不断发现问题和解决问题的过程。在党和国家的各项工作中，每一个时期和每个部门都会产生许多问题，如人口问题、环境污染问题、社会治安问题、贫穷问题、失业问题、交通问题、农村劳动力转移问题、农民负担过重问题、基础教育落后问题等。这些问题中既有局部性问题又有全局性问题，既有长期性问题又有迫切需要解决的问题，但并不是所有的问题都作为决策问题而进入决策议程。决策问题有以下特点：

（1）决策问题是社会公共问题。公共问题既不是个人问题，也不是某些人或某个团体的个别问题，而是关系到绝大多数人的，并能够产生普遍效果的问题，如一个时期国家的发展计划，政府的财政、税收政策，环境与经济发展问题，等等。

（2）决策问题是被社会大多数人认识到的，并与大多数人的利益有直接关系的问题。有些社会问题尚处于萌芽状态，或没有得到普遍的关注，或者说还没有直接影响到大多数人的直接利益，这时的社会问题也不会成为决策问题而进入决策议程。

（3）决策问题是政府决策机关或政府有关领导人意识到并认为有必要采取行动加以解决的问题。有些问题虽然也引起许多人的关注，但是由于信息和沟通渠道不畅，或者受其他因素的影响和制约，没能得到决策机构或决策者的重视，从而也不能成为决策问题。

决策问题进入决策议程需要以下因素的促进作用：一是问题本身的明朗化程度。二是问题所带来的社会压力，在西方国家称为压力集团的力量，在我们国家主要是代表人民群众的各团体和部门的建议，如人民代表提出的议案、人民群众的来信来访等。三是一些突发事件和社会危机的产生，如自然灾害、地区冲突、民族问题、人为的重大事件等。一旦引起了社会和政府的极大关注，则可以尽快进入政府决策议程。

发现社会问题并对问题的性质做出正确的判断是对决策者的基本要求。发现问题的过程就是及时收集和处理信息的过程。党和政府在决策过程中非常重视信息渠道的畅通，具体讲，决策信息的来源渠道主要有以下几个方面：

（1）决策者直接收集信息。党和国家领导人及政府各级领导干部、公务人员通过下基层调查研究收集第一手材料和信息。开展调查研究、了解民情和社会情况是我党的优良传统之一。只有经常到基层、到生产第一线去调查研究，才能获得感性和直观的认识，这对于及时发现问题、做出决策判断是非常重要的。

（2）通过建立在各级党政机关内部的信息机构来收集信息。各级党政机关为了了解情况也建立了信息收集机构，并配备了相应的工作人员，如中共中央办公厅，国务院办公厅，国务院各部、委，省、市、县的党政机关都建立了信息机构，其主要职责是为各级领导决策提供及时、准确和有针对性的信息，是各级领导机关和各级领导决策必不可少的信息机构。另外，政府机关还建立有专门的信息中心和信息管理系统，如全国公安计算机信息系统、国家税务信息系统、国家经济指标信息系统、中国统计信息系统、中国教育信息系统等。

（3）通过各种咨询与参谋机构获得决策信息。政府机关建立的咨询机构或社会科学研究机构都直接或间接地承担着为政府决策提供信息和方案咨询的任务，如国务院发展研

究中心，其主要任务就是研究国民经济、社会发展和改革开放中的全局性、综合性、战略性、长期性、前瞻性以及热点、难点问题，为党中央、国务院提供政策建议和咨询意见。另外，还有中国社会科学院以及各大高校、研究机构等。

（4）通过各级人民代表大会和人民政治协商会议的信息渠道了解人民群众的心声。通过全国人民代表大会和各级人民代表大会、人民政治协商会议的议案和提案工作，由人民代表反映人民群众对政府决策和政策制定与执行的看法、建议与批评，通过议案和提案的集中程度可以使各级领导机关和决策者及时地了解和发现带有全局性、战略性以及急迫性的问题，以作为重要的决策问题进入决策程序。另外，通过各级人民代表大会和人民政治协商会议的各个专门委员会组织的各项专门调查来获得信息。

（5）通过新闻媒体获得信息。广播、电视、各种报纸杂志是重要的信息机构，它们及时地反映和报道各种社会事件和社会问题，这些问题反映了广大人民群众对政府工作的看法、愿望和希望，而这正是决策部门和决策者获得决策信息的重要渠道。中央电视台的《焦点访谈》，中央人民广播电台的《新闻纵横》，新华通讯社的《新华每日电讯》《半月谈》等是领导决策信息的重要来源。

（6）通过民情、民众信息渠道获得决策信息。决策者可以通过信访机构了解民众的要求，并及时获得对社会稳定与发展有直接影响的苗头性和倾向性信息，引起警觉和高度注意，以便及时做出相应的决策。另外，还可以通过各种社会调查机构对社会问题进行专门的调查，这些有针对性的调查研究报告也是决策的重要信息来源。

总之，决策部门和决策者通过以上渠道发现国家和社会发展中存在的主要问题，通过对这些问题的分析和判断明确决策目标和决策方向。

决策目标就是在一定环境条件下解决问题所要达到的结果和目的。对决策目标的要求一是目标要明确，对于要解决什么问题、达到什么效果、通过什么样的手段来达到目的，做到心中有数；二是目标要可行，即通过对环境和自身条件的分析确定具有现实可行性的决策目标；三是目标要具有可衡量性，既要包括可衡量的质量和效益标准，也要包括具体的量化标准。

7.3.2 集思广益，反复论证，确定初步方案

在明确了决策目标以后，就进入了由专家以及群众参与的，提出各种选择方案，并对方案反复论证以使其更科学、合理、接近决策目标的过程。

（1）决策初选方案的提出过程是一个创新过程，因此必须具有创新意识。中央关于创办经济特区、改革开放的政策，邓小平提出的“一国两制”的思想，党中央处理香港、澳门、台湾问题的政策，中共中央关于建立中国特色社会主义的决策，等等，都是根据我国不同时期的发展情况做出的具有创新价值的正确决策。

（2）制定初选方案的过程是一个集思广益、利用集体智慧的过程。对于关系到国家和社会发展以及人民群众利益的重要决策都要广泛征求意见，反复论证。中共中央、国务院做出的重要决定和决议，不仅要在党内经过反复的论证和讨论，同时还要征求民主党派和无党派人士的意见，在对各种意见和建议进行分析的基础上，反复修改，反复讨论。有些重要的立法活动，法案草案的起草时间就很长，征求意见的范围也很广。《教育法》从

1985 年起草到 1995 年签署共用了十年时间，各种范围征求意见几十次。在制定《集会游行示威法》的过程中，还在全国范围内征求过意见。每年《政府工作报告》的起草过程中，都会反复征求工农业、教育、科技、文艺、政法等各方面的意见，反复修改，最后提交全国人民代表大会审议。有些城市政府在制定城市发展规划、制定城市管制措施、出台重要管理办法和规定时都要广泛征求意见，有的还要专门召开市民大会或有各方面群众参加的讨论会或听证会。在三峡工程的决策过程中，原国家水利电力部根据党中央和国务院的部署，专门成立了三峡工程论证领导小组，组织了 14 个专家组，聘请了包括中科院院士、教授、研究员、高级工程师等在内的共 40 个专业的 412 名专家，还特邀了 21 位顾问，进行研究论证；为了支持各专家组的工作，还在全国范围内选择了有关高等院校、科研、勘测、设计等单位承担相关任务，实际参加工作的达3 200余人。经过将近三年的工作，各专家小组分别提出了专题性论证报告，并签字以示负责。

（3）经过集思广益、利用集体智慧提出的决策思路和决策草案还要经过政策制定人员和有关专家进一步的讨论、归纳，从而形成比较清晰和成型的可行性方案，交决策者进行选择。

7.3.3　反复比较，慎重选择决策方案

经过广泛征求意见拟订的初步方案，最终能否被采纳，需要决策者进行认真研究和反复比较，并通过法定程序才能做出抉择。例如，《政府工作报告》最终的审议（即决策过程）是由全国人大代表来进行的，审议的基本程序是这样的：各代表团全体会议、代表团小组会议以讨论的方式进行审议；大会秘书处收集、整理各代表团提出的意见，并上报大会主席团；大会秘书处将集中后的各代表团提出的意见转达至国务院，以备报告的修改；大会秘书处根据代表的意见和大会主席团的要求，起草《关于〈政府工作报告〉的决议》草案；将上述决议草案印发至各代表团征求意见；大会秘书处根据代表的意见和主席团的要求修改上述决议草案；大会主席团审议决议草案，并正式提交大会表决；大会全体会议对《关于〈政府工作报告〉的决议》进行表决。

例如，关于三峡工程的决策情况如下：首先，国务院三峡工程审查委员会负责审查了可行性研究报告，提请国务院批准；其次，国务院聘请了 163 位专家，组成 10 个专题预审组，对可行性报告进行最后审查；最后，上报国务院的《三峡工程可行性研究报告审查意见》认为该工程是必要的，技术上是可行的，经济上是合理的，建议国务院及早决策。次日，在中南海国务院第三会议室内，包括邹家华副总理在内的三峡工程审查委员会全体成员，郑重地在意见书上签了字。国务院常务会议审议了《三峡工程可行性研究报告审查意见》，决定将对该问题的决策过程推进到它的最后一个阶段——提交第七届全国人民代表大会第五次会议审议。

全国人民代表大会关于三峡工程的决策程序是：

（1）国务院副总理邹家华受国务院的委托，在第七届全国人民代表大会第五次会议上做了《关于提请审议兴建长江三峡工程的议案的说明》。会议的审议过程开始。

（2）全国人民代表大会主席团决定，将三峡工程的议案交各代表团和财政经济委员会审议。各代表团对该工程各方面的问题进行了认真的讨论，提出了各种意见。

（3）大会主席团在万里委员长的主持下审议决定，将该议案提交全体会议进行表决，并通过了决议草案。

（4）1992 年 4 月 3 日下午，七届全国人大五次会议对三峡工程的议案进行了表决。会议以1 767人赞成、177 人反对、664 人弃权（另有 25 人未按表决器）的表决结果通过了决议。

7.4 政府决策事例分析

7.4.1 关于“一国两制”政策的制定

“一国两制”政策是我国政府把马克思主义基本原理与中国的具体实践相结合的伟大创举，也是一个成功的政府决策案例，更是党和国家领导人出色的决策才能的体现。

1. “一国两制”思想的形成

“一国两制”思想的产生和逐步明确，是我们党几代领导人的智慧和高超的领导艺术的具体体现。早在 1954 年 8 月，毛泽东在会见英国工党代表团时就说过，“我们希望工党朋友们劝劝美国人：一、把第七舰队拿走，不要管台湾的事，因为台湾是中国的地方”①，并指出，“我们认为，不同的制度是可以和平共处的”②。1956 年 10 月，毛泽东在会见外宾时说，如果台湾和平统一，一切可以照旧，台湾现在实行三民主义，可以同大陆通商，但是不要派特务来破坏，我们也不派“红色特务”去破坏他们，谈好了可以订个协议。

根据毛泽东的思想，周恩来在 1963 年初进一步把解决台湾问题概括为“一纲四目”。“一纲”是台湾必须回归祖国。“四目”是：第一，台湾回归祖国后，除外交必须统一归中央外，所有军政大权、人事安排由蒋介石决定。第二，所有军政及建设经费不足之数，由中央拨付。第三，台湾的社会改革可以从缓，协商解决。第四，双方互约不派人进行破坏对方团结之事。

毛泽东、周恩来关于解决台湾问题的原则立场和卓越智慧，是邓小平提出“一国两制”政策的思想先导。

2. “一国两制”政策的明确与完善

邓小平运用马克思主义的辩证唯物主义和历史唯物主义，坚持实事求是的原则，从中国的实际出发，根据国际形势的变化，逐步形成了“一国两制”的科学构想，把它作为党和国家的重要决策确定下来并具体实施。具体地讲，在中美建交谈判的过程中，经过党的十一届三中全会，“一国两制”思想进一步得以明确。

1978 年 11 月 27 日，邓小平在同美国作家罗伯特·诸瓦克的谈话中指出，和平统一实现后，台湾可以保持非社会主义的经济和社会制度。

1979 年 1 月 1 日，邓小平在元旦讲话中指出，“把台湾归回祖国、完成祖国统一的大

① 《毛泽东文集》，第 6 卷，341 页，北京，人民出版社，1999。

② 同上书，339 页。

业提到具体的日程上来了”①。

1979 年元旦，全国人民代表大会常务委员会发表了《告台湾同胞书》，明确宣布：在解决统一问题时尊重台湾的现状和台湾各界人士的意见，采取合情合理的政策和办法，不使台湾人民蒙受损失。这实际上标志着“一国两制”政策已经形成。

1979 年 12 月，邓小平会见日本首相大平正芳时说，为实现祖国统一的目标，对台湾，我们条件很简单的，那就是，台湾的制度不变，生活方式不变，台湾与外国的民间关系不变，包括外国在台湾的投资，民间交往照旧。邓小平强调，台湾作为一个地方政府，可以拥有自己的自卫力量、军事力量，条件只有一个，那就是台湾要作为中国不可分割的一部分。

3. “一国两制”政策的具体化

1981 年 9 月 30 日，叶剑英代表中国政府提出了解决台湾问题的“九条方针”，主要内容是：(1) 为了尽早结束中华民族陷于分裂的不幸局面，我们建议举行中国共产党和中国国民党两党对等谈判，实行第三次合作，共同完成祖国统一大业。双方可先派人接触，充分交换意见。(2) 海峡两岸各族人民迫切希望互通音讯、亲人团聚、开展贸易、增进了解。我们建议双方共同为通邮、通商、通航、探亲、旅游以及开展学术、文化、体育交流提供方便，达成有关协议。(3) 国家实现统一后，台湾可作为特别行政区，享有高度的自治权，并可保留军队。中央政府不干预台湾地方事务。(4) 台湾现行社会、经济制度不变，生活方式不变，同外国的经济、文化关系不变。私人财产、房屋、土地、企业所有权、合法继承权和外国投资不受侵犯。(5) 台湾当局和各界代表人士，可担全国性政治机构的领导职务，参与国家管理。(6) 台湾地方财政遇有困难时，可由中央政府酌情补助。(7) 台湾各族人民、各界人士愿回祖国大陆定居者，保证妥善安排，不受歧视，来去自由。(8) 欢迎台湾工商界人士回祖国大陆投资，兴办各种经济事业，保证其合法权益和利润。(9) 统一祖国，人人有责。我们热诚欢迎台湾各族人民、各界人士、民众团体通过各种渠道、采取各种方式提供建议，共商国是。

1982 年 1 月，邓小平在会见外宾时说，“九条方针”是以叶副主席的名义提出来的，实际上就是“一个国家，两种制度”。“两制”是可以允许的，他们不要破坏大陆的制度，我们也不要破坏他们那个制度。关于“一国两制”的概念从此开始使用。

1984 年 2 月 22 日，邓小平对美国乔治城大学战略与国际问题研究中心代表团说，祖国统一后，台湾仍然搞它的资本主义，大陆搞社会主义，但是是一个统一的中国。一个中国，两种制度。香港问题也是这样，一个中国，两种制度。

4. “一国两制”政策的法律化与基本内容

“一国两制”政策的法律化过程是从中英两国谈判开始的。1982 年 9 月 24 日，邓小平在会见英国首相撒切尔夫人时表示，中国准备用解决台湾问题时提出的办法来解决香港问题。恢复对香港行使主权后，香港的资本主义制度不变，现行许多适合的制度要保留。1982 年在修改《宪法》时增加了第 31 条：“国家在必要时得设立特别行政区。”

1984 年 5 月 15 日，《政府工作报告》阐述了“一国两制”及其在香港问题上的政策。此报告得到了全国人大的批准，从而使这一政策具有了法律效力。

① 《邓小平文选》，2 版，第 2 卷，154 页。

1990 年 4 月和 1993 年 3 月，全国人大先后制定了《香港特别行政区基本法》和《澳门特别行政区基本法》，使“一国两制”政策以法律的形式加以明确和固定。

“一国两制”政策的基本内容包括“一个前提”“五个基本点”。一个前提就是“在一个中国的前提下”允许两种制度存在。邓小平说，我们搞的是有中国特色的社会主义，所以才制定“一国两制”的政策，才可以允许两种制度存在。这没有点勇气是不行的，这个勇气是建立在人民拥护的基础上的。人民拥护我们国家的社会主义制度，拥护共产党的领导。没有中国共产党领导下的社会主义制度，就不可能在中国制定和实行“一国两制”的政策。所以，前提是“一个中国”，而不是“两个中国”，“一国”是一个统一的中国，不是“多国”，不允许在中国搞什么国中之国。这就是说在国际上代表中国主权的是中华人民共和国。

“五个基本点”实际上就是在一个中国的前提下，国家的主体和特别行政区的关系问题。主要包括以下内容：

（1）在统一的中华人民共和国的国家里，整个国家的主体坚持社会主义制度；台湾、香港和澳门地区是这个统一国家的组成部分，保持原有的资本主义制度长期不变。

（2）在中华人民共和国这个统一的国家内部，实行两种不同的社会制度长期并存，和平共处，互相竞赛，互相支援，50 年不变，50 年之后还可以不变。

（3）由这个统一国家的全国人民代表大会及其产生的中华人民共和国政府行使国家的权力；台湾、香港和澳门地区则按照宪法规定设立特别行政区，行使地方政府的权力。

（4）在祖国统一后，特别行政区内现行的社会、经济制度不变，生活方式不变；特别行政区享有其他省、自治区、直辖市所没有的高度自治权，可以有自己的独立性，包括行政管理权、立法权、独立的司法权和终审权，私人财产、房屋、土地、企业的所有权、合法的继承权和外国的投资都受法律保护。台湾特别行政区还可以有自己的军队，党、政、军等系统都由台湾自己来管，同外国的经济、文化关系不变；台湾当局和各界代表人士，可担任全国性政治机构的领导职务，参与国家管理。

（5）中华人民共和国的国家宪法、特别行政区基本法和有关法律保障“一国两制”的长期性与稳定性，并按照法律程序调整各方面的矛盾，保证大陆地区和特别行政区的和平、稳定与繁荣发展。

7.4.2 某市关于征收城市容纳费决策的失误及其启示

1. 决策原因与决策过程

某市人口增长很快，至 1993 年底，该市常住人口达到1 051万余人。人口数量增长快有自然增长和迁入增长两个因素。据该市公安局统计，1992 年人口迁移净增长为 4 万余人，1993 年为 7 万余人，1994 年 1—6 月为3.5万人。人口迁移增长是导致该市人口数量增长过快的重要因素。由于人口数量增长过快，该市在水、电、热、道路交通、邮电通信、教育卫生、住房等方面的压力越来越大，给该市的经济建设和群众生活带来了很大的困难。由于人口增容，该市 1993 年用于城市增容的支出和各项财政补贴已经达到 43 亿元。当时，据测算，1994—2000 年，该市用于基础设施方面的建设资金需要近千亿元。如此巨大的支出需从各方面筹措资金。

基于上述背景及财政压力等多方面的考虑，1994 年 9 月，该市第十届人大常委会第十二次会议通过了《××市征收城市容纳费条例》。该条例规定，凡是经批准迁入该市的常住人口，按每人 1 万～10 万元五个档次的标准征收城市容纳费。法规于 1994 年 11 月 1 日起施行。

2. 决策出台后的反应

该法规是由地方人大常委会通过的，它以地方性法规的形式征收城市容纳费，在全国属首例。条例出台后，引起了各方面的关注及广泛的争议，遭到了多方面的反对。其一是来自毕业生的反对。因为对于毕业后想留在该市的学生来说，容纳费的征收显然是他们不愿意承受的。虽然条例规定，城市容纳费不一定由学生本人支付，但是在具体执行过程中很可能对毕业生就业市场的供需情况产生很大的不利影响。其二是来自毕业生接收单位的反对。毕业生接收单位主要是高校、机关以及国有企业，其中许多单位的经费均来自中央财政。它们从高校进人是理所当然的，如果从高校进人，需要向地方政府缴纳一笔高额的城市容纳费，这对于经费紧张的用人单位来说，是难以接受的。而对于一些民营高科技公司来说，虽然它们实力雄厚，但也不愿意拿出那么多的钱来接纳人才。许多公司认为，城市容纳费的征收必然限制本来就不畅通的人才流动。其三是来自许多学者的反对。他们认为，征收城市容纳费的预定目标是为了控制人口迁移和人口增长，但是从实际情况来看，该市的人口迁移增长不能只简单地拿户口来衡量，大量的流动人口和无户口人员是人口迁移和增长的重要部分，该市人口压力主要来自众多的流动人口（当时，据统计该市常年流动人口达 329.5 万人）。要控制人口增长，应该把精力放在对于流动人口的管理上。

3. 决策的修订与最终取消

在众多反对者面前，该市政府开始面临巨大的压力。1994 年 11 月，市政府不得不推出《城市容纳费减免征收试行办法》。1995 年 1 月，又进一步推出针对高校毕业生的减免办法。由于减免后的容纳费征收，显然与开始推出时的政策有很大的出入，实际上该条例也没有在生效期到达后得到严格的实施。

1999 年 3 月 30 日，该市人大常委会通过决议废止了该项条例，标志着这项政策的终止。

4. 决策失败的原因与启示

（1）这是一个目标不明确的决策。虽然该市政府面临日益增大的城市人口压力，试图通过制定政策来解决这一难题，其决策的初衷是对的，但是，在决策过程中没有进行广泛、深入的调查研究，也没有找出导致城市人口压力增大、财政紧张的主要原因，而是单纯地认为只要通过经济手段就能在一定程度上解决人口压力问题，这实际上是错误的。

（2）这项决策缺乏国家政策和法规作为依据，甚至还与国家有关政策相违背。向毕业生和科技、教育方面的人才，以及其他符合国家政策要求进入该城市的人员征收城市容纳费，是不符合国家的人才政策的。

（3）这项政策明显地带有保护地方利益的色彩。条例本身没有把公共利益放在首位，有地方保护主义的倾向，因而受到了来自大学生、用人单位以及有关方面的强烈反对，这是政策执行的严重障碍。

（4）这项政策在制定过程中没有与有关方面进行广泛的协商、讨论，没有征求各方面的意见。虽然该条例在获得通过时，除了某高校的一位教授（市人大常委会委员）投了弃权票外，其余人大常委会委员均投了赞成票，但是，在决策过程中，没有征求与条例直接有关的各方面的意见，如毕业生的意见、用人单位的意见等，这是该条例虽然获得几乎全体一致的通过，但却遇到反对的重要原因。

（5）政策制定者所预期的目标根本没有达到。该市财政局预期每年可征收 3 亿元的城市容纳费，实际上到该条例废止时（前后 6 年）总共才收了2 700万元。另外，靠征收城市容纳费的办法也没有解决该市的人口压力问题。

第8章

当代中国人事管理制度与政策

8.1 政府干部人事制度的内容与特点

8.1.1 我国干部人事机构的变化与发展

我国人事管理机构的设置及职权配置属于双轨制，即各级党委和各级政府的组织、人事部门对我国的各级干部实行统一管理。在人事管理权限上，党委组织部和各级政府人事部门具有相应的管理权限，主要体现为：中国共产党制定人事管理的方针、政策和基本的指导原则，以指导全国的人事管理工作，即“党管干部”；政府人事部门负责贯彻和落实党的人事管理的路线、方针和政策，并具体进行人事管理工作。

新中国成立以来，我国政府人事管理机构的发展经历了以下几个时期：

(1) 1949年10月，中华人民共和国成立后成立了政务院，人事局作为政务院的直属机构，协助中央组织部管理政府机关的干部工作。

(2) 1950年11月，撤销了政务院的人事局，成立了中央人事部，掌管中央及地方干部的任免、人事调动、机构编制、工资管理以及退休福利等工作。

(3) 1953年，党中央决定实行中央及各级党委组织部统一管理的体制，根据这一干部管理体制和一届全国人大一次会议通过的《国务院组织法》，于1954年撤销了中央人事部，同年12月成立了国务院人事局，直属国务院领导。

(4) 1959年7月，国家做出了精简机构的决定，撤销了国务院人事局，相应在内务部设立了政府机关人事局，受内务部具体分管直至1969年12月。

(5) 1978年3月，成立了民政部政府机关人事局，直属民政部分管。

（6）1980年，国务院决定将民政部政府机关人事局和国务院军队转业干部安置工作小组办公室撤销，合并成立国家人事局，直属国务院领导。

（7）1982年5月，国务院国家人事局、国家劳动总局、国家编制委员会、国务院科技干部局合并，成立了国家劳动人事部。

（8）1988年，将人事部、劳动部分开，单独设立国家人事部。

（9）2008年至今，将人事部与劳动和社会保障部合并，成立了人力资源和社会保障部。

我国政府的人事管理机构分为两大类：一类是独立的人事管理机构，主要有国家人事部、地方各级人民政府中专门的人事管理机构（如人事厅、人事局等）。二是专门的人事管理机构，主要是指各具体的行政部门所设置的管理本部门工作人员的人事机构，如中央各部委的人事局（司）等职能机构、各单位所设立的人事处（科）等。

8.1.2 我国人事管理制度的主要特点：党管干部

在我国，凡是对干部的管理以及与此相关的事务，均由中国共产党中央委员会及各级委员会执掌，这是我国人事管理工作的一项基本原则和基本制度。在这项原则指导下，党的组织机构负责制定人事管理的政策和对干部实施各项管理。一切干部都根据其担任的职务，分别由中央、地方和各部门的党委、党组织或所在单位的党组织负责管理。

新中国成立初期，除军队系统的干部实行单独管理以外，其他所有干部都由党中央及各级党委的组织部门统一管理。1953年开始改变为在党的各级组织部门的领导下，由党委的各个部门分管本领域的干部。1980年以后，党在干部管理的层次上进行了调整，即对于党政机关，一般下管两级机构中担任主要领导职务的干部。

党管干部主要体现在中共中央制定干部管理的方针、政策和具体管理原则两个方面。

首先，中共中央在对干部的培养、选拔和使用方面，根据党的方针、路线，在不同时期制定不同的政策和指导方针。新中国成立前夕，中共中央发出了《关于大量提拔培养产业工人干部的指示》，到1952年，各级党组织选拔了大批工人、农民中的积极分子充实到干部队伍中，担任各级党政部门的领导职务。为了保证党在组织上、方针政策上的连续性和继承性，20世纪70年代党提出了进行“梯队建设”的思想。第一梯队是以邓小平等无产阶级革命家为代表的老干部，第二梯队是现在在岗的各级党政军领导干部，第三梯队是中青年后备干部。进入80年代，邓小平提出了干部“四化”建设的要求，要求实现干部队伍的革命化、年轻化、知识化和专业化。干部队伍的“四化”建设是党的人事制度的重要改革，它基本上结束了干部队伍中存在的日益老化现象，使一大批年轻有为的中青年干部走上了领导岗位。90年代以来，党提出了培养跨世纪人才的战略思想，要求培养一大批有理想、有知识、懂业务、能够承担国家跨世纪各项事业发展需要的干部队伍。

其次，党管干部还表现在具体管理的原则和措施上。主要包括：“分级管理”，即按照干部所担任的职务及干部的级别分别由不同层次的党委及有关部门、单位的党组织管理。“下管两级”，即中共中央一般管理省部级和厅局级（一般是正职）两级干部。“下管一级”，即中共中央把下管两级改为下管一级干部，中共中央一般只管省部级干部，中央各部门的司局长和地方上厅局级干部分别由部门和地方党组织管理。

8.1.3　政府干部人事制度的改革

党的十一届三中全会以来，随着国家工作重点向经济建设的转移，以及政治、经济、教育、科技体制改革的不断深入，现有的干部管理制度存在的种种弊端逐步暴露出来，如管理权限过分集中，管人与管事脱节，缺乏竞争激励机制，管理方式陈旧单一，管理体制不健全，法治观念淡薄，等等。针对以上问题，党在人事管理制度上做出了重要的改革，主要体现为：

（1）确立了干部革命化、年轻化、知识化、专业化的“四化”方针，这是新时期培养和选拔干部的方针与标准。

（2）废除干部领导职务的终身制，这是我国干部制度的又一项重要改革。它对于完善我国的干部制度，保证党和国家领导班子的连续性和稳定性，培养大批德才兼备的干部，具有重要的意义。党中央在废除领导职务终身制方面采取了两项重大措施：一是在中央和省两级设立顾问委员会，作为废除领导职务终身制的过渡办法。二是做出了关于老干部离退休制度的决定，建立了老干部离退休和退居二线的制度。老一辈革命家带头退居了二线。1992 年党的十四大后，中央和省两级顾问委员会结束了其历史使命，最终完成了党和国家领导干部的新老交替。

（3）改革干部管理体制，下放管理权限。在干部任用方式上，打破了单一委任制模式，实行专业技术职务聘任制、乡镇干部选聘合同制，领导干部选拔实行民主推荐、民主评议，并下放了企业用人权。

（4）1987 年，党的十三大提出了人事制度改革的基本思路，把建立国家公务员制度作为我国干部人事制度改革的重点。1993 年 8 月 14 日，国务院颁布了《国家公务员暂行条例》，标志着我国的人事管理走上了法制化轨道。建立和推行国家公务员制度，其根本目的就是要通过法律和法规的形式，对国家公务员进行全面、系统、科学的管理，从而建立起与政府管理职能相适应的精干、高效的人事管理系统，形成优化、精干、高效、廉洁的公务员队伍。通过加强对公务员的入口和出口的管理，使公务员管理向着健康和良性的方向发展，才能保持公务员队伍的生机和活力。公务员制度把廉政和勤政的要求贯穿和体现在公务员具体的权利、义务、纪律、晋升、考核、奖罚、回避等各项制度之中，这对于加强廉政建设起到了很好的保障作用；同时，通过职位分类、岗位责任制、考核、罚惩等具体制度和措施保障公务员按质按量完成工作任务，可以从制度上保证勤政的实现和政府工作效率的提高。

（5）2006 年正式实施《公务员法》。实施《公务员法》的目的是规范公务员的管理，保障公务员的合法权益，加强对公务员的监督，建设高素质的公务员队伍，促进勤政廉政建设，提高工作效能。

8.2　国家公务员制度

8.2.1　建立国家公务员制度的目的、指导思想与作用

国家公务员制度，是指由国家法律和法规确认的有关国家各级各类公务员的考试录

用、职位分类、考核、晋升、调动培训、职务升降、奖惩福利、解职退休等各项法律制度的总和。

1. 建立国家公务员制度的目的

（1）实现对国家公务员的科学管理。过去，人们把国家机关、企事业单位以及艺术家、教师等人员统称为“国家干部”，采用同一个模式管理。这种以官本位为标准的管理模式是不科学的，给人事管理制度带来诸多弊端。国家公务员制度对国家各级各类人员按照适合本部门、本行业管理特点的模式进行分类管理，尤其是将国家机关的工作人员纳入一个相对独立的管理体系中，有针对性地实施管理，从而真正实现了对国家公务员的科学化管理。

（2）保证国家公务员队伍的优化和廉洁。推行国家公务员制度，在公开、平等、竞争、择优的原则下，通过正规严格的考试和考核来选拔人才，可以真正保证公务员队伍的优化；通过考核、奖惩、纪律等一系列制度，充分调动公务员的工作积极性，保证公务员忠于职守、廉洁奉公，可以更好地树立国家公务员廉政、勤政的良好形象。

（3）提高行政效能，更好地实现行政管理的目标。公务员制度的重要目的在于把公务员管理纳入法制化、规范化的轨道。法制化和规范化是提高效能的重要前提，而提高行政效能是行政管理的主要目标。

2. 建立国家公务员制度的指导思想

（1）以经济建设为中心，坚持四项基本原则和坚持改革开放的基本路线，是建立公务员制度的基本指导思想。要坚持“一个中心，两个基本点”的基本路线。要以转变政府职能，促进经济的持续健康发展为中心。坚持四项基本原则是立国之本，在公务员的权利、义务、录用、培训、考核、纪律等具体制度中，必须体现和贯彻四项基本原则。改革开放是我国的基本国策，公务员制度的建立本身就体现了这一基本思想，即从我国实际出发，大胆、适当地借鉴国外科学的人事管理制度和人事管理经验，做到为我所用。

（2）贯彻为人民服务的宗旨和德才兼备的用人标准。我国《宪法》要求国家机关工作人员必须依靠人民的支持，密切联系实际，接受人民监督，为人民服务。在我国各级各类国家机关，工作人员是人民的公仆，必须坚持正确的政治方向和为人民服务的宗旨，而具有高尚的品德和实际的才能是录用国家公务员的两个基本标尺。在公务员的录用、考核、晋升、奖励等各种具体制度中必须体现这一原则。

（3）贯彻公开、平等、竞争、择优的原则。这也是国家公务员制度不同于以往干部人事制度的一个显著特点。坚持公开、平等、竞争、择优的原则，有利于打破任人唯亲、营私舞弊等人事管理中的腐朽陋习，从制度上保证公民参与国家管理和监督政府的用人标准，真正使德才兼备的优秀人才被国家所识、所用。

3. 建立国家公务员制度的作用

（1）有利于加强和完善党对干部人事工作的领导，使党对各级人员的管理更加科学和富有成效，有利于解决我国干部队伍庞大、分类不科学、行政管理效率低下的弊端。

（2）有利于提高国家公务员队伍的素质，克服人事管理中的不正之风。贯彻公开、平等、竞争、择优的原则，使德才兼备的人才能够进入国家公务员队伍。

（3）有助于改进和解决行政机关人浮于事、职责不清、效率低下等问题。采用科学的职能分类制度，明确规定公务员的职务、职级、责任、任职资格等，实现因事设人，杜绝了因人设事，有利于提高政府工作的整体效率。

8.2.2　国家公务员制度的基本内容

1. 公务员的义务与权利

国家公务员的义务与权利是国家公务员制度的重要组成部分，它从法律上确定了国家与公务员的关系。国家有权要求公务员履行其法定的职责，同时亦有义务保障公务员为更好地履行职责所必需的各方面权利；公务员有权向国家要求获得为履行其职责所需的权益保障。国家与公务员之间的权利义务关系是相对的。国家的权利就是公务员应履行的义务，而国家所承担的义务则是公务员应当享有的权利。

公务员的义务包括：模范遵守宪法和法律；按照规定的权限和程序认真履行职责，努力提高工作效率；全心全意为人民服务，接受人民监督；维护国家的安全、荣誉和利益；忠于职守，勤勉尽责，服从和执行上级依法做出的决定和命令；保守国家秘密和工作秘密；遵守纪律，恪守职业道德，模范遵守社会公德；清正廉洁，公道正派；等等。

公务员享有的权利包括：获得履行职责应当具有的工作条件；非因法定事由、非经法定程序，不被免职、降职、辞退或者处分；获得工资报酬，享受福利、保险待遇；参加培训；对机关工作和领导人员提出批评和建议；提出申诉和控告；申请辞职；等等。

2. 职位分类制度

职位分类，是指把国家行政机关的工作按难易简繁程度、性质及所需人员的资格条件等划分为若干职级，对每个职位和职级的任务、责任和任职资格等做出准确的定义和描述，制定职系说明和职级规范，并以此作为公务员考试、任用、考核、培训、晋升等的依据。

职位分类是公务员管理的基础，是一项十分复杂和细致的工作。当前我国国家机关采取的是以定职能、定机构和定编制为内容的“三定”方案。国务院各部门“三定”的程序是：先由国务院各部门根据国家有关机构编制管理的法规、政策，确定本单位或本部门的职责范围、职能配置、内部机构设置、机关定编人数、领导干部职数等方案，然后由人事部和中央机构编制委员会进行审查、协调；人事部和中央机构编制委员会主要审查其方案是否符合国家的政策规定，职能是否有交叉，职能配置是否科学、合理，内部机构设置是否有必要，人员定编是否科学、适当；经中央机构编制部门进行审查、协调后，报国务院审批，然后下发执行。“三定”方案是划分各部门职权范围的主要法规性文件，“三定”方案的制定为职位分类打下了基础。

公务员职务的种类一般划分为两类：一类是领导职务，即行使一定管理职权，负责指导、领导一定范围内的人员的职位，简言之，就是带“长”字的人员。我国国家公务员的领导职务有：总理、副总理、部长、副部长、省长、副省长、自治区主席、副主席、市长、副市长、司局长、副司局长、处长、副处长、科长、副科长。另一类是非领导职务，即独立负责某一方面事务，一般没有指挥、领导下属人员的职能的职务，简言之，就是不带“长”字的公务员。我国公务员的非领导职务行列，由高到低依次为：巡视员（相当于司局长级），助理巡视员（相当于副司局长级），调研员（相当于处长、县长级），助理调研员（相当于副处长、副县长级），主任科员（相当于科长、乡长级），副主任科员（相当于副科长、副乡长级），科员，办事员。

3. 国家公务员的录用制度

公务员的录用制度，是指国家行政机关遵循一定原则，按照一定标准、条件，通过统一程序，公开考试，择优录取合格人员进入公务员队伍的制度。公务员的录用是公务员队伍的主要“入口”。建立科学、合理、公正的录用制度，对于保证公务员队伍的优秀性、纯洁性有着重要的意义。

我国公务员制度规定，国家行政机关录用担任主任科员以下非领导职务的国家公务员，采用公开考试、严格考核的办法，按照德才兼备的标准择优录用；同时规定了报考国家公务员应当具备的资格条件以及录用国家公务员的基本程序。我国的公务员录用制度有以下特点：

（1）坚持公开、公正、公平的原则。公务员的报考和考试、录用都公开进行，任何具备报考资格的公民都可以报考，不存在民族、性别、出身等方面的歧视，使一切具备报考条件的报考者都有同等的被录用机会。

（2）公开考试与严格考核相结合。将考试的结果作为录用公务员的基本依据，在此基础上，进行有关道德品质、工作能力等方面的考核，既防止了轻视考试成绩、偏重考核结果，从而使考试成为走过场、失去录用的客观性的倾向，又避免了把成绩作为唯一的录用标准而忽视对报考者的全面考核，从而影响录用质量的倾向。采取公开考试、严格考核的办法，主要是对录用担任主任科员以下非领导职务的国家公务员而言的；而对拟担任一定领导职务的公务员的录用，多采用以考核为主的录用办法。

（3）考试与录用分开进行。公务员录用考试主要由政府的人事部门负责组织并会同用人单位来进行，而录用工作主要由用人单位负责进行。

（4）照顾少数民族报考者。这是我国民族区域自治原则的一个具体体现。民族自治地方人民政府和各级人民政府民族事务部门录用国家公务员时，对少数民族报考者应当予以照顾。

4. 国家公务员的考核制度

国家公务员的考核，是指国家行政机关按照管理权限，对公务员的德才表现及履行职责情况，进行定期和不定期的考察和评价，并为公务员的奖惩、职务升降、工资福利等管理提供依据。

国家公务员的考核分为平时考核和定期考核两种，考核内容包括德、能、勤、绩、廉五个方面。德是指一个人的品德修养。在我国，德主要是指公务员的政治素质、思想作风和职业道德。具体地讲，就是看公务员是否认真执行党和国家的政策和法律，是否遵守政治和社会公德，是否关心群众等。能是指一个人的工作能力和素质，包括其组织能力、协调能力、决策能力、指挥能力等，还包括其掌握知识的广度和深度。勤是指一个人的勤奋精神、工作的积极性、纪律性和责任感。绩是指公务员的实际贡献和工作成绩。廉是指为政是否清廉。考核以工作业绩作为重点。

公务员考核的程序是先由个人总结，再由主管领导在听取群众意见的基础上，依据平时考核记录和个人总结写出评语，排出考核等次，经考核委员会或考核小组审核后，由部门负责人确定考核等次。考核结果分为优秀、称职、基本称职和不称职四个等次。

5. 国家公务员的奖惩制度

公务员的奖惩制度是公务员制度的重要内容。公务员奖励，是指国家行政机关对在工作中表现突出、有显著成绩和贡献，或者有其他突出事迹的国家公务员给予奖励。国家对公务员的奖励坚持精神奖励和物质奖励相结合、以精神奖励为主的原则。

对公务员的奖励种类是：嘉奖，记三等功，记二等功，记一等功，授予荣誉称号。荣誉称号主要包括先进公务员称号、优秀公务员称号和模范公务员称号。

惩戒，是指依据法定的条件和程序，对在工作中有过失并造成一定损失的公务员给予行政处分的制度。对有过错的公务员实施纪律处分，目的是使犯错误者吸取教训，使其他人员引以为戒，从而起到规范公务员行为的作用。

公务员的违纪行为主要有：散布有损国家声誉的言论，组织或者参加旨在反对国家的集会、游行、示威等活动；组织或者参加非法组织，组织或者参加罢工；玩忽职守，贻误工作；拒绝执行上级依法做出的决定和命令；压制批评，打击报复；弄虚作假，误导、欺骗领导和公众；贪污、行贿、受贿，利用职务之便为自己或者他人谋取私利；违反财经纪律，浪费国家资财；滥用职权，侵害公民、法人或者其他组织的合法权益；泄露国家秘密或者工作秘密；在对外交往中损害国家荣誉和利益；参与或者支持色情、吸毒、赌博、迷信等活动；违反职业道德、社会公德；从事或者参与营利性活动，在企业或者其他营利性组织中兼任职务；旷工或者因公外出、请假期满无正当理由逾期不归；违反纪律的其他行为。

对公务员的行政处分分为警告、记过、记大过、降级、撤职、开除几种形式。有关条例具体规定了公务员的任免机关做出处分决定的权限和行政监察机关做出纪律处分的权限范围。

6. 国家公务员的职务升降制度

公务员职务的升降是人事行政管理的重要内容，关系到能否公正合理地使优秀称职的公务员晋升到更高层次的工作岗位上来承担更大的责任，也关系到公务员的荣誉、地位以及工资福利待遇，影响到公务员主动性和创造性的有效发挥。同时，把能力与其职位和担负的责任不相符的工作人员调任到其能力所能适应的岗位上，真正做到人尽其才。这是对国家公务员进行科学化管理的重要环节。

公务员职位的晋升，是指公务员所任职务由低级升为高级的情况，如由处长升为副局长。公务员晋升的原则是：(1) 德才兼备，任人唯贤。德是指公务员的政治觉悟、道德品质和思想作风。要求公务员政治觉悟高、道德品质好、思想作风过硬。才是指公务员应具备工作所需和与其职务相称的文化水平、专业技能和工作能力。德、才是统一的、不可分割的。既要视其德也要观其才。在考核公务员德才的基础上，还要任人唯贤，要以国家利益和政府工作为重，把选拔贤能作为领导者的重要责任，而不能任人唯亲、唯派、唯私。(2) 尊重工作实绩。要把德才兼备和在工作中做出确实的工作实绩结合起来考察，使公务人员在其位谋其政，具有远大抱负和敢于负责、认真工作的精神。(3) 职务晋升必须在核定的编制和职数内进行，防止职务晋升中的随意性，避免政府机构出现官多兵少、人浮于事、效率低下的状况。

晋升职务的资格条件主要包括：近几年来的工作考核情况，在现任职位上的任职时间，身体条件，是否符合回避规定条件等。

有关国家公务员降职的规定是：在年度考核中被确定为不称职的，按照规定程序降低一个职务层次任职。

7. 国家公务员的职务任免制度

任职是指有任免权的行政机关根据有关的法律规定和任职条件，通过法定程序决定任用公务员担任某一职务。它既包括经过考试录用已取得公务员资格的公务员，也包括在职公务员在部门内或跨部门的升任、降任和平级转任等。

免职是指有任免权的行政机关根据有关的法律规定和任免条件，通过法定程序免去公务员所担任的某一职务。它包括程序性免职和单纯性免职。

公务员职务任免制度主要有以下类型：

（1）委任制，即有任免权的国家机关或个人按照法定的权限和职责范围直接任命某一职务的制度，如以国务院名义任命某一副部长、某部任命一名司长等。委任制的形式，有时是以某机关的名义，有时是以机关首长的名义。

（2）选任制，即依照法定选举程序和方法选择决定某一职务的制度，如选举政府组成人员中的省长、部长、市长等。

（3）考任制，即通过公开竞争性考试取得公务员资格或职务的制度。

（4）聘任制，是指行政机关通过与公务员签订聘用合同来任用公务员的制度，如有些行政机关聘用专家、学者担任咨询、监督等方面的职务等。我国公务员职务实行选任制和委任制。

8. 国家公务员的培训、交流、回避制度

公务员培训制度，是指国家行政机关为提高公务员的政治理论水平和业务素质而进行的有组织、有计划的培养和训练。公务员培训的原则是学用一致、按需施教、讲求实效。公务员培训的类型有初任培训、资格培训、转任培训、在职轮训。

公务员交流制度，是指国家行政机关根据工作需要，对公务员进行调动，从而实现人尽其才、事尽其功的人事管理的目的。

公务员交流的形式主要有调任、转任和挂职锻炼三种形式。调任，是指国家行政机关以外的工作人员调入国家行政机关担任领导职务或者助理调研员以上领导职务，或者国家公务员调出国家行政机关任职。转任，是指国家公务员因工作需要或者其他正当理由在国家行政机关内部平级调动（包括跨地区、跨部门调动）。挂职锻炼，是指国家行政机关有计划地选派在职国家公务员在一定时间内到基层机关或者企业事业单位担任一定职务。

回避制度是公务员制度中的重要内容，是政府机关廉政建设的基础，也是防止公务人员任人唯亲、结帮营私的重要制度保障。回避的形式主要有：职务回避、公务回避和地区回避。职务回避，又称任职回避，是指国家公务员之间有夫妻关系、直系血亲关系、三代以内旁系血亲以及近姻亲关系的，不得在同一行政机关担任双方直接隶属于同一行政首长的职务或者有直接上下级领导关系的职务，也不得在其中一方担任领导职务的机关从事监察、审计、人事、财务工作。公务回避，是指公务员在执行公务时，其所处理的公务涉及公务员本人或者规定范围内的亲属的利益时，必须回避的制度。地区回避是指原籍回避，即国家公务员不得在其原籍的国家机关担任领导职务。我国实行党政领导干部易地任职的办法。《公务员法》规定，公务员担任乡级机关、县级机关及其有关部门主要领导职务的，应当实行地域回避。

9. 国家公务员的辞职、辞退、申诉、控告制度

辞职，是指公务员根据本人意愿，依照法律规定，辞去现任职务，解除或部分解除其与行政机关关系的法律行为。辞职是公务员的一项权利。公务员辞职应遵循一定的条件限制，《公务员法》规定，公务员有下列情形之一的，不得辞去公职：未满国家规定的最低服务年限的；在涉及国家秘密等特殊职位任职或者离开上述职位不满国家规定的脱密期限的；重要公务尚未处理完毕，且须由本人继续处理的；正在接受审计、纪律审查，或者涉嫌犯罪，司法程序尚未终结的；法律、行政法规规定的其他不得辞去公职的情形。

辞退，是指行政机关依照法定事由，解除行政机关的国家公务员职务关系的一种行政行为。《公务员法》规定，公务员有下列情形之一的，予以辞退：在年度考核中，连续两年被确定为不称职的；不胜任现职工作，又不接受其他安排的；因所在机关调整、撤销、合并或者缩减编制员额需要调整工作，本人拒绝合理安排的；不履行公务员义务，不遵守公务员纪律，经教育仍无转变，不适合继续在机关工作，又不宜给予开除处分的；旷工或者因公外出、请假期满无正当理由逾期不归连续超过15天，或者一年内累计超过30天的。

申诉、控告是公务员的一种权利保障机制，也是对国家机关的一种监督、制约机制。《公务员法》规定，公务员对涉及本人的下列人事处理不服的，可以自知道该人事处理之日起30日内向原处理机关申请复核；对复核结果不服的，可以自接到复核决定之日起15日内，按照规定向同级公务员主管部门或者做出该人事处理的机关的上一级机关提出申诉；也可以不经复核，自知道该人事处理之日起30日内直接提出申诉。行政机关公务员对处分不服向行政监察机关申诉的，按照《行政监察法》的规定办理。原处理机关应当自接到复核申请书后的30日内做出复核决定。受理公务员申诉的机关应当自受理之日起60日内做出处理决定；案情复杂的，可以适当延长，但是延长时间不得超过30日。同时还规定，公务员认为机关及其领导人员侵犯其合法权益的，可以依法向上级机关或者有关的专门机关提出控告。受理控告的机关应当按照规定及时处理。

10. 国家公务员的工资、福利、保险与退休制度

工资、福利、保险制度，是为满足国家公务员的生活必需，帮助解决其生活中的困难以及维持其工作能力等而建立的劳动报酬、物质保障制度，也是公务员基本权利的重要内容之一。国家公务员工资制度贯彻按劳分配的原则，其工资主要由基本工资、津贴、补贴和奖金构成。《公务员法》规定，公务员的工资水平应当与国民经济发展相协调、与社会进步相适应。国家实行工资调查制度，定期进行公务员和企业相当人员工资水平的调查比较，并将工资调查比较结果作为调整公务员工资水平的依据。《公务员法》还规定，公务员按照国家规定享受保险和福利待遇。

公务员退休制度的确立有利于公务员队伍的新陈代谢，以制度的形式避免了领导职务的终身制，从而有利于保持公务员队伍的生机与活力。《公务员法》规定，公务员达到国家规定的退休年龄或者完全丧失工作能力的，应当退休。公务员符合下列条件之一的，本人自愿提出申请，经任免机关批准，可以提前退休：工作年限满三十年的；距国家规定的退休年龄不足五年，且工作年限满二十年的；符合国家规定的可以提前退休的其他情形的。公务员退休后，享受国家规定的退休金和其他待遇，国家为其生活和健康提供必要的服务和帮助，鼓励发挥个人专长，参与社会发展。

8.3 公务员管理制度的进一步完善

党的十八大以来，健全公务员管理政策法规体系，完善公务员制度，着力打造一支信念坚定、为民服务、勤政务实、敢于担当、清正廉洁的公务员队伍，是公务员管理制度的主要目标。公务员管理工作要牢固树立和贯彻落实五大发展理念，坚持党管干部原则，把握从严从实主基调，以坚定理想信念为根本，以制度改革创新和队伍能力提升为重点，建立更加成熟更加定型的公务员制度体系，健全有效管用的公务员管理机制，大幅提升公务员队伍整体素质，为夺取全面建成小康社会伟大胜利提供有力的组织保证和人才支持。

8.3.1 深化公务员分类和管理制度

为了完善公务员职位分类，建立符合专业技术类公务员特点的管理制度，提高管理效能和科学化水平，建设高素质专业化公务员队伍，深化公务员分类和管理，我国出台了《专业技术类公务员管理规定（试行）》和《行政执法类公务员管理规定（试行）》。

专业技术类公务员，是指专门从事专业技术工作，为机关履行职责提供技术支持和保障的公务员，其职责具有强技术性、低替代性。

行政执法类公务员，是指依照法律、法规对行政相对人直接履行行政许可、行政处罚、行政强制、行政征收、行政收费、行政检查等执法职责的公务员，其职责具有执行性、强制性。

我国对专业技术类和行政执法类公务员分别制定了职位设置、职务升降等方面的规定。两类公务员设置 11 层次，对应公务员相关级别。其中，专业技术类公务员职务，从专业技术员到一级总监对应公务员 26 级到 8 级；行政执法类公务员职务，从二级行政执法员到督办对应公务员 27 级到 10 级。

8.3.2 完善聘任制公务员制度

聘任制公务员是指机关在规定的编制限额和工资经费限额内，经中央或省级公务员主管部门批准，以合同形式聘任依法履行公职、由国家财政负担工资福利的工作人员，是公务员选任方式的一种创新。

机关根据工作需要，可以对专业性较强的职位和辅助性职位实行聘任制。机关聘任公务员应当面向社会公开招聘。公开招聘应当采取考试与考察相结合的方法进行。公开招聘考试内容包括招聘职位所需的专业知识和工作技能等；考察内容主要包括应聘人员的政治思想、道德品质、能力素质、学习和工作表现、工作业绩、遵纪守法、廉洁自律以及是否需要回避等方面的情况。机关聘任公务员，应当按照双方自愿、协商一致的原则，签订书面的聘任合同，确定机关与所聘公务员双方的权利和义务。

同时，需要逐步推进地市以上机关建立公务员职务与职级并行制度。

8.3.3　健全公务员考试录用制度

（1）出台《公务员考试录用违纪违规行为处理办法》。

规范公务员考试录用违纪违规行为的认定与处理，严肃考试纪律，确保考试录用工作公平、公正，规范对报考者和工作人员在公务员考试录用中违纪违规行为的认定与处理。

（2）修订《公务员录用体检通用标准（试行）》及《公务员录用体检操作手册（试行）》。

修订《公务员录用体检操作手册（试行）》“关于肝炎”“甲状腺肿大的分度”“血清 ALT 高于参考值上限”“体检项目及操作规程”“偶发良性早搏”等内容。

（3）出台《新录用公务员试用期管理办法（试行）》。

新录用公务员，是指按照《公务员录用规定（试行）》被录用到机关工作，且在试用期内的人员。

招录机关应当加强对新录用公务员的培养教育。新录用公务员试用期满，应当对其德、能、勤、绩、廉进行全面考核。新录用公务员试用期满考核不合格的，取消录用。新录用公务员应当安排在录用职位工作，一般不调整岗位，不得借调到其他单位工作，不得参加规定以外的离职学习。

（4）印发《公务员录用面试组织管理办法（试行）》。

该办法适用于各级机关考试录用主任科员以下及其他相当职务层次的非领导职务公务员的面试工作。该办法需对面试试题命制工作、面试考官的资格、面试室的设置管理等提出明确要求，还需对面试工作人员、面试考生、面试实施、安全与保密和纪律与监督等提出具体要求。

（5）加强公务员考试测评基地建设。

为完善新形势下公务员考试录用工作，需加快建立公务员考试测评基地。其目的是顺应主管部门和考生对固定面试场所的需求；依托固定场地可建立一套考试测评全程视音频监控、存储及检索系统，有利于考试的公开和公平；充分利用各项资源，在考试保密、安全等环节上得到更大保障，进一步提高公务员录用考试信息化水平。

8.3.4　完善公务员公开遴选制度

公开遴选，是指市（地）级以上机关从下级机关公开择优选拔任用内设机构公务员。公开遴选是公务员转任方式之一。

公开遴选坚持德才兼备、以德为先，坚持民主、公开、竞争、择优，坚持能力素质与职位要求相适应，坚持考试与考察相结合。公开遴选必须在规定的编制限额和职数内进行，并有相应的职位空缺。公开遴选报名一般采取个人意愿与组织推荐相结合的方式。考试采取分级分类的方式，根据职务层次和职位类别进行。公开遴选采取差额考察的办法。考察对象根据考试综合成绩由高到低的顺序，按照公告规定的比例确定。公开遴选工作中存在应当回避情形的，按照有关规定执行。

8.3.5 加强公务员职业道德建设

公务员职业道德是公务员职业活动的行为准则和规范，是公务员政治信仰、工作宗旨、职业理念和道德品质的具体体现，对引导和规范其正确履职尽责具有重要作用。

要建立健全公务员职业道德行为规范，完善公务员职业道德建设体制机制。中国特色公务员职业道德的主要内容是“坚定信念、忠于国家、服务人民、恪尽职守、依法办事、公正廉洁”。要深化争做人民满意公务员活动，组织开展全国“人民满意公务员”和“人民满意公务员集体”评选表彰活动。要明确公务员职业准入的道德标准，健全报考诚信约束机制，建立公务员职业道德行为规范，推进公务员诚信建设，落实宪法宣誓制度，加强对公务员职业道德的考核评价和监督问责。

8.3.6 健全公务员培训制度

深入开展培训工作，着力解决重复培训和多年不训问题，重点加强对基层公务员的培训力度，统筹推进培训工作，促进不同地域、不同部门、不同培训类别和不同层级公务员培训全面均衡发展，保障公务员接受培训的权利。新录用公务员全员参加初任培训，任职培训制度基本落实，乡镇、街道和公共服务部门基层公务员培训一遍，全国公务员培训管理者培训一遍。近年来，国家出台了很多文件，以健全公务员培训制度，具体见表 8-1。

培训的要求如下：以规范化、科学化为目标，坚持抓好初任、任职、专门业务和在职培训；围绕推进区域协调发展，进一步搞好对口培训；着力抓好基层公务员培训；健全培训激励约束机制；加强培训基础建设；加强培训经费管理；加强培训管理者队伍建设；加强培训监督管理。

表 8-1　　近年出台的各项规定

发布日期	文件名称
2010 年 3 月	《关于修订〈公务员录用体检通用标准（试行）〉及〈公务员录用体检操作手册（试行）〉的通知》
2011 年 1 月	《聘任制公务员管理试点办法》
2011 年 3 月	《2011—2015 年行政机关公务员培训纲要》
2011 年 5 月	《新录用公务员试用期管理办法（试行）》
2013 年 5 月	《公务员公开遴选办法（试行）》
2014 年 1 月	《党政领导干部选拔任用工作条例》
2015 年 11 月	《公务员录用面试组织管理办法（试行）》
2016 年 7 月	《关于推进公务员职业道德建设工程的意见》
2016 年 7 月	《专业技术类公务员管理规定（试行）》和《行政执法类公务员管理规定（试行）》
2016 年 8 月	《公务员考试录用违纪违规行为处理办法》

第9章 当代中国行政法制

9.1 中国的行政法

1981年，五届全国人大四次会议通过的《政府工作报告》中第一次使用了“行政法规”这一名称，强调指出了行政立法在国家管理中的重大作用。1982年的《宪法》明确规定了中国行政法的法源体系。《宪法》还规定，国务院可以根据宪法和法律，规定行政措施，制定行政法规，发布决定和命令。这样，就确立了行政法规在整个国家法律体系中的地位和作用。1999年3月15日，九届全国人大二次会议通过的《宪法修正案》第13条规定，“宪法第五条增加一款，作为第一款，规定：‘中华人民共和国实行依法治国，建设社会主义法治国家。’”

9.1.1 中国行政法调整的对象

1. 中国行政法关系

中国行政法关系是指中国政府在行政过程中所发生的各种社会关系，是中国行政法调整的对象，也称行政法律关系。

在中国行政法关系中，最主要的当事人是国家行政机关。按照有关行政法规的规定，享有某些权利或承担某种义务的其他国家机关、企业事业单位、社会团体也可以成为行政法关系一方的当事人。有权利能力和行为能力的公民也是行政法关系的当事人。

以上五类行政法关系的当事人大体形成这样几种行政法关系：国家行政机关之间，行政机关与其他国家机关之间，国家行政机关与企业事业单位之间，国家行政机关与社会团体之间，国家行政机关与公民之间。

2. 中国行政法关系的内容

中国行政法关系的内容，也就是行政法所规定的权利和义务，可以大致归纳如下：

(1) 国家行政机关的权利与义务。国家行政机关的权利有：组织与管理，强制与处罚，委托与监督。国家行政机关的主要义务有：执行，服务，不断提高与最大限度地满足人民的物质与文化生活要求，保卫国家与保护人民，纠正不当的和违法的行政行为。

(2) 企事业单位和社会团体的权利与义务。企事业单位和社会团体的权利主要有：独立自主管理内部事务，合法权益受保护，参与国家管理，监督行政机关等。企事业单位和社会团体的主要义务有：遵纪守法，接受委托代理执行，违法后受处罚，完成国家计划等。

(3) 公民的权利与义务。公民的权利主要有：合法权益受保护，参与国家管理，监督行政机关等。公民的主要义务有：遵守行政法规，接受委托代理执行，违法后受处罚等。

中国行政法关系产生的主要根源是行政机关的行政行为。行政法关系的变更包括行政法关系当事人的变更和行政法关系内容的变更。行政法关系的消灭包括当事人的消灭和行政法关系内容的消灭。

9.1.2 中国行政法规范的内容

从我国颁布的具有行政法规范性质的法律文件来看，我国行政法规范的主要内容有以下几种：

(1) 有关国家行政机关的组织、任务和职权范围的。

(2) 有关政府工作人员的任免、提拔、培养、考核、奖惩、监督、退职退休的。

(3) 有关政府的行政活动原则、工作方式、方法与程序的。

(4) 有关行政活动范围内国家行政机关、其他国家机关、企业事业单位、社会团体和公民的权利与义务的。

(5) 有关行政司法包括行政调解、复议、仲裁与诉讼等的。

9.1.3 中国行政法的法源

中国的行政法由各种含有行政法规范性内容的法律文件和法规组成，通常有两种情况：一是行政法规范比较分散地存在于其他一些法律文件之中；二是行政法规范比较集中地体现在一个独立的法规之中。中国的行政法是成文法。

根据《宪法》规定的原则，中国的行政法来源于以下法律形式，并由这些法律形式所组成：

(1) 宪法。这是中国行政法的基本法源。《宪法》中有许多章节条款具有行政法规范的性质，也是行政法的依据。例如，《宪法》序言中规定的四项基本原则，总纲中规定的国家机构实行民主集中制原则、社会主义法制原则等，第三章“国家机构”中集中规定了各级人民政府和国家的主要行政机关的组织机构、工作权限和活动的基本原则等。

(2) 法律。《宪法》规定，全国人民代表大会及其常务委员会有权制定法律。法律包括仅次于宪法的国家基本法律和次于基本法律的法律。《宪法》第 62 条规定，全国人民代表大会有权“制定和修改刑事、民事、国家机构的和其他的基本法律”；第 67 条规定，全国人民代表大会常务委员会有权“制定和修改除应当由全国人民代表大会制定的法律以外的其他法律”。

（3）行政法规、决定、命令和规章。《宪法》第 89 条规定，国务院有权“根据宪法和法律，规定行政措施，制定行政法规，发布决定和命令”。第 90 条规定，国务院“各部、各委员会根据法律和国务院的行政法规、决定、命令，在本部门的权限内，发布命令、指示和规章”。行政法规和规章是国务院和各部委进行行政活动的主要手段，也是行政法最主要、最大量的法源。

（4）地方性法规和规章。《宪法》第 100 条规定：“省、直辖市的人民代表大会和它们的常务委员会，在不同宪法、法律、行政法规相抵触的前提下，可以制定地方性法规，报全国人民代表大会常务委员会备案。”《地方各级人民代表大会和地方各级人民政府组织法》规定：省、自治区、直辖市以及省、自治区的人民政府所在地的市和经国务院批准的较大的市的人民政府，还可以根据法律和国务院的行政法规，制定规章。地方性法规和规章多数是有关政府行政的，也是行政法的法源。

（5）自治条例和单行条例。《宪法》第 116 条规定：“民族自治地方的人民代表大会有权依照当地民族的政治、经济和文化的特点，制定自治条例和单行条例。自治区的自治条例和单行条例，报全国人民代表大会常务委员会批准后生效。自治州、自治县的自治条例和单行条例，报省或者自治区的人民代表大会常务委员会批准后生效，并报全国人民代表大会常务委员会备案。”

（6）与行政法有关的解释。1981 年 6 月 10 日，第五届全国人民代表大会常务委员会第十九次会议通过的《关于加强法律解释工作的决议》规定，除由最高人民法院和最高人民检察院进行司法解释外，有三种解释与行政法有关，它们是立法解释、行政解释和地方解释。根据该决议的规定：立法解释是指“凡关于法律、法令条文本身需要进一步明确界限或作补充规定的，由全国人民代表大会常务委员会进行解释或用法令加以规定”；行政解释是指“不属于审判和检察工作中的其他法律、法令如何具体应用的问题，由国务院及主管部门进行解释”；地方解释是指“凡属于地方性法规条文本身需要进一步明确界限或作补充规定的，由制定法规的省、自治区、直辖市人民代表大会常务委员会进行解释或作出规定。凡属于地方性法规如何具体应用的问题，由省、自治区、直辖市人民政府主管部门进行解释”。这些解释与法律、行政法规、地方性法规具有同等的法律效力，其中有关政府行政的部分同样是行政法的法源。

（7）条约。与中国公民的权利义务相关的、由全国人民代表大会常务委员会决定同外国缔结的条约和重要协定，国务院按职权规定管理对外事务过程中同外国缔结的条约和协定，与法律、行政法规等具有同等的法律效力，也是行政法的法源。

（8）中国共产党和国家行政机关联合发布的行政法规和规章。

（9）国家行政机关与群众团体联合发布的行政法规和规章。

（10）经济特区的行政管理法规以及较大的市和县以上的政权机关，为了贯彻执行宪法、法律、行政法规以及上级的决定、命令、指示或决议，在其职权范围内发布的具有行政法规范性质的文件，也都是中国行政法的法源。

9.2 中国政府法制工作

9.2.1 中国政府法制工作

1987年4月，在国务院召开的全国政府法制工作会议上，第一次正式提出了“政府法制工作”这个概念。

中国的政府法制工作，是中国各级政府在管理国家政治、经济和社会事务活动中，依照法定职权进行的立法、执法和对立法、执法实施监督的工作。

中国的政府法制工作主要包括两个方面的内容：一是政府如何运用法律手段管理国家行政事务；二是政府如何运用法律手段规范自身行为。

9.2.2 中国政府法制工作组织

中国政府法制工作在政府中的组织包括四个层次：公安、司法行政部门；工商行政、财政、税务、物价、海关、审计等执法、监督部门；其他专业综合职能部门；政府法制工作部门。

中国政府法制工作部门，在新中国成立初期有中央人民政府法制委员会，1954年成立了国务院法制局，1955年4月后，各级政府设立了法律室，1959年后法制工作机构逐渐被撤销。1980年5月成立了国务院办公厅法制局，1981年7月成立了国务院经济法规研究中心，1986年4月二者合并成立了国务院法制局，作为国务院的一个直属机构，全面负责国务院的法制行政工作，对国务院各部门的法制工作通盘考虑、综合研究、组织协调、具体指导。各级人民政府（县级以上）也相应成立了法制局，单独作为政府的一个直属工作部门。有的地方政府的法制工作机构与政府办公室合署办公，一套班子、两块牌子；有的是把政府法制工作机构设在政府办公室内，作为政府办公室的一个处（科）。地方政府法制工作部门内部一般设有如下机构：立法业务机构、行政执法监督检查机构、行政复议机构、综合研究机构。1998年3月，九届全国人大一次会议决定，国务院法制局改为国务院法制办公室。

政府法制工作机构既是本级人民政府的办事机构，也是综合性的职能部门，其基本任务和职责是：

（1）行政立法。具体包括：编制立法计划；组织、指导立法计划的实施；审查、协调和修改各部门、各单位上报的法规、规章和具有普遍约束力的决定、命令草案；组织清理行政规章和具有普遍约束力的决定、命令，并进行编纂和汇编；负责本级政府行政规章或具有普遍约束力的决定、命令的解释工作。

（2）行政执法监督。具体内容包括：研究法律、法规、规章和具有普遍约束力的决定、命令执行中的问题，并提出可行性建议；监督检查法律、法规、规章和具有普遍约束力的决定、命令的执行情况；负责所属各工作部门和下级政府制定的规章和规范性文件的备案审查工作。

（3）承担行政复议和受本级政府的委托承担行政诉讼案件的应诉工作，并指导下级人民政府和本级人民政府所属各工作部门搞好行政诉讼案件的应诉工作。

（4）为本级政府提供法律咨询服务。包括培训法制干部，开展法制宣传，承办本级人民政府交办的有关政府法律建设的其他工作。

9.3　中国的行政立法

1982 年的《宪法》和《地方各级人民代表大会和地方各级人民政府组织法》开始对我国的立法权进行了划分，正式承认行政机关享有一定的立法权限。按照这两个法律的规定，我国目前享有行政立法权的行政机关有：国务院，国务院各部委，省级人民政府，省、自治区人民政府所在地的市的人民政府，经国务院批准的较大的市的人民政府。

9.3.1　中国的行政立法权限

中国的行政立法在体制上与中国的两级多层立法体制是一致的。中央一级包括国务院依法享有的行政立法权限和国务院各部门依法享有的行政立法权限两个层次。地方一级包括省级人民政府依法享有的行政立法权限和省、自治区人民政府所在地的市以及经国务院批准的较大的市的人民政府依法享有的行政立法权限。中央一级的行政立法所调整的是全国性的、普遍性的社会关系。地方一级的行政立法，一方面要将中央的行政立法的规定具体化，另一方面也可以制定地方性法规、规章调整地区性的具体社会关系。

在中国的行政立法体制下，行政立法权限划分如下：

1. 国务院的立法权限

国务院享有的立法权限主要有两大部分：一部分是《宪法》和《国务院组织法》明确规定享有的法定立法权限；另一部分是全国人民代表大会授予它的立法权。

国务院享有的具体立法权限是：

（1）提出立法议案。《宪法》第 89 条规定，国务院有权“向全国人民代表大会或者全国人民代表大会常务委员会提出议案”。

（2）审查地方性法规和行政规章（包括部门规章和地方政府规章）。根据 1990 年国务院发布的《法规、规章备案规定》等有关法律规定，地方性法规、部门规章和地方性规章必须向国务院备案，由国务院审查。对地方性法规，国务院要审查其是否与国务院规定的行政措施、制定的行政法规、发布的决定和命令相抵触，如果发现有抵触情况，国务院可告知制定机关自行修改或废止，或者提请全国人民代表大会予以撤销。国务院对行政规章要进行全面审查，如果发现部门规章同法律和行政法规相抵触，地方性规章同法律、行政法规和地方性法规相抵触，国务院要予以撤销或改变。

（3）制定行政法规。《宪法》第 89 条规定，国务院“根据宪法和法律，规定行政措施，制定行政法规，发布决定和命令”。行政法规是国务院为领导和管理国家各项行政工作，根据宪法和法律的规定制定的政治、经济、教育、科技、文化、外事等各类法规的总称。《行政法规制定程序条例》第 4 条规定：“行政法规的名称一般称‘条例’，也可以称‘规定’、‘办法’等。”

（4）授权立法。在特殊情况下，国务院经全国人民代表大会及其常务委员会授权，可以就全国人民代表大会及其常务委员会管辖的事务立法。这种立法权的行使不以法律为根据，但必须以宪法为依据，既可以单项授权，也可以综合授权。1985 年，六届全国人大三次会议决定，授权国务院对于有关经济体制改革和对外开放方面的问题，必要时可以根据宪法，在同有关法律和全国人民代表大会及其常务委员会的有关决定的基本原则不相抵触的前提下，制定暂行的规定或者条例，颁布实施，并报全国人民代表大会常务委员会备案。经过实践检验，条件成熟时，由全国人民代表大会或者全国人民代表大会常务委员会制定法律。

2. 国务院各部门的立法权限

《宪法》第 90 条规定：“各部、各委员会根据法律和国务院的行政法规、决定、命令，在本部门的权限内，发布命令、指示和规章。”《国务院组织法》第 10 条规定：“根据法律和国务院的规定，主管部、委员会可以在本部门的权限内发布命令、指示和规章。”此外，《行政法规制定程序条例》第 9 条还规定国务院各部门可以起草行政法规草案：“对列入国务院年度立法工作计划的行政法规项目，承担起草任务的部门应当抓紧工作，按照要求上报国务院。”

国务院各部门制定的具体执行法律的规章称为实施细则和实施办法，在本部门职责范围内制定的规章称为办法、规则、规程、规定等。

3. 地方政府的立法权限

地方政府立法权最重要的内容是地方性规章的制定权。地方性规章的制定权主体有三类：省、自治区、直辖市政府；省、自治区人民政府所在地的市的人民政府；国务院批准的较大的市的人民政府。《地方各级人民代表大会和地方各级人民政府组织法》规定：省、自治区、直辖市以及省、自治区的人民政府所在地的市和经国务院批准的较大的市的人民政府，还可以根据法律和国务院的行政法规，制定规章。三类地方性规章的制定权主体制定的地方性规章在等级效力上有差异，上级政府有权撤销或改变下级政府制定的规章。

《宪法》第 100 条规定：“省、直辖市的人民代表大会和它们的常务委员会，在不同宪法、法律、行政法规相抵触的前提下，可以制定地方性法规，报全国人民代表大会常务委员会备案。”但对于地方性法规和地方性规章在内容范围上如何划分，法律没有规定。在实践中，一般做如下划分：

（1）法律需要具体化的，制定地方性法规；行政法规需要具体化的，制定规章。

（2）涉及司法活动的，制定地方性法规；调整行政机关自身活动的，制定规章。

（3）法律和行政法规未做规定，需要创设新的实体上的权利和义务的，制定地方性法规；不创设新的实体上的权利和义务的，制定规章。

（4）本行政区域内的政治、经济、文化等方面的重大事项，由地方性法规规定；其他事项，由规章规定。

2015 年 3 月 15 日全国人大修订的《立法法》，赋予全国所有 284 个设区的市地方立法权。

9.3.2　中国的行政立法程序

中国的行政立法程序在法律上的规定目前主要有 2001 年 11 月 16 日国务院发布的《行政法规制定程序条例》和 2001 年 12 月 14 日发布的《法规规章备案条例》等。根据这些规定，中国的行政立法程序一般包括以下几个阶段：

1. 编制立法计划

国务院及国务院各部门的立法计划在 1998 年前由国务院法制局负责编制，1998 年后由国务院法制办公室负责编制，由国务院审议确定。2001 年后由国务院于每年年初编制本年度的立法工作计划。

2. 起草法律、法规

法律、行政法规和部门规章一般由国务院组织起草，具体由国务院各部门负责起草，或由主管部门单独起草，或由几个相关部门联合起草，或由国务院法制机构组织有关部门起草。地方性法规和规章的起草与此类似。定稿后上报国务院的法律草案和行政法规草案要符合《行政法规制定程序条例》的有关规定："起草行政法规，应当深入调查研究，总结实践经验，广泛听取有关机关、组织和公民的意见。听取意见可以采取召开座谈会、论证会、听证会等多种形式。""起草部门应当就涉及其他部门的职责或者与其他部门关系紧密的规定，与有关部门协商一致；经过充分协商不能取得一致意见的，应当在上报行政法规草案送审稿时说明情况和理由。""起草部门应当对涉及有关管理体制、方针政策等需要国务院决策的重大问题提出解决方案，报国务院决定。"地方性法规和规章的情况也与此相似。

3. 审查和审议

报送国务院的法律草案或行政法规草案，由国务院法制机构负责审查。国务院法制机构审查完毕，认为可行的，即提请国务院进行正式审议。国务院通常召开常务会议审议法律草案或行政法规草案。对调整范围单一、各方面意见一致或者依据法律制定的配套行政法规草案，可以采取传批方式，由国务院法制机构直接提请国务院审批。地方性法规草案和地方性规章在政府所属部门起草报政府后，由地方政府法制部门审查，之后提交政府审议通过。

4. 发布

在 1988 年 6 月以前，行政法规审议通过后以国务院文件下发。1988 年 5 月 31 日，国务院办公厅颁发了《关于改进行政法规发布工作的通知》，通知规定："国务院发布行政法规，由国务院总理签署发布令；经国务院批准，部门（含部、委、行、署、直属机构、国家局）发布行政法规，由部门主要领导人签署发布令。""发布行政法规的令，包括发布机关、序号、法规名称、通过或者批准日期、发布日期、生效日期和签署人等项内容。""经国务院总理签署公开发布的行政法规，由新华社发稿，《国务院公报》、《人民日报》应当全文刊载，国务院不另行文，国务院各部门、地方各级人民政府及其所属机构都应遵照执行。国务院办公厅印发少量文本，供各省、自治区、直辖市人民政府和国务院各部委、各直属机构存档备查。"《行政法规制定程序条例》规定，由总理签署国务院令公布施行，并载明施行日期。行政法规签署公布后，及时在国务院公报和在全国范围内发行的报纸上刊登。国务院法制机构应当及时汇编出版行政法规的国家正式版本。在国务院公报上刊登的行政法规文本为标准文本。部门规章和地方性规章的发布也与行政法规的发布形式类似，由部长、省长、市长等签署部长令、省长令、市长令等发布。

5. 备案

行政法规都需要备案。《行政法规制定程序条例》第 30 条规定：“行政法规在公布后的 30 日内由国务院办公厅报全国人民代表大会常务委员会备案。”1987 年 5 月 25 日颁布的《全国人民代表大会常务委员会办公厅、国务院办公厅关于地方性法规备案工作的通知》规定：“地方性法规、自治条例和单行条例应于批准之日起的 30 日内，将法规文本、说明、备案报告等有关材料分别报送全国人大常委会和国务院各一式 15 份。”

《立法法》第 98 条规定：行政法规报全国人民代表大会常务委员会备案；部门规章和地方政府规章报国务院备案；地方政府规章应当同时报本级人民代表大会常务委员会备案；设区的市、自治州的人民政府制定的规章应当同时报省、自治区的人民代表大会常务委员会和人民政府备案。

9.3.3 中国的行政立法解释和行政立法监督

1. 行政立法的解释

《行政法规制定程序条例》第 31 条规定：“行政法规条文本身需要进一步明确界限或者作出补充规定的，由国务院解释。”

2. 行政立法的监督

从实践看，我国的行政立法主要有职权立法、授权立法、执行性立法、创制性立法、中央行政立法和地方行政立法几类。国家权力机关有权依法对这些行政立法活动进行监督。

（1）对职权立法的监督。职权立法，是指行政机关依据《宪法》《国务院组织法》《地方组织法》规定的职权，制定行政法规和行政规章的活动。行政机关职权立法不能超越法律规定的职权范围，权力机关一经发现越权立法，可以宣布无效。

（2）对授权立法的监督。权力机关通过事前审查以防止行政机关任意扩大立法范围，避免授权立法与宪法、法律相抵触，否则可令其修正或撤销。

（3）对执行性立法的监督。执行性立法是行政机关为执行权力机关制定的法律、法规而制定实施条例、实施细则、实施办法等行政法规和规章的活动。没有特定的法律依据，行政机关不能任意进行执行性立法。权力机关如发现这些执行性行政法规或规章与宪法、法律相抵触，可以宣布撤销。

（4）对创制性立法的监督。与对授权立法的监督情况相同。

（5）对中央行政立法的监督。中央行政立法是指国务院和国务院各部门的立法活动。权力机关对这种立法活动的监督主要采取事后监督的形式，要求国务院和国务院各部门严格执行法规、规章备案制度，并对这些法规、规章进行严格审查。

（6）对地方行政立法的监督。地方行政立法是指地方政府的立法活动。地方权力机关有权撤销同级人民政府制定的同法律、行政法规和地方性法规相抵触的地方规章。全国人民代表大会常务委员会有权撤销地方性法规。

除了权力机关对行政立法的监督外，上级国家行政机关对下级国家行政机关制定规章的活动有权实施监督。这种监督的方式主要是对规章的备案监督。经过备案审查，发现问题时，可以做如下处理：（1）规章同法律、行政法规相抵触或违背的，由国务院予以撤销、改变或责令改正。（2）地方人民政府规章同国务院部门规章或者国务院部门规章相互之间有矛盾的，由国务院法制机构进行协调；经协调不能取得一致意见的，由国务院法制机构提出意见，报国务院决定。（3）规章在制定程序及技术上的问题，由国务院法制机构提出处理意见，并转告原报机关处理。

9.4　中国的行政执法

中国的行政执法，是中国国家行政机关或其他依法享有行政职权的组织，依照有关法律、法规的规定，对具体事件或特定对象所采取的直接影响其权利义务或对其权利义务的行使和履行情况直接进行监督检查并产生法律效果的具体行政行为。

中国的行政执法在法律上尚缺乏系统全面的规定，主要由一些具体法规规定。

9.4.1　中国的行政执法主体

根据有关法律规定和行政执法实践，中国的行政执法主体主要有以下几种类型：

1. 国家行政机关

这是中国最主要的行政执法机关。中国的《宪法》《国务院组织法》《地方组织法》原则上规定了国家行政机关是行政执法机关，许多法律、法规还明确规定某一个行政机关为执法机关。这些作为行政执法机关的行政机关，只包括政府职能部门，政府办事部门和监督机构不能成为行政执法的主体。

2. 法律、法规或规章授权的机关或组织

这些机关和组织在性质上并不是行政机关，但以下两方面的情形使这些机关和组织成为行政执法主体：一是法律、法规或规章明确授权某些机关或组织行使行政执法权；二是由法律、法规或规章直接授权行政机关的下属职能机构行使行政执法权。前者如烟草公司，后者如动植物检疫机构、卫生检疫机构、物价检查机构、城市监察管理大队等。

3. 经行政机关指定的机关或组织

这包括两种情况：一是行政执法机关指定其下属的职能部门进行执法活动，一般是由于处理和认定违法行为需要有一定的技术力量和技术数据，行政机关因此而指定有一定设备和技术力量的职能部门行使执法权，如环境监测站、药品检验所、计量检验所等。二是由上级行政机关指定具有专门权限的行政机关执法。

4. 受行政委托的机关或组织

受委托的组织必须以委托的行政机关的名义活动，它们之间是一种委托代理关系，执法的法律后果由委托的行政机关承担。行政委托的成立一般要具备这样一些条件：（1）受委托对象必须是具备一定条件的合法主体；（2）被委托的事项应只限于有关群众性、社会性行政事务的管理；（3）行政机关在行使某些行政执法权时确有诸多不便；（4）委托的行政执法行为只能是违法程度较轻、处理决定影响不会太大的行为。

5. 地方政府根据实际需要设立的行政执法队伍

这类执法队伍包括城市管理监察大队、市容卫生监察队、市容卫生检查员等。

合法的行政执法主体，在行政执法中不能与非行政机关、无行政管理权的组织共同签署处罚决定。数个行政执法机关共同执法对某一事项做出处罚时，各行政执法机关必须对所处理的事项都有行政执法权，不在自己法定行政执法权范围内的行政执法机关，不应参与签署，也不宜用诸如“联合执法队”的名义出面处理。

9.4.2 中国行政执法的依据

行政执法机关实施行政执法行为并使之成立，主要依据两个方面：

（1）法律依据。具体包括：全国人民代表大会及其常务委员会制定颁布的法律；国务院制定发布的行政法规；国务院各部委制定发布的行政规章；省级人民代表大会及其常务委员会制定发布的地方性法规；省级人民政府、省会所在市、经国务院批准的较大的市的人民政府发布的行政规章；等等。执法活动中要注意把握这些法律的效力范围和效力等级。

（2）事实依据。行政执法所依据的事实要件，一般由法律、法规和规章来规定。有关违法行为的事实要件包括：违法行为的构成要件；有关颁发许可证的条件及申请人的条件等；相对人的合法权益是否受到损害及损害程度，与行政执法行为有无因果关系的事实。行政执法机关的行政执法行为所依据的事实必须清楚，并应有相应的证据证明。

9.4.3 中国行政执法的手段

行政执法手段是国家行政执法机关为保证法律、法规和规章在现实生活中实施所采取的手段和方法。这些手段主要有：

1. 行政措施

中国宪法和法律规定行政机关可以采取行政措施。《宪法》第 89 条规定，国务院有权“根据宪法和法律，规定行政措施，制定行政法规，发布决定和命令”。《地方各级人民代表大会和地方各级人民政府组织法》规定，县级以上的地方各级人民政府“执行本级人民代表大会及其常务委员会的决议，以及上级国家行政机关的决定和命令，规定行政措施，发布决定和命令”。按照以上规定及有关法律规定，行政措施是根据宪法、法律和行政法规、地方性法规、规章等的规定，为了执行这些法律、法规、规章而采取的行政执法行为。

在两种情况下行政机关可以采取行政措施：（1）在宪法和法律规定的行政机关的职责范围内行政机关可以决定和采取某些具体行政措施；（2）法律、法规已经对当事人的权利和义务做出了规定，但要使当事人享有这种权利或承担这种义务，需要行政机关采取具体行政措施。

行政措施的表现方式主要有命令、指示、审批、批准、拒绝、许可、免除、赋予、剥夺、代理、批转、请示、批复、通知、证明、确认、受理、调查、咨询等。

已经生效的行政措施，因发现违法或不当时，有权机关可以将其撤销；不宜继续存在的，可以用另一行政措施废止原措施；发现其部分不当或违法时，可对其加以变更。

2. 行政强制

根据 2011 年 6 月 30 日第十一届全国人民代表大会常务委员会第二十一次会议通过、2012 年 1 月 1 日起施行的《行政强制法》的规定，行政强制包括行政强制措施和行政强制执行。

行政强制措施，是指行政机关在行政管理过程中，为制止违法行为、防止证据损毁、避免危害发生、控制危险扩大等情形，依法对公民的人身自由实施暂时性限制，或者对公民、法人或者其他组织的财物实施暂时性控制的行为。行政强制措施由法律设定，法律、法规以外的其他规范性文件不得设定行政强制措施。行政强制措施的种类有：限制公民人身自由；查封场所、设施或者财物；扣押财物；冻结存款、汇款；其他行政强制措施。

行政强制执行，是指行政机关或者行政机关申请人民法院，对不履行行政决定的公民、法人或者其他组织，依法强制履行义务的行为。行政强制执行由法律设定。法律没有规定行政机关强制执行的，做出行政决定的行政机关应当申请人民法院强制执行。行政强制执行的方式包括：加处罚款或者滞纳金；划拨存款、汇款；拍卖或者依法处理查封、扣押的场所、设施或者财物；排除妨碍、恢复原状；代履行；其他强制执行方式。

行政强制的设定和实施，应当依照法定的权限、范围、条件和程序。采用非强制手段可以达到行政管理目的的，不得设定和实施行政强制。实施行政强制，应当坚持教育与强制相结合。公民、法人或者其他组织对行政机关实施行政强制，享有陈述权、申辩权；有权依法申请行政复议或者提起行政诉讼；因行政机关违法实施行政强制受到损害的，有权依法要求赔偿。公民、法人或者其他组织因人民法院在强制执行中有违法行为或者扩大强制执行范围受到损害的，有权依法要求赔偿。

3. 行政许可

行政许可是行政机关在不直接干预社会经济活动主体活动的情况下，实现对经济和其他方面的事务的调控。行政许可的主要依据是 2003 年 8 月 27 日公布、2004 年 7 月 1 日起施行的《行政许可法》等。根据我国现行法律、法规、规章的规定，我国通过许可制度加以控制的主要有：

（1）为保护重要资源、维护生态环境而实行许可制度。

（2）为维护公共安全、保护人民群众的身体健康，对武器、危险品、药品、食品等的生产、运输、保管、持有、经营等实行行政许可制度。

（3）在交通、城建等管理活动中实行行政许可制度。

（4）为维护正常的经济活动秩序，依靠许可证和执照进行有效管理。

（5）在文化、艺术等方面的管理活动中运用行政许可制度。

（6）在出入境管理、旅游业营业的管理、公共娱乐场所营业、医疗管理等方面广泛实行行政许可制度。

许可证和执照一经发放，便具有证明力和确定力两方面的法律效力。许可证和执照颁发后，如果出现了违反法规规定的情况，则要依法予以撤销。导致撤销的情况主要有四种：

（1）发放许可证或执照的行政机关本身没有发放权。

（2）行政机关工作人员滥用职权或过失，使不具备法定条件者取得许可证或执照。

（3）申请人以假造证件、隐瞒实情等非法手段取得许可证或执照。

（4）许可证或执照持有者不履行法律、法规、规章规定的特定义务。

4. 行政处罚

公民、法人或其他组织违反行政法律、法规、规章的规定，但情节未达到刑事处分的，国家主管行政机关可以对其予以制裁。

行政处罚的主要法律依据是1996年3月17日公布、1996年10月1日起施行的《行政处罚法》等。在各类行政法律、法规中应用较广的行政处罚罚则主要有警告、罚款、拘留、没收、停止营业、扣留或吊销执照或许可证等。

行政处罚的种类主要包括治安管理处罚、财政金融管理处罚、工商行政管理处罚、城乡建设和环境保护处罚、农林水利管理处罚、文教卫生管理处罚等。

5. 行政监督

在法律、法规已经对当事人的义务做出具体明确的规定，法定义务人应该按规定履行义务时，特定的行政机关为了使义务得到认真履行，需要进行行政监督。

6. 法律规定由行政机关请求人民法院执行的情况

9.5 中国的行政司法

行政司法是行政立法和行政执法的继续，也是对行政立法和行政执法的一种主要监督形式。

在《行政诉讼法》（1989年4月4日通过并公布，1990年10月1日起施行）和《行政复议条例》（1990年12月24日国务院发布）公布与实施之后，中国的行政司法制度逐渐建立与健全起来。1999年4月29日，第九届全国人民代表大会常务委员会第九次会次又通过和颁布了《行政复议法》（1999年10月1日起生效）。

中国行政司法的内容主要包括行政仲裁、行政复议、行政诉讼。

9.5.1 行政仲裁

行政仲裁由各种专门性仲裁组成，各种专门性仲裁则由单行法律、法规加以规定。

1. 行政仲裁的种类

按照现行法律、法规的规定，中国的行政仲裁主要有下列几类：

（1）行政处分和行政处罚仲裁。在有关行政处分和行政处罚的法规中，一般都同时规定，对行政处分和行政处罚不服时可以提出申诉并由法定行政机关做出裁决。

（2）经济合同纠纷仲裁。依据《合同法》《仲裁法》等法律、法规，各级工商行政管理局设立有经济合同仲裁委员会，在其管辖范围内受理经济合同仲裁。

（3）劳动争议仲裁。由劳动争议仲裁委员会根据《劳动争议调解仲裁法》予以仲裁。

（4）房地产纠纷仲裁。主要由房地产管理机关设立的房地产仲裁委员会根据有关处理房地产纠纷的地方性法规、规章进行。

（5）产品质量责任争议仲裁。这方面的依据主要是《产品质量法》等。

（6）技术合同纠纷仲裁。这方面的依据有《技术合同法》《合同法》等。

所有处理以上仲裁的行政仲裁机关都是行政机关，由法律、法规或规章明确规定，由业务主管机关依法设立，受业务主管机关的领导。行政仲裁机关采取委员会的组织形式。

2. 行政仲裁的程序

行政仲裁在当事人提出申请、行政仲裁机关受理后，主要分为调解和裁决两个阶段。

（1）调解。调解是通过说服教育而使双方当事人在互谅、协商的基础上解决纠纷的方法。我国的调解在性质上可分为三种：

1）人民调解。《宪法》第 111 条规定，居民委员会和村民委员会设人民调解委员会，负责调解民间纠纷。

2）国家行政机关所作的调解。这包括国家授权一定的国家行政机关对经济组织之间的纠纷所做的调解和行政机关在其职权范围内对当事人所做的调解。

3）司法调解。这种调解由人民法院针对民事纠纷和行政纠纷而做出，其中由行政机关做出的调解和人民法院针对行政纠纷做出的调解，属行政调解。

（2）裁决。在行政仲裁过程中，一般都要在裁决之前先经过调解程序。《仲裁法》《劳动争议调解仲裁法》等法规，都明确规定调解为仲裁裁决前的必经程序。《合同法》第 128 条规定："当事人可以通过和解或者调解解决合同争议。当事人不愿和解、调解或者和解、调解不成的，可以根据仲裁协议向仲裁机构申请仲裁。涉外合同的当事人可以根据仲裁协议向中国仲裁机构或者其他仲裁机构申请仲裁。"在调解无效之后，为及时处理纠纷，行政仲裁机关应马上转入仲裁裁决阶段，按照法律、法规规定的程序和方式做出裁决。

行政仲裁的结果，一是达成调解协议，二是做出仲裁裁决，这些处理结果都具有法律效力。

有关的法律、法规还规定，在行政仲裁期间，行政仲裁机关可以根据当事人的申请做出保全措施。

9.5.2 行政复议

行政复议是行政机关解决行政争议的一种活动。行政管理相对人对行政机关或者法律、法规授权的其他组织做出的具体行政行为不服，向做出具体行政行为的行政机关或组织的上级行政机关或者法律、法规规定的其他行政机关申请复议，受理复议申请的行政机关对原具体行政行为进行审查，并根据审查结果做出不同处理决定，这一过程称为行政复议。

行政复议制度在我国早就有规定，但直到 1979 年后才开始得以确立。我国的行政复议制度全面确立的标志是 1990 年 12 月 24 日《行政复议条例》正式公布实施（1994 年 10 月 9 日国务院重新修订发布）。1999 年 4 月 29 日，第九届全国人民代表大会常务委员会第九次会议又通过和颁布了《行政复议法》，《行政复议条例》同时废止。《行政复议条例》和《行政复议法》对我国行政复议的基本原则、复议的范围、复议的管辖、复议工作机构、复议的基本程序等做出了系统规定。

行政复议具有如下特征：（1）行政复议是上级行政机关对下级行政机关进行层级监督的一种较为规范的活动；（2）向行政机关提出复议申请的只能是与某一具体行政行为有利害关系的行政管理相对人；（3）行政管理相对人只有在对具体行政行为不服时才能申请复议；（4）行政复议必须按照法定程序进行。

1. 行政复议的原则和依据

行政复议必须坚持以事实为根据、以法律为准绳的原则，独立行使复议权。同时还要坚持：（1）合法、公正、公开、及时、便民的原则；（2）对具体行政行为的合法性和适当性进行审查的原则；（3）审理行政复议案件不适用调解的原则；（4）行政复议期间，一般不停止具体行政行为执行的原则；（5）除法律、法规另有规定外，行政复议实行一级复议制原则。

行政复议必须以宪法、法律、行政法规和地方性法规为依据，另外，还要以国务院发布的行政命令和决定、国务院各部委发布的行政规章和其他规范性文件、地方人民政府发布的地方规章及有关规范性文件为依据。复议机关在审理民族自治地方的复议案件时，还要以民族自治地方根据宪法和法律的规定所制定的民族自治条例和单行条例为依据。

行政复议机关在审理行政复议案件时，应首先依据法律效力高的和适用广的法律、法规。行政复议机关在审查具体行政行为的合法性时，如发现其所依据的规章或具有普遍约束力的决定、命令同法律、法规或其他规章以及具有普遍约束力的决定、命令相抵触的，应向制发机关报告，提请有权机关依法处理。

2. 可以申请行政复议的范围

公民、法人和其他组织对行政机关做出的下列具体行政行为不服的，可以向行政机关申请复议。

（1）对行政机关做出的警告、罚款、没收违法所得、没收非法财物、责令停产停业、暂扣或者吊销许可证、暂扣或者吊销执照、行政拘留等行政处罚决定不服的。

（2）对行政机关做出的限制人身自由或者查封、扣押、冻结财产等行政强制措施决定不服的。

（3）对行政机关做出的有关许可证、执照、资质证、资格证等证书变更、中止、撤销的决定不服的。

（4）对行政机关做出的关于确认土地、矿藏、水流、森林、山岭、草原、荒地、滩涂、海域等自然资源的所有权或者使用权的决定不服的。

（5）认为行政机关侵犯了其合法的经营自主权的。

（6）认为行政机关变更或者废止农业承包合同，侵犯其合法权益的。

（7）认为行政机关违法集资、征收财物、摊派费用或者违法要求履行其他义务的。

（8）认为符合法定条件，申请行政机关颁发许可证、执照、资质证、资格证等证书，或者申请行政机关审批、登记有关事项，行政机关没有依法办理的。

（9）申请行政机关履行保护人身权利、财产权利、受教育权利的法定职责，行政机关没有依法履行的。

（10）申请行政机关依法发放抚恤金、社会保险金或者最低生活保障费，行政机关没有依法发放的。

（11）认为行政机关的其他具体行政行为侵犯其合法权益的。

公民、法人或者其他组织认为行政机关的具体行政行为所依据的下列规定不合法，在对具体行政行为申请行政复议时，可以一并向行政复议机关提出对该规定的审查申请：（1）国务院部门的规定；（2）县级以上地方各级人民政府及其工作部门的规定；（3）乡、镇人民政府的规定。这些规定不包括国务院部、委员会规章和地方人民政府规章。规章的审查依照法律、行政法规办理。

有些情况即使公民、法人或者其他组织不服，按规定也不能申请复议，这些情况包括：

（1）对行政机关制定的行政法规、规章或者具有普遍约束力的决定、命令不服，不能申请行政复议。

（2）行政机关工作人员对行政机关的奖惩、任免等决定不服，不能申请复议。

（3）当事人对行政机关所做出的民事纠纷的仲裁调解或者处理不服，不能申请行政复议。

（4）对国防、外交等国家行为不服，不能申请行政复议。

3. 行政复议的管辖

行政复议管辖是指国家各级各类行政机关受理复议申请的分工和权限。这方面的规定有：

（1）对县级以上地方各级人民政府工作部门的具体行政行为不服的，申请人可以向该部门的本级人民政府申请行政复议，也可以向上一级主管部门申请行政复议。

（2）对海关、金融、国税、外汇管理等实行垂直领导的行政机关和国家安全机关的具体行政行为不服的，向上一级主管部门申请行政复议。

（3）对地方各级人民政府的具体行政行为不服的，向上一级地方人民政府申请行政复议。

（4）对省、自治区人民政府依法设立的派出机关所属的县级地方人民政府的具体行政行为不服的，向该派出机关申请行政复议。

（5）对国务院部门或者省、自治区、直辖市人民政府的具体行政行为不服的，向做出该具体行政行为的国务院部门或者省、自治区、直辖市人民政府申请行政复议。对行政复议决定不服的，可以向人民法院提起行政诉讼，也可以向国务院申请裁决，国务院依照《行政复议法》的规定做出最终裁决。

（6）对上述规定以外的其他行政机关、组织的具体行政行为不服的，按照下列规定申请行政复议，也可以向具体行政行为发生地的县级人民政府提出行政复议申请：1）对县级以上地方人民政府依法设立的派出机关的具体行政行为不服的，向设立该派出机关的人民政府申请行政复议；2）对政府工作部门依法设立的派出机构依照法律、法规或者规章规定，以自己的名义做出的具体行政行为不服的，向设立该派出机构的部门或者该部门的本级地方人民政府申请行政复议；3）对法律、法规授权的组织的具体行政行为不服的，分别向直接管理该组织的地方人民政府、地方人民政府工作部门或者国务院部门申请行政复议；4）对两个或者两个以上行政机关以共同的名义做出的具体行政行为不服的，向其共同上一级行政机关申请行政复议；5）对被撤销的行政机关在撤销前所做出的具体行政行为不服的，向继续行使其职权的行政机关的上一级行政机关申请行政复议。有上述所列情形之一的，申请人也可以向具体行政行为发生地的县级地方人民政府提出行政复议申请，由接受申请的县级地方人民政府转送有关的行政复议机关，并告知申请人。

4. 行政复议机关和行政复议参加人

依照《行政复议法》，履行行政复议职责的行政机关是行政复议机关。行政复议机关负责法制工作的机构具体办理行政复议事项。

行政复议的参加人包括参加行政复议的申请人、被申请人、第三人和代理人。

5. 行政复议程序

行政复议一般要经过申请和受理、审理与决定、复议决定的送达与执行几个阶段。

9.5.3 行政诉讼

1982 年以前，我国仅在《中外合资经营企业所得税法》和《外商投资企业和外国企业所得税法》两个法律中规定了被管理者可以起诉行政机关。1982 年颁布的《民事诉讼法（试行）》，第一次原则性规定了人民法院可以按民事诉讼程序审理行政案件。

从 1982 年起，我国制定的有关行政管理的法律、行政法规大部分都规定了行政诉讼的条文。到 1989 年 4 月底，有 160 余个法律、行政法规有关于行政诉讼的条文。1989 年 4 月 4 日，我国通过和公布了《行政诉讼法》，标志着行政诉讼制度在我国正式全面建立。从此，行政机关具体行使行政管理职权的活动被置于司法监督之下。

在我国，行政诉讼制度的核心是通过法院的行政审判工作，来对行政机关的具体行为进行监督。在行政诉讼中，行政机关处于被告的地位。行政机关作为被告有以下几种情况：

（1）公民、法人或其他组织对行政机关的具体行政行为不服，可以直接向法院提起诉讼。

（2）公民、法人或其他组织对行政机关的具体行政行为不服，先向行政复议机关申请复议，对复议决定不服，可以提起诉讼。

（3）两个或两个以上的行政机关共同做出行政行为的，共同做出具体行政行为的行政机关是共同被告。

（4）由法律、法规授权的组织做出具体行政行为的，该组织是被告。

（5）做出具体行政行为的行政机关被撤销的，继续行使其职权的行政机关是被告。

公民、法人或其他组织并不是对行政机关做出的全部具体行政行为不服都可以提起诉讼，而只是对属于行政诉讼受案范围内的具体行政行为才可以提起诉讼。《行政诉讼法》规定的受案范围包括：

（1）对行政处罚不服的。

（2）对限制人身自由或限制财产流通的行政强制措施不服的。

（3）对行政机关侵犯公民、法人或其他组织的经营自主权的行为不服的。

（4）申请行政机关发放证照，行政机关拒绝发放或不予答复的。

（5）申请行政机关履行保护人身权、财产权的法定职责，行政机关拒绝履行或不予答复的。

(6) 认为行政机关没有依法发给抚恤金的。

(7) 认为行政机关违法要求履行义务的。

此外，行政诉讼的受案范围还包括：其他由行政机关做出的涉及行政管理相对人的人身权、财产权的具体行政行为，单行法律、法规规定可以提起诉讼的其他行政案件。

法院审理行政案件，一般情况下只审查具体行政行为的合法性，不审查具体行政行为的适当性。法院审判行政机关的具体行政行为是否合法，主要是看具体行政行为是否符合三个条件：(1) 具体行政行为的事实依据是否清楚，证据是否确凿；(2) 具体行政行为适用法律是否正确；(3) 具体行政行为是否符合法定程序。

行政诉讼制度使行政管理相对人的合法权益受到充分保护，它对公民、法人或其他组织的合法权益的保护，主要体现在两个方面：(1) 赋予公民、法人或其他组织起诉权，规定他们作为行政管理相对人当行政机关的具体行政行为侵犯其合法权益时，可以向人民法院提起诉讼，与行使行政管理权的行政机关或法律、法规授权的组织处于平等地位。(2) 规定行政机关在行政诉讼中败诉后，要承担侵权赔偿责任。

第 10 章

当代中国政府的宏观调控政策及对经济事务的管理

10.1 政府经济管理职能的界定与认识

10.1.1 政府经济管理职能的一般认识

每一个国家的政府都承担着很重要的经济管理职能，这是毋庸置疑的。一国政府的经济管理职能是与这个国家的经济发展水平、政治制度、经济体制、社会制度等因素密切相关的。即使在实行市场经济体制的国家，其政府的经济管理职能以及管理经济的方式和方法，也都带有其本国的特点。但是，西方国家在市场经济发展的不同阶段，政府在社会经济生活中所扮演的角色和承担的职能又有一定的共同性，表现为：（1）在自由资本主义发展时期，市场机制的自我调节力量占支配地位，提倡“自由放任”的经济政策，要求政府为了商业和贸易的自由尽可能地缩小其管理经济的权限。这个时期政府实际上扮演着“守夜人”的角色。（2）自由市场经济并不是完美无缺的，社会财富分配不公、市场垄断、失业、公共产品短缺等问题的出现，使资本主义的社会矛盾日益激化，从而爆发了世界性的经济危机。市场的失灵为政府实现其对经济的宏观调控提供了现实的条件，凯恩斯提出的“全面干预”的经济学理论为政府干预经济活动提供了理论上的依据，美国政府推行的“罗斯福新政”标志着政府全面干预经济生活时代的到来。政府通过直接干预和间接干预的手段使资本主义国家的经济从危机的低谷中逐步走向复苏和繁荣并得到快速增长。（3）进入 19 世纪 60 年代以来，政府全面干预的弊端日益暴露出来，西方国家又面临着更为复杂的经济与社会问题，人们对政府调控经济的功效失去了信心，“政府失效”促使西方国家从全面干预走向“混合经济”，即由政府和市场双向调节经济，试图综合政府和市场的优点，保证资本主义经济的发展与繁荣。

10.1.2　社会主义国家政府管理经济的职能及其转变

社会主义国家的经济体制是在 19 世纪 20 年代末由斯大林在苏联建立起来的被称为“斯大林模式”的计划经济体制，后被包括中国在内的社会主义国家所仿效。这种体制的特点是：（1）政府充当国有资产所有者的角色，政府代表全体人民统一管理国有资产。（2）政府承担国有资产经营职能，政府通过直接管理企业，从而直接经营国有资产，使其保值和增值。（3）国家通过计划手段对国民经济进行直接控制，政府通过编制国民经济发展计划和组织具体实施，来达到调控经济的目的。

这种管理手段在社会主义国家建立的初期发挥了重要的作用。但是随着社会主义国家经济的发展，单纯计划手段逐渐暴露出其弊端。因此，这些国家都进行了不同方式和不同程度的改革。我国政府也在不断进行改革的探索，尤其是在经济体制和政府经济管理职能的转变方面进行了卓有成效的改革。在这个过程中，邓小平以其远见卓识为我党和我国人民最终选择走社会主义市场经济的道路起到了引路人的作用。1979 年 11 月 26 日，邓小平在会见美国不列颠百科全书出版公司编委会副主席吉布尼和加拿大麦吉尔大学东亚研究所主任林光达时说：“社会主义也可以搞市场经济。”① 1985 年 10 月，邓小平在会见美国时代公司组织的美国高级企业家代表团时又指出：“社会主义和市场经济之间不存在根本矛盾。问题是用什么方法才能更有力地发展社会生产力。我们过去一直搞计划经济，但多年的实践证明，在某种意义上说，只搞计划经济会束缚生产力的发展。把计划经济和市场经济结合起来，就更能解放生产力，加速经济发展。”② 邓小平通过农村和城市的改革，使政府在对市场经济的认识方面逐渐达成了共识。党的十四大在我国以市场为取向的改革实践基础上，根据邓小平关于社会主义市场经济的理论，确立了建立社会主义市场经济体制的目标。1993 年 11 月，党的十四届三中全会审议并通过了《中共中央关于建立社会主义市场经济体制若干问题的决定》，勾画出了社会主义市场经济体制的基本框架。

（1）建立以现代企业制度为基础的企业生产经营体系。坚持以公有制为主体、多种经济成分共同发展的方针，建立产权明晰、权责明确、政企分开、管理科学的现代企业制度。

（2）建立统一开放、竞争有序的市场体系。《中共中央关于建立社会主义市场经济体制若干问题的决定》指出，发挥市场机制在资源配置中的基础性作用，必须培育和发展市场体系，要着重发展生产要素市场，规范市场行为，打破地区、部门的分割和封锁，反对不正当竞争，创造平等竞争的环境，形成统一、开放、竞争、有序的大市场。发展市场中介组织，发挥其服务、沟通、公证、监督作用。

（3）转变政府职能，建立健全以间接调节为主的宏观经济调控体系。转变政府职能，

---

① 《邓小平文选》，2 版，第 2 卷，236 页。

② 《邓小平文选》，1 版，第 3 卷，148～149 页，北京，人民出版社，1993。

改革政府机构，是建立社会主义市场经济体制的迫切要求。政府管理经济的职能，主要是制定和执行宏观调控政策，搞好基础设施建设，创造良好的经济发展环境；同时，要培育市场体系，监督市场运行，维护平等竞争，调节社会分配和组织社会保障，控制人口增长，保护自然资源和生态环境，管理国有资产和监督国有资产经营，实现国家的经济和社会发展目标。政府运用经济手段、法律手段和必要的行政手段管理国民经济，不直接干预企业的生产经营活动。政府宏观调控的主要任务是：保持经济总量的基本平衡，促进经济结构的优化，引导国民经济持续、快速、健康发展，推动社会全面进步。宏观调控主要采取经济办法，进行财税体制的改革：一是把现行地方财政包干制改为合理划分中央与地方事权基础上的分税制，建立中央税收和地方税收体系。二是按照统一税法、公平税负、简化税制和合理分权的原则，改革和完善税收制度。三是改进和规范复式预算制度。在金融体制改革方面，中国人民银行作为中央银行，在国务院领导下独立执行货币政策；同时，建立政策性银行，发展商业性银行，规范与发展非银行金融机构。在投资体制改革方面，逐步建立法人投资和银行信贷的风险责任，用项目登记备案制代替现行的行政审批制。

（4）建立合理的个人收入分配制度和稳定安全的社会保障体系。《中共中央关于建立社会主义市场经济体制若干问题的决定》指出，个人收入分配要坚持以按劳分配为主体、多种分配方式并存的制度，体现效率优先、兼顾公平的原则，劳动者的个人劳动报酬要引入竞争机制，打破平均主义，实行多劳多得，合理拉开差距。要建立适应企业、事业单位和行政机关各自特点的工资制度与正常的工资增长机制。国家依法保护法人和居民的一切合法收入和财产，鼓励城乡居民储蓄和投资，允许属于个人的资本等生产要素参与收益分配。要建立多层次的社会保障体系，这对于深化企业和事业单位改革、保持社会稳定、顺利建立社会主义市场经济体制具有重大意义。要重点完善企业养老和失业保险制度，强化社会服务功能以减轻企业负担。城镇职工养老和医疗保险金由单位和个人共同负担，实行社会统筹与个人账户相结合的原则。

（5）建立完善规范的法律体系。社会主义市场经济体制的建立和完善，必须有完备的法律来规范和保障，制定规范市场主体、维护市场秩序、加强宏观调控、完善社会保障方面的法律规范是非常必要的。

10.2 政府宏观调控部门及其职能

政府宏观调控部门的主要职责是：保持经济总量平衡，抑制通货膨胀，优化经济结构，实现经济持续、快速、健康发展；健全宏观调控体系，完善经济、法律手段，改善宏观调控机制。

政府宏观调控部门主要有国家发展和改革委员会、财政部、中国人民银行。

10.2.1 国家发展和改革委员会的机构与职能

国家发展和改革委员会，作为国务院的组成部门，是综合研究拟订经济和社会发展政策，进行总量平衡，指导总体经济体制改革的宏观调控部门。

国家发展和改革委员会的前身是国家计划委员会，成立于 1952 年。原国家计划委员会于 1998 年更名为国家发展计划委员会，又于 2003 年将原国务院体改办和国家经贸委部分职能并入，改组为国家发展和改革委员会。其内设机构有办公厅、政策研究室、发展规划司、国民经济综合司、经济运行调节局、经济体制综合改革司、固定资产投资司、利用外资和境外投资司、地区经济司、农村经济司、东北等老工业基地振兴司、西部开发司、基础产业司、产业协调司、高技术产业司、资源节约和环境保护司、应对气候变化司、社会发展司、经济贸易司、财政金融司、价格司、价格监督检查与反垄断局、就业和收入分配司、法规司、国际合作司、人事司、重大项目稽察特派员办公室等。

国家发展和改革委员会有如下主要职责：

(1) 拟订并组织实施国民经济和社会发展战略、中长期规划和年度计划，统筹协调经济社会发展，研究分析国内外经济形势，提出国民经济发展、价格总水平调控和优化重大经济结构的目标、政策，提出综合运用各种经济手段和政策的建议，受国务院委托向全国人大提交国民经济和社会发展计划的报告。

(2) 负责监测宏观经济和社会发展态势，承担预测预警和信息引导的责任，研究宏观经济运行、总量平衡、国家经济安全和总体产业安全等重要问题并提出宏观调控政策建议，负责协调解决经济运行中的重大问题，调节经济运行，负责组织重要物资的紧急调度和交通运输协调。

(3) 负责汇总分析财政、金融等方面的情况，参与制定财政政策、货币政策和土地政策，拟订并组织实施价格政策。综合分析财政、金融、土地政策的执行效果，监督检查价格政策的执行。负责组织制定和调整少数由国家管理的重要商品价格和重要收费标准，依法查处价格违法行为和价格垄断行为等。负责全口径外债的总量控制、结构优化和监测工作，促进国际收支平衡。

(4) 承担指导推进和综合协调经济体制改革的责任，研究经济体制改革和对外开放的重大问题，组织拟订综合性经济体制改革方案，协调有关专项经济体制改革方案，会同有关部门搞好重要专项经济体制改革之间的衔接，指导经济体制改革试点和改革试验区工作。

(5) 承担规划重大建设项目和生产力布局的责任，拟订全社会固定资产投资总规模和投资结构的调控目标、政策及措施，衔接平衡需要安排中央政府投资和涉及重大建设项目的专项规划。安排中央财政性建设资金，按国务院规定权限审批、核准、审核重大建设项目、重大外资项目、境外资源开发类重大投资项目和大额用汇投资项目。指导和监督国外贷款建设资金的使用，引导民间投资的方向，研究提出利用外资和境外投资的战略、规划、总量平衡和结构优化的目标和政策。组织开展重大建设项目稽察。指导工程咨询业发展。

(6) 推进经济结构战略性调整。组织拟订综合性产业政策，负责协调第一、二、三产业发展的重大问题并衔接平衡相关发展规划和重大政策，做好与国民经济和社会发展规划、计划的衔接平衡；协调农业和农村经济社会发展的重大问题；会同有关部门拟订服务业发展战略和重大政策，拟订现代物流业发展战略、规划，组织拟订高技术产业发展、产业技术进步的战略、规划和重大政策，协调解决重大技术装备推广应用等方面的重大问题。

（7）承担组织编制主体功能区规划并协调实施和进行监测评估的责任，组织拟订区域协调发展及西部地区开发、振兴东北地区等老工业基地、促进中部地区崛起的战略、规划和重大政策，研究提出城镇化发展战略和重大政策，负责地区经济协作的统筹协调。

（8）承担重要商品总量平衡和宏观调控的责任，编制重要农产品、工业品和原材料进出口总量计划并监督执行，根据经济运行情况对进出口总量计划进行调整，拟订国家战略物资储备规划，负责组织国家战略物资的收储、动用、轮换和管理，会同有关部门管理国家粮食、棉花和食糖等储备。

（9）负责社会发展与国民经济发展的政策衔接，组织拟订社会发展战略、总体规划和年度计划，参与拟订人口和计划生育、科学技术、教育、文化、卫生、民政等发展政策，推进社会事业建设，研究提出促进就业、调整收入分配、完善社会保障与经济协调发展的政策建议，协调社会事业发展和改革中的重大问题及政策。

（10）推进可持续发展战略，负责节能减排的综合协调工作，组织拟订发展循环经济、全社会能源资源节约和综合利用规划及政策措施并协调实施，参与编制生态建设、环境保护规划，协调生态建设、能源资源节约和综合利用的重大问题，综合协调环保产业和清洁生产促进等有关工作。

（11）组织拟订应对气候变化重大战略、规划和政策，与有关部门共同牵头组织参加气候变化国际谈判，负责国家履行联合国气候变化框架公约的相关工作。

（12）起草国民经济和社会发展、经济体制改革和对外开放的有关法律法规草案，制定部门规章。按规定指导和协调全国招投标工作。

（13）组织编制国民经济动员规划、计划，研究国民经济动员与国民经济、国防建设的关系，协调相关重大问题，组织实施国民经济动员有关工作。

（14）承担国家国防动员委员会有关具体工作和国务院西部地区开发领导小组、国务院振兴东北地区等老工业基地领导小组、国家应对气候变化及节能减排工作领导小组的具体工作。

（15）承办国务院交办的其他事项。

根据国务院规定，管理国家粮食局、国家能源局。

10.2.2　国家财政部的机构与职能

财政部是国家主管财政收支、财税政策、国有资本金基础工作的宏观调控部门，下设机构有办公厅、综合司、预算司、条法司、税政司、关税司、国库司、国防司、行政政法司、科教司、文化司、经济建设司、农业司、社会保障司、金融司、会计司、监督检查局、国家农业综合开发办公室、人事教育司、机关党委、离退休干部局等。财政部的主要职能是：

（1）拟订财税发展战略、规划、政策和改革方案并组织实施，分析预测宏观经济形势，参与制定各项宏观经济政策，提出运用财税政策实施宏观调控和综合平衡社会财力的建议，拟订中央与地方、国家与企业的分配政策，完善鼓励公益事业发展的财税政策。

(2) 起草财政、财务、会计管理的法律、行政法规草案，制定部门规章，组织涉外财政、债务等的国际谈判并草签有关协议、协定。

(3) 承担中央各项财政收支管理的责任。负责编制年度中央预决算草案并组织执行。受国务院委托，向全国人民代表大会报告中央、地方预算及其执行情况，向全国人大常委会报告决算。组织制定经费开支标准、定额，负责审核批复部门（单位）的年度预决算。完善转移支付制度。

(4) 负责政府非税收入管理，负责政府性基金管理，按规定管理行政事业性收费。管理财政票据。制定彩票管理政策和有关办法，管理彩票市场，按规定管理彩票资金。

(5) 组织制定国库管理制度、国库集中收付制度，指导和监督中央国库业务，按规定开展国库现金管理工作。负责制定政府采购制度并监督管理。

(6) 负责组织起草税收法律、行政法规草案及实施细则和税收政策调整方案，参加涉外税收谈判，签订涉外税收协议、协定草案，制定国际税收协议和协定范本，研究提出关税和进口税收政策，拟订关税谈判方案，参加有关关税谈判，研究提出征收特别关税的建议，承担国务院关税税则委员会的具体工作。

(7) 负责制定行政事业单位国有资产管理规章制度，按规定管理行政事业单位国有资产，制定需要全国统一规定的开支标准和支出政策，负责财政预算内行政机构、事业单位和社会团体的非贸易外汇和财政预算内的国际收支管理。

(8) 负责审核和汇总编制全国国有资本经营预决算草案，制定国有资本经营预算的制度和办法，收取中央本级企业国有资本收益，制定并组织实施企业财务制度，按规定管理金融类企业国有资产，参与拟订企业国有资产管理相关制度，按规定管理资产评估工作。

(9) 负责办理和监督中央财政的经济发展支出、中央政府性投资项目的财政拨款，参与拟订中央建设投资的有关政策，制定基本建设财务制度，负责有关政策性补贴和专项储备资金财政管理工作。负责农业综合开发管理工作。

(10) 会同有关部门管理中央财政社会保障和就业及医疗卫生支出，会同有关部门拟订社会保障资金（基金）的财务管理制度，编制中央社会保障预决算草案。

(11) 拟订和执行政府国内债务管理的制度和政策，编制国债余额限额计划，依法制定地方政府性债务管理制度和办法，防范财政风险。负责统一管理政府外债，制定基本管理制度。代表我国政府参加有关的国际财经组织，开展财税领域的国际交流与合作。

(12) 负责管理全国的会计工作，监督和规范会计行为，制定并组织实施国家统一的会计制度，指导和监督注册会计师和会计师事务所的业务，指导和管理社会审计。

(13) 监督检查财税法规、政策的执行情况，反映财政收支管理中的重大问题，负责管理财政监察专员办事处。

(14) 承办国务院交办的其他事项。

10.2.3　中国人民银行的机构与职能

中国人民银行是中华人民共和国的中央银行，是在国务院领导下制定和实施货币政策、对金融业实施管理的宏观调控部门，内设机构有办公厅（党委办公室）、金融市场司、会计财务司、货币金银局、内审司、征信管理局、条法司、金融稳定局、支付结算司、国库局、人事司（党委组织部）、反洗钱局（保卫局）、货币政策司、货币政策二司、调查统计司、科技司、国际司（港澳台办公室）等内设部门，同时在全国有 9 个分行。中国人民银行的主要职能是：

（1）拟订金融业改革和发展战略规划，承担综合研究并协调解决金融运行中的重大问题、促进金融业协调健康发展的责任，参与评估重大金融并购活动对国家金融安全的影响并提出政策建议，促进金融业有序开放。

（2）起草有关法律和行政法规草案，完善有关金融机构运行规则，发布与履行职责有关的命令和规章。

（3）依法制定和执行货币政策；制定和实施宏观信贷指导政策。

（4）完善金融宏观调控体系，负责防范、化解系统性金融风险，维护国家金融稳定与安全。

（5）负责制定和实施人民币汇率政策，不断完善汇率形成机制，维护国际收支平衡，实施外汇管理，负责对国际金融市场的跟踪监测和风险预警，监测和管理跨境资本流动，持有、管理和经营国家外汇储备和黄金储备。

（6）监督管理银行间同业拆借市场、银行间债券市场、银行间票据市场、银行间外汇市场和黄金市场及上述市场的有关衍生产品交易。

（7）负责会同金融监管部门制定金融控股公司的监管规则和交叉性金融业务的标准、规范，负责金融控股公司和交叉性金融工具的监测。

（8）承担最后贷款人的责任，负责对因化解金融风险而使用中央银行资金机构的行为进行检查监督。

（9）制定和组织实施金融业综合统计制度，负责数据汇总和宏观经济分析与预测，统一编制全国金融统计数据、报表，并按国家有关规定予以公布。

（10）组织制定金融业信息化发展规划，负责金融标准化的组织管理协调工作，指导金融业信息安全工作。

（11）发行人民币，管理人民币流通。

（12）制定全国支付体系发展规划，统筹协调全国支付体系建设，会同有关部门制定支付结算规则，负责全国支付、清算系统的正常运行。

（13）经理国库。

（14）承担全国反洗钱工作的组织协调和监督管理的责任，负责涉嫌洗钱及恐怖活动的资金监测。

（15）管理征信业，推动建立社会信用体系。

（16）从事与中国人民银行业务有关的国际金融活动。

（17）按照有关规定从事金融业务活动。

（18）承办国务院交办的其他事项。

10.3 政府宏观调控的目标与手段

宏观调控是指政府根据社会经济发展战略，运用经济、法律、行政手段和宏观经济政策，对国民经济进行调节和控制，使之持续、快速、健康、稳定发展。

10.3.1 政府宏观调控的基本目标

政府宏观调控的基本目标有三个方面：保证经济的增长、保持经济的稳定、促进经济的公平。

（1）保证国民经济的增长和持续发展是政府宏观调控的主要目标之一。经济的增长不应仅仅表现为经济总量的增长，还应表现为质的增长与提高。具体表现为：生产成果的增加，技术进步和劳动生产率的提高，产业结构的优化，需求结构的变化，等等。这些都是一个国家经济不断发展的重要表现。是否增强了国家的经济实力和提高了人们的福利水平也是衡量政府宏观调控能力与成效的重要尺度。

（2）经济不仅要发展，同时还要保持适度和平稳的增长，这也是政府宏观调控的重要目标。经济稳定是指一个国家经济实现均衡稳定的发展，最主要的就是保证社会总供给与总需求的均衡。经济稳定的目标主要体现为：保持物价水平的基本稳定，防止和抑制过度的通货膨胀，使社会成员的货币收入与实际收入水平基本保持一致；确保社会劳动力就业稳定，避免出现高失业率；保证财政收支与国际收支的基本均衡，避免出现巨额财政赤字、巨额贸易逆差和巨额外债；保证社会总供给与总需求的基本平衡。

（3）促进经济的公平。保证经济和社会的公平是政府的重要职责，也是政府发挥作用的优势所在。政府不仅要保证国民经济持续稳定发展，同时还要通过法律和一系列的政策来保证经济发展中的公平，主要表现为：社会收入、分配的公平，即社会成员的各项投入与其获得基本相符，避免社会财富过多地向少数人聚集，出现过度两极分化现象，从而影响社会的稳定，制约经济的持续发展；创造公平竞争的条件，为公平竞争制定规则，使企业之间、个人之间在同一规则下进行竞争；通过法律和政策手段防止企业的垄断。

政府宏观调控的目标具体体现为：一定时期的经济增长率，合理的积累率，货币投放量与货币需求量相适应，社会总供给与总需求的构成相适应，等等。

10.3.2 政府宏观调控的基本手段

政府调控的手段主要有经济手段、法律手段、行政手段。政府在间接调控管理经济的过程中，应以经济手段为主。政府主要用经济手段调控市场，由市场引导企业，达到国民经济协调运转的目的。

（1）经济手段。它是指政府运用经济杠杆，通过调节经济利益，制约、影响和引导经济主体的经济活动，以实现宏观预期目标的手段。经济杠杆就是各种各样的价值形式，它是一个系统，主要有财政、税收、信贷、利率、汇率、价格、工资、奖金等。财政是通过运用它所支配的国民收入对经济进行调节，它可以通过财政支出和收入来调节总量平衡。税收是财政调节经济的重要参数，它的调节作用主要通过税种、税率、税目、减免税、纳税环节和纳税期限等来实现。税收同其他一些经济杠杆不同，它具有强制力和严格的约束力，因而更具有效性。从对企业的作用来看，税收主要是对企业收入形成的调节，引导企业按照政府宏观经济发展要求组织生产经营活动。政府还可以利用信贷、利率杠杆来控制资金的运动方向和数量，实现调控国民经济的目的。

利用经济杠杆调节经济，特别要注意各种经济杠杆之间的协调配套作用，要综合发挥经济杠杆的合力。

（2）法律手段。它是由国家强制保证实施，运用经济法律、法令来维持经济秩序、规范经济主体的经济行为的宏观经济管理手段。严格地说，法律是实行宏观调控和维持市场经济秩序的保证。市场经济在一定的意义上就是法制经济。国家无论是运用经济杠杆，还是使用行政手段，都应该采取法律的形式。法律手段的内容主要包括经济立法和经济司法。经济立法是由国家立法机关按照立法程序制定和颁布有关经济方面的规范性文件，即制定经济法律。运用法律手段进行宏观调控，首先要有一个统率全局并带有基本法性质的宏观调控法；其次是在这一基本法下要有若干重要法律，如银行法、审计法、税收法、计划法等。经济司法也是法律手段的重要内容，经济司法是指审理经济案件的机构、制度和活动。经济司法是使经济法律得以贯彻的必要保证。政府还可通过经济司法审理各种经济案件，制止和纠正经济发展过程中的消极现象，打击和惩办各种经济犯罪活动。法律手段的有效运用程度，往往标志着一个国家市场经济发育的成熟程度和水平。

（3）行政手段。它是行政机构采用强制性的命令、指示、规定和下达指令性的任务等非经济的强制手段，按行政系统、行政层次、行政区划管理经济的方法。行政手段的主要特征是具有强制性和明确性。用行政手段来管理、调控经济，不仅是某一特定时期内的需要，也是社会化大生产和公有制经济本身的内在要求。社会主义国家代表全民掌握生产资料，作为社会中心对社会化大生产进行管理和指挥，就要借助于政权，下达必要的指令性计划、指标、任务、命令，以保证整个经济的协调运转。行政手段要科学，就必须以客观经济规律为依据，并能正确地反映经济发展的客观要求。

国家在采用经济手段、法律手段和行政手段调控经济时，必须将三种手段协调使用。三种调节手段分别从不同的角度起不同的调节作用，相辅相成，缺一不可，各有各的优势，但也都有其局限性，必须注意三者之间的互补和相互制约。在三种手段中，经济手段是基本的，它主要是对利益关系的调整，其作用不是直接的；而法律手段和行政手段代表国家意志，具有强制性。尽管经济手段是基本的，但仅靠它调节是不够的，且其自身也有局限性，主要表现为：首先，经济手段是建立在经济主体追求自身经济利益的基础上的，利益驱动会导致经济手段一定程度的失效，严重时会引起经济波动。其次，单纯的经济手段难以建立和维护经济的有序性，而且也不符合社会化大生产的客观要求。行政手段是必要的不可缺少的调控手段，但是行政手段也有弊端：首先，权力阶层中的一些人能够利用他们所控制或垄断的资源进行寻租活动，这既会加剧经济比例失调，导致分配关系矛盾的激化，又会使权力机构和人员腐化堕落，使国有经济在一定程度上蜕变为官僚特权经济。其次，一旦行政部门决策失误，会造成和加剧宏观经济的混乱，会比经济手段调节失效造成的后果更为严重。法律手段是重要的调节手段，但是，由于法律手段是使经济运行过程中出现稳定的因素，因而其调节也有局限性：经济活动本身是一个动态的变化过程，法律具有相对稳定性，难以调节经济之间各种变量的变化关系。可见，三种宏观经济的调节手段各有必要性，也各有局限性，它们之间必须相互补充、相互制约和相互配合。

10.4　政府的宏观经济政策

政府的宏观经济政策是指政府在一定时期内为实现宏观经济目标而制定的行动准则。对宏观经济的调控，在确定目标后能否实现，很大程度上取决于选择什么样的政策。

宏观经济政策主要包括产业政策、财政政策、货币政策、收入分配政策、外贸政策、价格政策等。产业政策是核心，财政政策和货币政策是重点。因此，在宏观经济政策运用上要以产业政策为轴心，加大货币政策和财政政策的调控力度，辅之以其他各项政策，统一调度和综合运用，以达到推进我国经济质态的进步和量态的均衡协调的目的。

10.4.1　产业政策

产业政策是指国家根据经济发展的要求和一定时期内产业的现状和变动趋势，以市场机制为基础，规划、干预和引导产业形成和发展的政策。产业政策的目标在于引导社会资源在产业部门之间以及产业内部的优化配置，建立高效益的均衡产业结构，促进国民经济的持续、快速、协调发展。产业政策的作用表现在以下几个方面：

1. 产业政策是政府用以弥补或修正市场在配置资源时所固有的局限性或缺陷的基本手段

由于市场本身容易出现信息失灵、外部效应等缺陷，政府有必要通过制定相应的产业政策，利用诱导的方式（也不排除在必要的时候采取直接介入和干预的方式）来调节社会资源在产业部门之间和产业内部的配置过程，以此来修正失效的市场。

2. 产业政策是一些国家尤其是发展中国家实现经济赶超的重要手段

发展中国家通过制定符合本国实际情况、科学正确的产业政策，可以积极参与国际竞争，加快本国民族经济的发展，从而提高本国的国际竞争实力，带动经济的快速发展。

产业政策包括的内容很广，主要有产业结构政策、产业组织政策、产业技术政策和产业外贸政策。一项完整的产业政策，内容应包括产业政策的目标选择和实施对策两大部分。就产业结构政策而言，目标选择是指规划一定时期内产业结构演进的方向与步骤，以及国民经济各产业发展的顺序和趋势。具体来讲：（1）纠正产业结构的偏差，扶持“瓶颈”产业。我国目前产业结构的突出问题是基础产业薄弱，其中能源、交通、通信和一些重要原材料是“瓶颈”产业。为此，在进行产业结构调整中，就要扶持这些产业。（2）选择主导产业，推动产业结构优化和逐步升级。在经济发展中，各个产业部门在产业结构中的地位和作用是不一样的，有的处于主导地位。所谓处于主导地位，即能够集中地体现技术进步的主要方向，能够最大限度地促进技术的发展，在经济增长中处于重要的战略地位，是直接影响和制约现在与未来经济建设的规模、速度、技术水平和经济效益的全局性、基础性的产业。主导产业能够带动和推进产业结构的合理化。（3）积极发展进口替代产业和出口导向产业。进口替代产业，是指引进先进技术设备后，经过消化吸收，加快国产化，以替代进口产品生产的产业。这有利于减少外汇支出，克服对进口产品的过分依赖，并有利于发展民族经济。

在确定了产业政策目标之后，为了促进既定目标的实现，必须确定具体的实施办法。根据政府的介入程度，产业政策的实施对策可分为以下四种：（1）政府直接干预。政府干预的具体手段有直接投资、调配物资、强制性的行政管制等。通过这些手段，直接影响各产业及产业部门内企业的发展，推动企业集团的形成或分化。（2）经济政策引导。采用财政政策、金融政策、价格政策、工资政策等，通过这些政策的实施，改变某些产业所处的环境条件，影响生产要素的流动，扶持或限制某些产业和企业的发展。（3）法律手段。通过政府立法和司法，干预产业结构和产业组织以实现预期的产业政策目标。通过法律手段来促使产业政策的实施是各国通用的也是常用的手段，如我国于 1993 年为维护市场秩序、促进有效竞争而颁布的《反不正当竞争法》《商标法实施细则（第二次修订）》及各种新税法等均属此列。（4）由政府进行引导和协调。主要是根据市场规则和市场信号提供信息服务，通过引导、协商和合作来协调企业的行为，使之符合产业政策的目标要求。

我国在由计划经济向市场经济的转轨时期，产业政策调整的方向是：（1）在结构调整中，应当以扶持高科技产业为发展方向，对集成电路、生物工程、信息产业等，应当通过产业政策的倾斜加以支持。（2）在产业的组织上，应当充分发挥市场的竞争机制，通过制定政策防止和制止垄断。（3）在产业布局上，应当优先发展技术先进的环保产业，从而实现可持续发展。

10.4.2　财政政策

财政政策，是指政府为实现一定的社会经济目标，通过对社会产品和国民收入进行分配和再分配而运用的对宏观经济运行进行调节控制的准则与措施。

1. 财政政策目标

所谓财政政策目标，就是财政政策所要达到或实现的期望值。这个期望值是财政政策的核心内容，它包括最终目标和中介目标两个方面。

（1）最终目标。包括以下几个方面：1）稳定物价。稳定物价是指一般物价水平在短期内不发生显著的或急剧的变动。2）经济适度增长。经济增长是指 GDP 的增长率，通常表示为人均 GDP 的增长率；适度的含义就是要量力而行，要根据财力、物力可能确定增长率。3）充分就业。充分就业是指凡具有工作能力并自愿参加工作的人，都能在较合理的条件下，有一个合适的工作。一个国家的就业水平通常通过失业率来反映，充分就业不等于失业率为零，排除结构性失业、季节性失业、自愿失业后的就业称为充分就业。4）人们的生活水平应逐步提高。人类经济发展的终极意义是人们生活水平不断提高，不仅物质生活水平要有大的改善，精神文明、环境保护等公共产品也应不断完善和提高。提高社会生活水平，主要依靠政府部门提供的公共产品来实现，而公共产品的生产主要来源于财政的公共投资，不能通过市场配置来实现。

（2）中介目标。它指要达到最终目标之前必须首先实现的目标，介于政策工具和最终目标之间。财政政策的中介目标包括：1）预算平衡。预算收支平衡意味着预算收入等于预算支出。预算平衡不仅是我国预算编制的原则之一，也长期作为我国财政政策的中介目标之一。2）预算赤字。预算赤字意味着预算收入小于预算支出。在市场疲软的情况下，预算赤字能起到刺激需求，从而促使经济景气的作用。3）预算盈余。预算盈余意味着预算收入大于预算支出。预算盈余作为中介目标可以起到控制需求、紧缩经济的作用。

2. 财政政策工具及其运用

财政政策工具是指国家为了实现既定的政策目标所采取的手段。要成为财政政策工具，应具备两个条件：第一，可以影响社会总需求和总供给的变化，并且是实现政策目标所需要的；第二，必须是政府能够直接控制的。财政政策工具主要有税收、公债、转移支付、购买支出等。

（1）税收。税收是财政政策最重要的工具之一。税收发挥作用是通过宏观税率、税负分配和税收支出等作用机制来调节企业和居民的收入，最终达到影响消费支出和全社会的总需求量的目的。税收占我国财政收入的90%左右，宏观税率也成为衡量我国财力集中与分散程度的一个重要指标。宏观税率高意味着政府集中掌握的财力或动员资源的能力强，反之则弱。政府集中财力能力的高低，对宏观经济运行的稳定以及经济的发展会产生巨大的影响。宏观税率确定后，税负的分配就显得十分重要。税负分配主要通过选择税种和制定不同的税率来实现，通过税负转嫁的形式体现出来，这对个人与企业的生产经营活动以及各经济主体的行为均产生重大影响。税收支出主要是在征收正税的基础上，为了某些特殊需要而实行的鼓励性或惩罚性措施。这些措施对实现财政政策的某些目标起到了一定作用。

（2）公债。公债作为一种财政信用形式，最初被用来弥补财政赤字。随着信用制度的发展，公债已成为调节经济、协调财政与货币关系的重要财政政策手段。国家财政通过适度发行国债，吸收引导社会的部分消费资金和闲散资金转化为生产建设资金，投资到国民经济重点建设中去，既能弥补财政收入不足，促进资源的合理配置，促进产业结构调整，支持经济协调、快速发展，又能避免赤字性的货币增发和由此引发的通货膨胀。合理利用国债手段，有利于国家财政预算管理制度的改革；强化国家财政的预算约束，有利于国家财政发展经济和调控经济职能的实现。国债还是一种信誉高、流通性强的金融商品，是货币金融市场上重要的信用工具，其增减调整和流向变化对资金市场供需有重要影响，因而它还构成了货币管理的重要市场工具，成为中央银行运用经济办法调控资本市场和货币供需的一个有效手段。因此，国债是联结财政政策和货币政策的纽带，是财政政策和货币政策协调运作的结合点，是重要的财政政策工具。

（3）转移支付。转移支付是指政府单方面的无偿支付，包括各种财政补贴、补助金和救济金支出。转移支付可以随经济周期的变化，自动地调节社会总需求，具有类似税收的“内在稳定器”功能。在经济繁荣时期，个人收入相应增加，失业率下降，社会保障支出也会随之减少，从而有利于减缓社会总需求的增加。当经济衰退时，企业开工不足，失业增加，个人收入下降，社会保障支出也会随之增加，这有利于增加社会总需求，减缓经济的进一步衰退。当通货膨胀或经济衰退比较严重的时候，政府还可以通过修正转移支付的条件和范围，增加或减少转移支出，促进社会总供求的平衡。

（4）购买支出。购买支出包括财政投资支出和社会公共支出。政府购买支出的增减会直接影响社会需求总量的变化。当经济衰退时，政府可以通过增加财政投资支出和社会公共支出，直接扩大对商品和劳务的需求量；当经济过热时，政府可以通过减少财政投资支出和社会公共支出，直接削减对商品和劳务的需求量。因此，政府购买支出对于社会总需求的影响，要比税收和转移支付更加直接，也更为迅速，同时产生效应的时滞更短。

10.4.3 货币政策

货币政策是通过中央银行增加和减少货币供给量，以影响利息率，进而调节投资和消费的政策。在市场经济条件下，货币政策的作用比财政政策还要大，如果说财政政策的相关面涉及国民收入的一部分，那么，货币政策影响、调控的范围更大、更广，它直接或间接地关系到整个国民收入的分配，社会需求总量的消长和结构变化，社会供给的支撑，以及收入、消费和积累、投资的实现。

货币政策就其手段来说，主要包括法定准备金率、公开市场业务、贴现率等政策手段。

法定准备金率是指国家以法律形式规定了商业银行存款准备金的最低比率。商业银行吸收存款后，总要保留一部分存款准备金，用于满足正常经营的需要，其余部分才能用于放款。规定法定准备金率的作用，是能使中央银行控制成员银行所能创造的活期存款的数量，也能限制银行存款的增长，以便维持货币供给的应有水平。例如，准备金率的降低会引起存款或贷款的增加，它的提高会引起存款或贷款的减少。因此，在萧条时期降低法定准备金率，可以使货币供应量增加，利率下降，从而诱发投资增加；反之，在通货膨胀时则应提高法定准备金率，使货币供应量减少，利率上升，这样就可抑制投资规模。可见，法定准备金率是重要的宏观调控工具。

公开市场业务是指中央银行在公开市场上卖出或买进政府债券，以调节货币供应量的活动。它是中央银行的另一种重要的货币政策手段，被西方经济学家认为是货币政策中最灵活的工具。其业务活动情况大体是：在经济萧条时，中央银行买进政府债券，把货币投入市场，增加货币供应量；在通货膨胀时，中央银行卖出政府债券，使货币回笼，减少货币供应量。在西方国家，这种政策手段得到了相当广泛的应用。我国自 1981 年恢复发行国库券至今，已发行了多种政府债券，并且逐步培育和建立起了政府债券的发行市场和交易市场，为中央银行开展公开市场业务创造了条件。

贴现率是指票据持有者持未到期的商业票据向银行兑取现款时银行索取回扣的利息率。中央银行再贴现率的确定影响着商业银行的贷款利息率，所以它是国家的重要货币手段之一。中央银行可以通过调整贴现率来影响货币市场上的利息率和货币供应量，从而间接地影响经济的收缩和扩张。

法定准备金率、公开市场业务和贴现率政策是中央银行的三大货币政策，在不同的经济时期和不同的经济形势下，可采用不同的货币政策。在总需求不足、失业率上升、经济增长乏力甚至出现衰退时，中央银行应采取扩张性货币政策，即放松银根、扩大货币供应量，以刺激有效需求的增长，可供选择的政策手段主要有增加货币发行量、降低法定准备金率、降低贴现率、在公开市场上购买政府债券等。当总需求大于总供给，经济增长过热，形成通货膨胀压力时，中央银行应采取紧缩性货币政策，即紧缩银根、减少货币供应量，以抑制总需求的膨胀势头，相应的政策手段主要有提高法定准备金率、提高贴现率、在公开市场上抛售政府债券等。

货币政策尽管是宏观调控的重要经济政策，其作用范围也相当广泛，但它的作用也有局限性。因为货币政策的作用要受到多种因素的制约，如在经济萧条时期，中央银行尽管采取鼓励贷款政策，但商业银行不愿承担风险，货币供给仍难以增加；经济高涨时虽限制贷款，但高利率使商业银行愿意放款，货币供给量难以下降。不仅货币政策有其局限性，其他政策也有。因此，政府在运用宏观经济政策时，必须考虑到各种政策的特点、作用，并结合使用。

第11章

当代中国政府财政体制与财政管理

11.1 财政管理的含义与作用

11.1.1 财政管理的含义

财政管理是指国家各级财务行政管理部门，依照国家有关法规，遵循经济和财务管理规律，对国家财政的收入和支出过程实施管理的活动。财政管理作为政府的一种主要职能，是随着国家的产生而产生的。国家为了维护它的存在和实现其管理社会公共事务的职能，需要消费一定的物质资料，而国家本身并不从事物质资料的生产，为此它不得不依靠政治权力，强制性地占有和支配一部分社会产品，因此就产生了国家直接参与社会分配的活动。

1. 财政管理的主体及其职能

财政管理从其本质上说是一种国家行为，是拥有国家公共权力的政府机构职能和权力的重要体现。在我国，从广义上讲，拥有财政管理权力的主体是全国人民代表大会及其常务委员会、国务院，它们负责制定国家的财政法规、政策，负责国家预算的审查和批准，拥有对国家资财的处置和管理的最高权力。狭义的财政管理的主体主要是指中央人民政府和地方人民政府的财政机关、税务机关和国家金库。中央人民政府的财政机关是国家财政部，它受国务院的领导，负责编制中央财政预算并组织执行，拟订财政发展的方针、政策和发展规划，管理中央财政公共支出，拟订和执行政府采购政策。地方财政机关负责地方的预算编制和财务收支的管理。中央人民政府的税务机关是国家税务总局，它负责拟订税收法律和法规的草案，参与研究宏观经济政策和中央与地方税权的划分，组织实施中央税、共享税、农业税以及国家指定基金（费）的征收管理。地方税务机关负责具体执行税务政策，并执行具体的征收及其管理工作。金库是国家预算收支的保管出纳机关，负责办理国家预算资金的收纳、划分、留解和拨付业务，是参与组织和执行国家预算的专门机关。

2. 财政管理的客体与目的

财政管理的客体是国家财政的收入和支出，具体来说，就是制定国家财政收入和支出的方针政策、规章制度，对收入和支出的过程进行管理与有效的控制。财政管理的目的是提高财务资源的管理效率，更好地满足社会公共需要，即提高国家财政收入和财政支出的管理效率，通过对财政资源的有效利用，满足国家政治、经济、文化教育、国防和社会保障等各方面的需要。

11.1.2　财政管理的作用

财政管理在我国社会主义建设中有着重要的作用，主要表现为：

1. 财政管理是国家各级政府有效行使职能的物质保证

我国社会主义国家的建立和强大，需要有一定的国家政府机构进行管理，而国家政府机构要实现其基本的职能就需要有一定的财力保证。例如，我们要建立强大的国防力量，保障国家不受外来的侵略；要建立司法机构来打击犯罪，维护国内人民的生命和财产的安全，提供稳定的社会环境保证国家各项事业的发展；要提高国家的科技实力及国民的文化水平和基本素质；要提供必要的医疗保健设施，提高人民的健康水平；要建设和提供必要的公共工程和公共设施，保证国家和社会经济的稳定和发展；等等。这一切都需要有财力做保证。

2. 财政管理是国家宏观调控的重要手段

国家通过对社会财力资源的聚集、分配和使用来达到宏观调控的目的，具体体现在以下三个方面：

（1）配置资源。所谓配置资源，是指通过对现有的人力、物力、财力等社会经济资源的合理分配，实现资源结构的合理化，使其得到最有效的使用，获得最大的经济和社会效益。财政作为资金分配的枢纽，对资源的合理配置具有重要作用。财政配置资源的职能，是通过财政对资金的分配最终实现的。具体说来有以下主要内容：

1）调节积累和消费的比例关系。积累和消费的比例关系是社会主义分配领域最重要的比例关系，也是关系到国民经济能否持续、稳定、协调发展的根本性问题。政府财政收入和支出的比重与方向就直接决定和影响着这一比例关系。例如，积累和消费的比例是否得当，在很大程度上是由基本建设投资规模决定的，而基本建设资金在我国相当大的部分是通过财政分配来实现的。

2）调节资源在产业部门之间的配合，实现产业结构的优化。合理的产业结构，对于提高宏观经济效果、促进国民经济实现良性循环，具有重要意义。调整产业结构有两条途径：一是调整投资结构，即增加对某个产业的投资就会加快该产业的发展，减少对某个产业的投资就会延缓其发展。二是调整现有企业的生产方向，即调整资产存量结构，促使企业转产。

3）调节社会资源在政府部门和非政府部门（企业和个人）之间的配置。这取决于财政收入占国民收入或国民生产总值的比重。

（2）公平分配。所谓公平分配，是指通过调节国家、企业和个人之间的分配关系，实现收入的公平合理分配目标。财政、税收政策对实现公平分配起着重要作用。公平分配主要是通过调节企业的利润水平和居民的个人收入水平来实现的。在社会主义初级阶段，我们必须坚持以按劳分配为主体、其他分配方式并存的原则，在收入水平上，既要合理拉开差距，又要防止贫富悬殊，坚持共同致富，在促进效率提高的前提下体现社会公平。对过高的个人收入，要通过征收个人所得税进行调节。协调公平与效率的关系，就是要处理好分配问题。社会公平是相对的，从某种意义上，公平是通过合理分配来实现的，但公平不等于平均主义。平均主义必然会影响一部分人的积极性，造成效率的损失和不公平。实现公平与效率的协调，首先要明确公平的内涵，把握公平分配的度。

（3）稳定经济。稳定经济包括充分就业、物价稳定、国际收支平衡等多方面的含义。要实现经济的稳定增长，主要是要做到社会总供给与社会总需求的平衡，包括总量平衡和结构平衡。财政在这两个方面能发挥重要作用。财政对社会供求总量平衡的调节，主要是通过国家预算来进行的。通过调整国家预算，就可以起到调节社会供求总量平衡的作用。一般而言，在市场经济条件下，由于受到各种复杂因素的影响，市场上的供求关系会经常发生变化，时而总供给大于总需求，时而总需求大于总供给，这就要求国家交替使用赤字预算和结余预算来进行调节。社会供求结构的平衡，包括供求在地区结构、两大部类产品结构和主要产品结构等方面的平衡关系。通过财政政策的调整，恰当地处理好效率与公平的关系。当劳动者创造财富的主动性受到抑制时，只有通过改革分配体制，适当拉大差距，调动人们的积极性，才能促进经济的发展，这时的政策导向应强调效率优先；如果社会财富大多集中在少数人手中，两极分化极为严重，解决公平分配的问题就必须放在首位。通过完善财政税收制度，调节收入分配，保护效率，促进公平，是财务行政的重要职责。

11.2 财政管理体制及其变革

政府财政管理体制包括横向和纵向两个层次：横向主要体现国家与企事业之间的财政关系；纵向体现中央政府与地方政府之间的财政关系。新中国成立以来，我国政府的财政管理体制经历了几次大的变革。

11.2.1 实行高度集中的“统收统支”的财政管理体制

新中国成立初期，为了克服国家财政经济工作面临的严重困难，恢复和发展国民经济，平衡财政收入，稳定物价，安定人民生活，保证解放战争的彻底胜利，我国采取了统一财政经济管理的重大决策，财政工作实行高度集中的统收统支管理体制。主要表现为：

（1）财政管理权限集中在中央。一切财政收支项目、收支程序、税收制度、供给标准、行政编制等，均由中央统一制定。

（2）财力集中在中央。在财政收入方面，除地方税收和其他零星收入抵充地方财政支出外，其他各项收入均属中央财政收入，一律解缴中央金库；在财政支出方面，各级政府的财政支出均由中央统一审核，逐级拨付。地方组织的财政收入同地方的财政支出不发生直接联系。

（3）各项财政收支，除地方附加收入外，全部纳入统一的国家预算。

这是一种高度集中的财政管理体制，基本上是中央财政统收统支的管理体制。它符合当时政治经济形势的要求，保证了中央集中资金恢复国民经济任务的提前完成。

11.2.2　实行“划分收支，分级管理”的财政管理体制

1951 年，全国财政经济情况开始好转，实行高度集中的财政管理体制，地方财政的机动性太小，已不适应形势发展的需要。为此，政务院颁发了《关于一九五一年度财政收支系统划分的决定》，将中央和地方财政收支范围适当加以划分，实行“划分收支，分级管理”的财政管理体制。其主要内容是：

（1）财政实行分级管理，国家财政分为中央级、大行政区级和省（自治区、直辖市）级三级财政。

（2）国家财政支出，按照企业、事业和行政单位的隶属关系，划分为中央财政支出和地方财政支出。

（3）国家财政收入，分为中央财政收入、地方财政收入以及中央和地方的比例截留收入。

（4）地方的财政收支，每年由中央核定一次，不足部分由比例截留收入抵补。

（5）地方的上年结余，分别列为各级的财政收入，并编入本年度预算。

（6）农业税超收部分的 50%留给地方。

随着大行政区机构的撤销，国家财政划分为中央、省（直辖市、自治区）、县三级财政。1954 年，中央对财政管理体制又做了改进，其主要内容是按照隶属关系划定中央和地方的预算收支，地方财政的年终结余由各地在下年度安排使用，不再上缴。

11.2.3　实行“以收定支，五年不变”的财政管理体制

1958 年，我国进入第二个五年计划时期，当时对资本主义工商业的社会主义改造已基本完成，经济建设有了很大发展，在此背景下我国的经济管理体制做了较大的改革，改革的中心是扩大地方的权限。随着经济体制的改革，财政管理体制也相应做了重大改革。1957 年 11 月，国务院颁发了《关于改进财政管理体制的规定》，决定从 1958 年起，实行“以收定支，三年不变（以后改为五年不变）”的财政管理体制。主要内容是：（1）收入实行分类分成的办法。属于地方财政收入的，有地方固定收入、企业分成收入、调剂分成收入三种。划给地方收入的比例，根据各个地区平衡财政收支的需要，分别计算确定。（2）地方财政支出分为正常年度支出和中央专案拨款支出两种。此外，地方国营企业的流动资金，30%由地方财政拨款，70%由中央财政拨款或由银行贷款。（3）各项收支划分以 1957

年预算数为基数，收入项目和分成比例确定后，原则上五年不变，地方多收可以多支，结余留归地方。

11.2.4 实行“总额分成，一年一变”的财政管理体制

针对1958年财政管理体制执行中存在的问题，国务院于1958年9月通过了《关于进一步改进财政管理体制和改进银行信贷管理体制的几项规定》，决定从1959年起，实行“收支下放，计划包干，地区调剂，总额分成，一年一变”的财政管理体制，简称“总额分成，一年一变”体制。所谓总额分成，是指地方财政的总收入与地方财政的总支出挂钩，按地方财政总支出占地方财政总收入的比例，作为地方总额分成比例；地方财政的收支指标、分成比例和补助数额，由中央每年核定一次，通过一年一变解决财政预算同国民经济计划不相衔接的问题。

11.2.5 实行“财政收支包干”的财政管理体制

1971年，我国进入第四个五年计划时期，为了充分调动地方的积极性，中央决定把大部分企事业单位再次下放到地方管理，与之相适应，财政管理体制也进行了较大的改革。1971年3月1日，财政部颁发了《关于实行财政收支包干的通知》，决定从当年起，实行“定收定支，收支包干，保证上缴（或差额补贴），结余留用，一年一定”的财政管理体制，简称“财政收支包干”体制。其主要内容是：

（1）扩大地方财政收支范围。

（2）中央核定地方预算的收支指标，收入大于支出的，包干上缴中央财政；支出大于收入的，由中央财政按差额包干补助。

（3）预算执行过程中，收入超收或支出结余，都归地方支配使用，如果发生短收或超支，由地方自求平衡。

11.2.6 实行“收支挂钩，总额分成”的财政管理体制

1976年，我国再次实行“收支挂钩，总额分成”的财政管理体制，其基本形式和内容与1959—1970年的体制大致相同，但有以下几点不同：

（1）扩大了地方财政的收支范围，增大了地方财政的管理权限。

（2）保留了地方实行固定比例留成的既得利益，使地方有了一定的机动财力。

（3）改变了过去超收部分按总额比例分成的办法，规定地方总额分成比例在30%以下的，超收部分按30%分成；总额分成比例在70%以上和受补助的地区，超收部分按70%分成。这一体制保留了地方原有的既得利益，但未同地方的收入任务相联系，因而不利于充分调动地方的积极性。为解决上述问题，1978年，我国在部分省（直辖市）试行“增收分成，收支挂钩”的办法，对地方机动财力实行增收分成，以调动地方增收的积极性。

11.2.7 实行“划分收支，分级包干”的财政管理体制

1980年2月，国务院颁发了《关于实行“划分收支，分级包干”财政管理体制的暂行规定》。这种财政管理体制又称为“分灶吃饭”体制。其主要内容是：

（1）按照经济管理体制规定的隶属关系，划分中央和地方的财政收支范围。财政收入，实行分类分成办法，包括固定收入、固定比例分成收入和调剂收入。财政支出，分为包干支出和中央对地方专项拨款支出。包干支出，按企事业单位行政隶属关系，中央的归中央支出，地方的归地方支出。部分基建拨款、特大自然灾害救济费等，仍由中央专案拨款解决。

（2）地方财政收支的包干基数，按 1979 年预算收支执行数为基础，经过适当调整后确定。对地方三项收入仍不能抵补支出的，由中央定额补助解决。

（3）地方上缴比例、调剂收入分成比例和定额补助数由中央核定下达后，原则上一定五年不变。地方在划分的收支范围内，多收可以多支，少收就要少支，自求平衡。

11.2.8　实行“划分税种，核定收支，分级包干”的财政管理体制

随着经济管理体制改革的深入，从 1985 年起，我国实行了“划分税种，核定收支，分级包干”的财政管理体制。其主要内容是：

（1）基本上按照利改税第二步改革后的税种设置，把全部财政收入按税种划分为中央固定收入、地方固定收入、中央和地方共享收入。

（2）财政支出按隶属关系划分为中央财政支出、地方财政支出、中央财政专项拨款支出。

（3）分成办法，凡地方固定收入大于地方支出的，定额上解中央；地方固定收入小于地方支出的，将中央和地方共享收入确定一个分成比例留给地方。地方固定收入、中央和地方共享收入全部留给地方，还不足以抵补支出的，由中央定额补助。收入的分成比例或上解、补助的数额一经确定后，五年不变。地方多收可以多支，少收就要少支，自求平衡。这种财政管理体制的基本特点是以税种划分各级财政收入，为向分税制财政管理体制过渡迈出了一步。

11.2.9　实行“财政大包干”的财政管理体制

1986 年以后，中央财政收入占全国财政收入的比例持续下降，中央级财源不稳定，为充分调动地方组织收入的积极性，中央决定对地方实行财政大包干。财政管理体制根据各省、自治区、直辖市财政收入情况分别实行不同形式的包干办法，具体有以下六种：

（1）收入递增包干。以 1987 年财政决算收入和地方应得的财力为基数，参照各地近几年财政决算收入的增长情况，确定地方收入增长率和留成、上缴的比例。

（2）总额分成。根据前两年的收支情况，核定收支基数以及地方支出占地方收入的比例，确定地方分成和上缴中央的比例。

（3）总额分成加增长分成。每年以上年实际收入为基数，基数部分按总额分成比例留成，实际收入比上年收入增长的部分，除按总额分成比例分成外，另加增长分成比例。

（4）上缴递增包干。以 1987 年上解中央收入为基数，每年按一定比例递增上缴。

（5）定额上缴。按中央核定的收支基数，对收大于支的部分，确定固定数额上缴中央。

（6）定额补助。按中央核定的收支基数，对支大于收的部分，由中央实行定额补助。

自 1988 年起实行的“财政大包干”体制，适应了当时社会经济发展的需要。但它毕竟不是一种科学、合理、规范的办法，其缺陷随着社会主义市场经济的发展和改革的深入日渐显露出来。主要表现为：削弱了中央财政的宏观调控能力；强化了地方利益机制；财政包干体制类型多、不规范，不能很好地体现效率优先、兼顾公平的原则。

11.2.10 1994 年至今实行分税制的财政管理体制

自 1992 年起，我国在部分地区实行分税制财政管理体制的试点。在分税制试点地区总结经验的基础上，1993 年国务院颁发了《关于实行分税制财政管理体制的决定》，并从 1994 年 1 月 1 日起在全国实行。实行分税制财政管理体制，就是按照中央与地方政府事权的划分，合理确定各级财政的支出范围；根据事权与财权相适应的原则，将税种统一划分为中央税、地方税和中央与地方共享税，并建立中央税收和地方税收体系，设立中央与地方两套税务机构分别征管；科学核定地方收支数额，逐步实行规范化的中央财政对地方财政的转移支付制度；建立和健全分级预算制度，硬化各级预算约束。分税制财政管理体制的主要内容是：

（1）中央与地方事权和支出的划分。中央政府主要承担国家安全、外交和中央国家机关运转所需的经费，调整国民经济结构、协调地区经济发展、实施宏观调控所必需的支出，以及由中央直接管理的事业发展支出。地方政府主要承担本地区政权机关运转所需的支出，以及本地区经济、事业发展所需的支出。

（2）中央与地方收入的划分。根据事权与财权相适应的原则，按税种划分中央与地方的财政收入。将维护国家利益、实施宏观调控所必需的税种划为中央税；将同经济发展直接相关的主要税种划为共享税；将适合地方征管的税种划为地方税，并充实地方税税种，增加地方税收入。

（3）中央财政对地方税收返还的确定。1994 年以后，增值税和消费税税收返还额在 1993 年基数上逐年递增，递增率按全国增值税和消费税平均增长率1∶0.3系数确定。如果 1994 年以后上缴中央收入达不到 1993 年基数，则相应扣减税收返还基数。

1994 年我国开始实施分税制财政管理体制，同时试行政府间转移支付制度，即由中央对地方进行财政补助的制度。分税制改革以来，中央、地方财政收支比例关系发生了变化，中央财政收入占全国财政收入的比重有较大提高，而中央财政支出占全国财政支出的比重却略微降低；地方财政收入占全国财政收入的比重有较大降低，而地方财政支出占全国财政支出的比重却略微提高。中央政府在集中较大份额的财政收入的同时，通过政府间转移支付保证了地方政府的支出需要，新的中央与地方间财政分配关系得以建立。

11.3 国家预算体制

11.3.1 国家预算及其作用

国家预算又称财政预算，是政府根据其施政方针和社会的需要所编制的，经立法机关承认并得到批准的某一年度内的政府财政收支计划。国家预算是国家财政发展到一定阶段的产物，是国家集中分配一部分国民收入用于满足社会需要而形成的分配活动。

国家预算作为国家财力分配的主要计划，是国民经济和社会发展的主要财力保证。政府通过每年编制预算，把应由国家集中和分配的财政资金分别编入各项预算收入计划和支出计划，并对预算收支的对比状况进行预测，编制平衡表，经立法机关审批后成为具有法律效力的财政收支计划。国家预算的作用主要表现为：

（1）财力保证作用。国家预算是国家实现其职能、有计划地筹集和分配由国家集中掌握的一部分财政资金的重要工具。我国国家财政用于社会主义各项建设事业的资金，主要是通过国家预算集中和分配的。

（2）国家预算是实现财政分配和宏观调控的重要手段。财政参与社会产品和国民收入的分配和再分配活动，主要是通过国家预算进行的。国家预算是财政资金活动的枢纽。国家预算收支总规模直接反映了国家财政参与国民收入分配和再分配的总规模。

（3）反映和监督作用。国家预算是国民经济的综合反映，通过国家预算的编制和执行便于掌握国民经济的运行状况、发展趋势和存在的问题，以便采取对策，促进国民经济的健康发展。同时，通过预算的监督作用可以保证国家的方针政策的切实执行，以及与违反财经纪律的现象做斗争。

11.3.2　国家预算体系及其组成

我国实行一级政府建立一级预算的体制，设立中央、省（自治区、直辖市）、设区的市（自治州）、县（自治县、不设区的市、市辖区）以及乡（民族乡、镇）五级预算。

中央预算和地方预算在国家预算中的地位，是由中央政府和地方政府所担负的职能决定的。中央政府主要担负保证国家内政、外交、国防、援外、关系国计民生的重点建设和宏观经济调控的职能，与此相适应，中央预算主要担负国家重点建设和文教建设、中央行政及国防等方面的资金需要，同时还要调剂地方预算的余缺，安排支援经济不发达地区特别是少数民族地区经济发展等方面的开支。中央预算是国家履行其职责的基本财力保证，在国家预算中占据主导地位。地方预算在国家预算中的地位也不容忽视，这是因为地方政府担负着国家在各地的政治、经济任务，地方预算必须有计划地为地方经济建设、文教建设、行政管理等供应资金，此外，支援农业的各项开支、少数民族地区的建设资金也由地方预算安排。因此，地方预算在国家预算中也占有重要地位。

11.3.3　国家预算的编制

1. 预算编制的类型

根据国家预算编制的形式不同，国家预算可以分为单式预算与复式预算两种类型。单式预算是传统的预算编制方式，它是把预算年度内国家预算的全部财政收支汇成一个统一的预算平衡表的预算编制方式。单式预算可以简明地反映国家财政收支的全貌，具有预算结构和编制方法简单的优点。但是，单式预算不能明确地反映各项财政收入的性质和财政赤字的原因，不利于国家对财政活动进行分析和宏观调控。新中国成立以来，我国一直采取单式预算的编制方式。《预算法》规定：中央政府和地方政府预算的编制全部采用复式预算。复式预算，是指将全部财政收支按经济性质归类，分别编出两个或两个以上收支对照的预算，以特定的预算收入保障特定的预算支出。我国复式预算的编制是把全部预算的收支按其性质分别编制成公共预算和建设预算两部分。复式预算能较全面地反映国家财政活动，增加财政支出的透明度，也有利于建立预算收支的约束机制。

2. 预算编制的分工与编制要求

（1）单位预算与部门预算的编制。单位预算是指列入部门预算的国家机关、社会团体和其他单位的收支预算。部门预算包括部门机关预算和所属行政、事业单位预算。各部门、各单位要依据国家的法律、法规和方针、政策以及本单位的行政任务及事业计划，根据本级政府的要求和财政部门的部署，按照定员定额标准，编制本单位的收支计划，全面反映单位的财务收支情况。单位预算分别按全额预算、差额预算以及自收自支等管理形式进行编制。

（2）地方预算的编制。地方预算是指各省、自治区、直辖市政府本级总预算的汇总预算。地方预算编制的要求有：1）服从中央统一领导，在预算编制中执行国家的法律、法规及有关的财政政策，按照国家预算管理体制的规定，处理好各级预算的关系，特别是处理好地方预算与中央预算的关系。在服从中央统一领导的前提下，保证收入任务全面完成，支出的安排则要统筹兼顾，保证重点。2）坚持地方预算收支平衡。《预算法》规定：地方各级预算按照量入为出、收支平衡的原则编制，不列赤字。这就要求地方预算要在预算管理体制规定的范围内自求平衡，在划定的收支范围内多收多支，少收必须少支，不得做赤字预算。

（3）中央预算的编制。中央预算由财政部负责编制。中央预算的编制内容包括：本级单位预算和支出、返还和补助地方的支出、地方上缴收入。

11.3.4 国家预算的审查和批准

1. 财政部门对预算草案的审核

为了保证国家预算的编制质量，各级财政部门在汇编预算草案之前，必须对各部门报来的部门预算草案和下一级政府上报的总预算草案进行认真的审核，如果发现有不符合预算编制要求的，有权加以纠正。在汇编本级总预算时，如发现有下级政府预算草案不符合国务院和本级政府预算编制要求的，应及时向本级政府反映，由本级政府责成下级政府予以纠正。

2. 各级人民代表大会对预算的审查和批准

在我国，国家预算的审批权是由权力机关来掌握的。我国《宪法》规定，全国人民代表大会有审查和批准国家的预算、预算执行情况的报告的职权，地方各级人民代表大会有审查和批准本级政府预算、预算执行情况的报告的职权。具体做法是：由国务院向全国人民代表大会做关于中央和地方预算草案的报告（一般是报告上年度中央和地方预算执行情况及本年度中央和地方预算草案），提请人大代表审议。在审议过程中，人大代表有权就有关问题提出质询，国务院和财政部必须做出明确答复。在此期间，全国人民代表大会财经委员会要向大会做关于中央预算草案审查结果的报告，提请大会讨论审查。经讨论审查并通过报告以后，大会做出批准中央预算的决议。如果做出修改预算的决议，国务院应据此对原中央预算草案进行修改和调整。经过全国人民代表大会审查批准的中央预算，即为当年的中央预算。地方各级预算草案，由本级人民代表大会审查批准。其审查批准过程是：由地方各级政府在本级人民代表大会举行会议期间，向大会做关于本级总预算草案的报告，经讨论审查，批准本级预算。经过法定程序审查批准的中央预算和地方各级预算，具有法律效力，应向社会公布。

11.3.5　国家预算的执行

1. 国家预算执行的含义与要求

国家预算的执行是指组织国家预算收支计划实现的工作，是国家预算由可能变为现实的必经步骤。因此，国家预算的执行具有重要意义，它是实现国家预算各项收支任务的最重要的环节。国家预算的执行是一项经常性的、艰巨的、复杂的工作。

2. 国家预算的执行机构

国家预算的执行机构是实现国家预算的组织保证，除各级财政部门具体负责组织预算执行外，国家还设立或指定了专门的管理机构，负责参与组织国家预算的执行工作。参与组织预算收入执行的机关主要有税务机关和海关，参与组织预算支出执行的机关主要有国家开发银行、中国农业发展银行和有关的国家专业银行。国家金库担负着国家预算执行的重要任务，具体负责办理预算收入的收纳、划分和留解，办理预算资金的拨付。我国国家金库由中国人民银行代理。

11.4　政府财政收入及其管理

11.4.1　财政收入及其形式

1. 财政收入的含义

财政收入是指政府为了满足国家职能和社会公共事业的需要，依据一定的原则和方式集中起来的一种货币资金或以货币形式表现的一定量的社会产品。财政收入最基本的目的是满足支出的需要，但财政收入筹集过程本身亦可对经济主体的行为发生影响，政府可以通过确定向谁筹集及筹集多少收入实现既定的政策目标。

财政收入表现为各级政府支配的财源，即政府占有的以货币形式表现的一定数量的社会产品的价值，反映了政府与有关方面的分配关系。财政收入也为政府各项活动的开展提供了物质基础。

2. 财政收入的形式

财政收入的形式是指筹集财政收入的具体方式。为了更好地筹集收入，不同的国家在不同的时期会选择不同的财政收入形式，而且各种形式在财政收入总量中所占的比重也会有所不同。目前我国财政收入主要有以下形式：

（1）税收收入。税收是国家凭借政治权力参与社会总产品的分配而取得的收入。税收具有固定性和无偿还性的特征，可以提供稳定的财政收入，因而也是世界上绝大多数国家财政收入的主要形式。

（2）债务收入。债务收入是指政府以信用的方式筹集的收入，包括政府在国内外发行的各种公债，以及政府向外国政府、国际金融组织和商业银行的直接借款等。政府举债一方面是筹集资金，另一方面通过选择举债的时间与规模及偿债的时间与规模等达到调节经济的目的。我国自 1979 年开始恢复以公债的形式筹集财政收入以来，债务收入的数量逐年上升，并成为一种主要的财政收入。

（3）企业收入。企业收入主要指国家以生产资料所有者的身份从国有企业取得的利润收入。在计划经济体制下，企业收入是财政收入的主体。随着社会主义市场经济的建立和完善，以及企业利润分配制度的改革，国有企业创造的收入多以各种税收的形式上交财政，以利润形式上交的企业收入占财政收入的比重呈下降趋势。

（4）其他收入。其他收入占整个财政收入的比重不大，但包括的项目很多，主要有：1）事业收入，指不从事生产经营、专门为生产和公众生活服务的事业单位向财政缴纳的收入，如经济建设部门事业收入、科学教育文化卫生事业收入等。2）规费收入，指国家机关有关部门按照国家政策规定为单位或个人提供某种服务时所收取的费用，如工商企业登记费、商标注册费、法院收取的诉讼费等。按规费的不同性质可分为行政规费、司法规费、公安规费等。3）公产收入，指经营公共财产及变卖出租公共财产的收入，如国有山林产品收入、国有土地占用费等。4）罚没收入、国家资源管理收入、基本建设与其他收入等。

11.4.2 国家税收

1. 税收的含义

税收，在历史上又称赋税、租税或捐税。它是国家为了实现其职能，按照法律的规定，向经济单位和个人无偿征收的实物或货币，是国家凭借政治权力，参与国民收入分配和再分配，以取得财政收入的一种基本形式。

人类自有财政的时候起就有了税收。我国夏、商、周时代的“贡”“助”“彻”，罗马的土地税，埃及向农村公社强制推行的农产品摊派等，都是国家财政收入的主要来源。税收是以国家为主体、以政治权力为前提参与分配而取得的财政收入。

税收作为一种经济活动或一个经济过程，体现了作为课征者的国家与作为纳税者的企业、个人之间的一种特殊的经济关系。这种经济关系表现为：其一是征纳关系，即国家依法征税，企业和个人依法纳税；其二是分配关系，即国家凭借其政治权力，强制地、无偿地占有企业和个人创造的一部分剩余产品，并按国家所代表的阶级或集团的利益进行全社会意义上的分配。

2. 税收的特征

（1）强制性。税收的强制性，是指国家以社会代表的身份，凭借国家公共权力，以法律形式确定征税人和纳税人之间的权利和义务关系。这里的征税人即国家。国家的税收是以法律形式规定的，税法是国家法律的组成部分，法律一经确定征税，国家即享有对社会成员征税的权利。任何单位和个人都必须无条件地履行他们的纳税义务，不得违抗。对拒不纳税或逃避纳税者，国家则依法给予强制征收或进行法律制裁。税收的这种强制性特征，使纳税人缴纳税收与其归还银行贷款或偿还债务等在性质上形成根本区别。

（2）无偿性。税收的无偿性，是指税款一经征收即转为国家所有，国家对具体的纳税人既无须直接偿还，也不需要付出任何形式的代价或直接报酬。税收的无偿性使它明确区别于还本付息的国债、国库券等财政收入形式，也区别于规费或其他收费。税收征收以后不存在对具体纳税人的直接偿还问题。但从财政活动的整体来考察，税收虽然不直接偿还给每一个纳税人，但国家必须为全体纳税人提供各种服务，包括社会秩序、公共安全、共同的生产条件和生活设施等，纳税人整体则又享受了这种服务。税收全部用于发展经济和文化事业、提高人民物质文化生活与精神文化生活水平。从这个意义上说，税收是“取之于民，用之于民”的。

（3）固定性。税收的固定性，是指国家通过法律形式和税收制度事先规定课税对象、纳税人、征税标准和课征额度等，未经严格的立法程序，任何单位和个人都不得随意变更或修改。税收的这种固定性，使它与社会上一些部门、单位随意罚款、摊派等行为严格区分开来。当然，税收的固定性也不是绝对的，随着社会生产力和生产关系的发展变化，税收的征收对象也是不断变化的，征收比例也是可以调整的，但这些都必须通过法律形式确定下来。

3. 税收的分类

（1）按照税制结构的单一性与复杂性来划分，可分为单一税制与复合税制。单一税制是指一个国家在一定时期内主要征收一种或少数几种税的税收制度。复合税制是指一个国家在一定时期内实行由若干税种构成的税收制度。我国目前实行的就是复合税制。

（2）按照税收的征收实体或缴纳形式来划分，可以分为实物税与货币税。实物税是指国家以实物形式征收的税收。货币税是指国家以货币形式征收的税收。

（3）按照税收的征收办法或税额的确定方法，可分为定率税与配赋税。所谓定率税，是指国家按照税法中征税对象既定的税率，按期依率计算征收的税收。所谓配赋税，是指国家预先对某种税规定应征税总额，然后依照一定的标准，按照纳税人或征税对象进行分摊，确定每一纳税人或每一征税对象的应纳税额征收的税收。

（4）按税收的计税依据划分，可分为从价税与从量税。从价税，是指以征税对象和计税依据的价格或金额为标准，按照规定的税率计征的税收。从量税，是指以征税对象的实物量为标准，按照每一计量单位规定的税额征收的税收。

（5）按照税负是否转嫁来划分，可划分为直接税和间接税。直接税，是指由纳税人直接负担的各种税。间接税，是指纳税人能将税负转嫁给他人负担的各种税，纳税人不一定是负税人。消费税、货物税、营业税为间接税，所得税等为直接税。

（6）按照税收归属于哪级政府支配使用来划分，可分为中央税、地方税和中央与地方共享税。一般来说，属于中央政府固定收入的税种为中央税；属于地方政府固定收入的税种为地方税；属于中央与地方政府共同享用，并按一定比例分成的税种，为中央与地方共享税。

（7）按照税收的征收对象来划分，可分为流转税、资源税、所得税、财产税和行为税。

4. 我国的税收制度与税务行政的职能

（1）我国税收制度的含义与发展演变。税收制度，简称“税制”。它是规范国家与纳税人之间税收分配关系的各种法律、法规、条例、实施细则和征收管理制度的总称，是国家税收政策的具体化。税务机关和纳税人都必须按照税收制度的有关规定征税和履行纳税义务。税收制度是维护国家权益的重要保障，是国家经济政策的重要体现，是国家处理税收分配关系的重要法律依据。

我国税收制度经历了一个由建立到发展，进而逐步完善的过程，大体经历了以下几个阶段：第一个阶段是国民经济恢复时期和对私人资本主义工商业进行社会主义改造时期。根据当时存在的多种经济成分的情况和党的各项政策，我国采取了多种税、多次征收的复税制，采取了不同行业、不同产品实行不同税率的负担政策。第二个阶段是在社会主义全民所有制和集体所有制占优势的情况下确定的税收制度。由于当时采取以行政手段直接管理经济的体制，因而我国不适当地过分强调简化税制，甚至对国营企业实行“利税合一”，取消税收。结果，税种越来越少，税目越来越粗。第三个阶段是围绕搞活企业，扩大企业自主权，按照社会主义商品生产的要求，对税制进行改革。主要是改变财政收入的利、税双轨制，实行以税代利的制度。第四个阶段是将国营企业应上缴国家的利润，分别以 11 个税种向国家缴纳，由税利并存改变为以税收形式为主，税后利润归企业自行支配。

（2）我国税收制度体现的原则是效率、公平、简便、灵活和负责。

（3）我国税务行政的职能。我国税务行政机关的基本职能是税务执法、征收和管理，具体讲有以下几个方面：1）调查税源，制订税收计划。2）税收会计，通过记账、核算、结算准确地反映税收收入情况和工作情况。3）税收征收管理。4）税收统计。5）税收检查。

11.5 政府财政支出

财政支出，是国家为了实现其职能，把通过财政收入筹集的资金，进行有计划的再分配的过程，是国家政治、经济和各项事业管理任务的财力保证。财政支出反映了政府的政策选择，同时也反映了政府提供公共物品的过程以及所引致的成本或费用。

11.5.1 财政支出的原则与分类

（1）平衡预算原则。平衡预算原则包括两方面的内容：1）量入为出的原则，即要求财政支出不应当超过合理征收的税收收入。2）节约资金原则，即要求国家尽可能地缩减经费支出，以减轻纳税人的税负。

（2）效益原则。政府财政支出的效益原则就是要求财政支出的总成本应低于总收益，包括以下两方面的内容：1）财政支出必须使社会稀缺资源在政府部门和私人部门之间的配置达到最优效率，既要充分保证政府部门的支出需求，又不能挤占私人部门的资金，影响微观经济领域的经济效率。2）财政支出必须使政府部门所汲取的稀缺资源在各支出项目之间的配置达到最优效率。

(3) 积累和消费比例适当的原则。财政支出对于整个积累和消费的比例关系有着决定性的影响，国民收入中的积累部分，绝大部分是通过财政支出形成的。因此，正确处理积累和消费的比例关系，不仅是财政支出的核心问题，也是国民经济中的根本性问题。

11.5.2　财政支出的主要类别

(1) 按照财政支出的性质和作用，可以将财政支出做以下分类：国内支出和国外支出；中央支出和地方支出；补偿性支出、积累性支出和消费性支出；生产性支出和非生产性支出；经常性支出和建设性支出；非财政信用支出和财政信用支出。

(2) 按照国家职能和活动范围，可以将财政支出做以下分类：经济建设支出、科教文卫事业费支出、行政管理支出、国防支出以及财政补贴等支出。我国的经济建设支出主要包括基本建设投资、增拨企业流动资金、企业挖潜革新改造资金、地质勘探费、城市维护建设和支援农业支出等。科教文卫事业费支出主要包括教育支出、科学技术支出、卫生支出和其他支出等。行政管理支出主要是用于国家权力机关和行政机关的费用，如国家工作人员的工资、福利，维持国家权力机关和行政机关正常工作的必需费用等。国防支出是指用于陆军、海军、空军、武警部队及国防建设的各种费用。财政补贴是国家根据一定时期的政治、经济形势的客观要求，有计划地对经济组织和城乡居民所实施的财政性特定补助。

11.5.3　政府投资

1. 政府投资的特点

政府投资是通过财政活动进行的，故也称政府财政投资。政府财政投资，是指国家或政府作为投资主体，将其从国民收入中汲取的财政收入投资于国民经济。它是一种集中性的、政策性的投资，属于财政积累性支出。它和其他非政府投资一起构成整个国民经济总投资，但政府投资和其他非政府投资相比有着重大的不同，主要体现在以下几个方面：

(1) 投资主体不同。政府投资的主体是国家，不同于其他的投资主体，如企业、个人等。国家是一种非常特殊的投资主体。

(2) 投资原则不同。非政府投资的目的是营利，因而其投资决策是遵循实际成本和收益比较的原则。政府是非营利性的公共组织，其投资的目的不能是盈利最大化，而应是社会福利或社会收益最大化。因此，政府投资决策一般应遵循社会成本和社会收益比较的原则来安排。在有些情况下，政府投资可以不盈利或低盈利，只要该投资项目建成后可以极大地提高社会整体的效益即可。

(3) 资金来源及筹集方式不同。政府投资的资金来源是通过财政预算安排由税收形式筹集的，此外还可以来源于公债收入、外债收入。非政府投资无论其投资资金的来源途径和筹集方式如何多样化，都要受自身偿债能力以及市场利率等因素的约束。

2. 政府投资的形式

政府投资的形式是指政府以何种方式将集中起来的财政资金投入国民经济各部门中

去。政府投资的形式主要有两种，即无偿拨款方式和有偿信贷方式。

（1）无偿拨款方式，即由国家财政无偿提供投资资金。我国在进行经济体制改革以前，主要以这种方式进行政府投资。这种投资方式对于实现我国当时的工业化（主要是重工业）发展战略起到了十分重要的作用。在资源有限的条件下，集中资金保证了重点建设工程的资金需求，“一五”时期，基建投资的36.2%投入了重工业，“二五”时期为54%，1963—1965年为45.9%，“三五”时期为51.1%，“四五”时期为49.6%，1976—1978年为49.6%。但是这种投资方式弊端甚多：首先，资金的无偿使用导致软预算约束，不利于提高资金的使用效率，也不利于财政部门在各竞争性投资项目间有效地配置资源。其次，资金的无偿使用容易引起企业和其他资金使用单位产生投资冲动，盲目争投资、争项目，进而引发投资膨胀，也不利于提高投资的效率。

（2）有偿信贷方式，即政府财政部门以低息或无息贷款的方式向企业及其他资金使用单位提供资金。具体来说又有三种方式：1）由财政部门将投资资金拨给国家专业银行，由其将资金以贷款的方式发放给国家准备扶持的产业。我国自1980年以来对有偿还能力的地区和部门的基本建设投资进行“拨改贷”的试点，即将国家预算内基本建设投资由原来的无偿拨款方式改为由财政部门将投资资金拨给建设银行，建设银行则根据国家的基本建设项目发放贷款。2）成立专门的投资基金，有偿使用财政投资资金。为保证国家重点项目的资金来源，减少国家财政收入状况对这些项目的影响，1988年我国对中央基本建设投资实行了基金制，组建能源、交通、原材料等六大国家专业投资公司，这些专业投资公司的资金来源主要有国家预算的定额拨款、能源交通重点建设基金归中央支配的部分、铁道部的包干收入、建筑税或基建投资方向调节税、“拨改贷”后资金收回本息等。3）组建专门的政策性银行，对政策性投资进行管理。1994年以来，为了实现政策性金融和商业性金融的分离，我国组建了中国农业发展银行、中国进出口银行和国家开发银行。

改革开放以来，我国的投资体制也发生了较大的变化。首先，政府作为投资主体的地位发生了变化。新中国成立以来，政府尤其是中央政府作为投资的主体在国民经济生活中起着重要的作用。政府投资不仅范围广，而且力度大。改革开放以来，我国的投资主体趋向多元化。随着国民收入和人均收入的增加，私人积累能力增强，私人投资逐渐兴起，加之外资的引入，这使得我国投资主体日益多元化，政府不可能也不再是我国工业部门的唯一的投资者。其次，政府投资的方式也发生了变化，从主要是无偿拨款方式变为无偿拨款方式与有偿信贷方式相结合。最后，中央政府与地方政府的投资行为发生了变化。1980年，我国实行财政体制改革，确定了财政“分灶吃饭”的体制，这一体制强化了地方政府的利益，以及追求自我利益的动力机制，助长了地方政府的投资冲动，同时也削弱了中央政府吸取资源的能力，使中央政府和地方政府经常在投资决策上产生矛盾。

11.5.4 政府采购与采购制度

1. 政府采购的含义

政府采购是指政府及其机构为了政府管理活动的开展和为公众提供公共服务的需要，在财政的监督下，以法定的形式和法定的程序，对货物、工程或服务的购买活动。

政府采购是政府财政支出的重要形式。政府财政支出可划分为采购支出和转移支出。

采购支出表现为直接获得相等代价的支出，即通过支出获得商品和劳务。转移支出表现为资金无偿或有偿单方面的转移，是一种不直接获得相等代价的财政支出。

2. 政府采购的特点与原则

（1）政府采购的特点。

1）公共性。政府采购的公共性主要体现为：第一，采购主体的公共性。政府采购的主体是公共部门和公共机构，它是执行公共服务职能的政府机构及其工作人员所做出的采购活动。第二，资金来源的公共性。政府采购的资金来源为政府拨款和需要由财政偿还的公共借款。这些资金的来源主要是纳税人缴纳的税款和政府公共服务的收费。第三，采购目的的公共性。政府采购是为了政府日常工作的需要和为社会、公众提供公共产品和服务的需要，其最终目的是维护公共利益，更好地提供公共服务。

2）政策性。政府采购是政府活动的主要组成部分，它体现了政府管理的政策和管理的方向。政府采购对国民经济的影响力非常大，政府采购规模的扩大或缩小、采购方式以及采购结构的变化和调整，对社会经济的发展、产业结构以及人民群众的生活都会产生明显的影响。因此，政府采购具有很强的政策性。采购主体在采购过程中不能表现出自己的偏好，必须以国家的采购政策做指导，并遵循国家采购政策的要求，如最大限度地节约资金、提高效率、购买本国产品等。

3）非商业性。政府采购与商业采购不同，它不以营利为目的，也不是为卖而买，而是通过购买为政府部门提供消费品和为社会提供公共物品，其目的是更好地实现政府的职能。

4）规范性。政府采购要遵循有关采购的法律、法规和制度，按照法定程序来进行，使采购活动体现公开、竞争的原则。

（2）政府采购必须遵循的原则。

1）公开、公平和公正原则。这是政府采购的基本原则。公开是指政府采购要有较高的透明度，如要公开采购的法规、制度，公开采购的需求和程序，公开开标，公开中标结果。公平就是给每个供应商以平等的机会，使其享有同等的权利和承担同等的义务。公正就是按照采购的要求和标准公正地对待所有的供应商。

2）物有所值原则。物有所值，即政府采购的投入（成本）与产出（效益）之比。政府采购追求的是物品的寿命周期，成本最小而收益最大。物有所值是通过竞争来实现的，即有效的政府采购可以激发供应商之间的竞争，从而使政府能够以最合理的价格采购自己满意的商品和服务。

3）透明监督原则。政府采购通过公开和竞争，使采购制度程序处于透明状态，不能搞暗箱操作，从而使采购过程受到有效的监督，建立政府采购的信誉。这也是政府采购人员必须遵守的职业道德。

3. 政府采购的方式与招标性采购程序

（1）政府采购的主要方式。

1）按采购的性质可分为招标方式和非招标方式。招标性采购，是指通过招标的方式，邀请所有的供应商或一定范围的供应商参加投标，采购主体根据采购的要求，从所有投标商中评选出中标供应商，并与之签订合同的一种采购方式。在政府采购中，达到一定金额的采购项目一般要求采用招标方式，但是在有些情况下，如紧急采购或采购来源单一等，可采用非招标方式采购，如采用国内或国外询价采购、单一来源采购、竞争性谈判采购等方式。

2）按招标的范围可分为公开招标采购、选择性招标采购和限制性招标采购等形式。

3）按采购的规模大小可分为小额采购方式、批量采购方式和大额采购方式。

（2）政府招标性采购的基本程序。

1）发布资格预审通告。对于大型工程和大型设备的采购首先要对供应商的资格进行审查，对于不符合资格的供应商不允许参加竞争。

2）准备招标文件。招标文件是供应商准备投标文件和参加投标的依据，也是评价的主要标准。招标文件包括招标通告、投标须知、合同条款、投标书的编制要求、投标保证金、供货一览表、履约保证金等。

3）发布招标通告。在正式招标之前，应在官方指定的媒体上刊登招标通告。

4）发布招标文件。

5）投标、开标。

6）评标、决标。

7）授标与签标。

4. 政府采购制度

政府采购是政府支出的安排和使用的行为。政府采购制度是规定政府采购目的、原则、方法、程序的一系列规范的统称。通过建立政府采购制度，一方面可以有效地规范采购主体和供应商的行为，从而保证采购活动的公正、公平和廉洁；另一方通过采购制度机制，政府可以得到物美价廉的商品和服务，从而提高政府采购的效率和效益。

政府采购制度的建立对于加强廉政建设和整顿财经秩序也具有重要的意义。建立政府采购制度还是推动并实现政府消费行为市场化的重要途径。从世界许多国家的政府采购实践来看，建立政府采购制度是规范政府采购行为的重要途径。

政府采购制度的主要内容有：规范政府采购主体与采购机构的制度；政府采购的基本原则；政府采购的程序与方式；政府采购的规模；投标申诉与控告制度等。

5. 政府购买公共服务

政府购买公共服务，就是通过发挥市场机制作用，把政府直接向社会公众提供的一部分公共服务事项，按照一定的方式和程序，交由具备条件的社会力量承担，并由政府根据服务数量和质量向其支付费用。

党的十八大强调，要加强和创新社会管理，改进政府提供公共服务方式。新一届国务院对进一步转变政府职能、改善公共服务做出重大部署，明确要求在公共服务领域更多地利用社会力量，加大政府购买服务力度。2013 年，国务院办公厅印发了《关于政府向社会力量购买服务的指导意见》，指出推行政府向社会力量购买服务是创新公共服务提供方式、加快服务业发展、引导有效需求的重要途径，对于深化社会领域改革，推动政府职能转变，整合利用社会资源，增强公众参与意识，激发经济社会活力，增加公共服务供给，提高公共服务水平和效率，都具有重要意义。为加快推进政府购买服务改革，2014 年，财政部联合民政部和工商总局制定了《政府购买服务管理办法（暂行）》，提出有关要求和具体规定。同年，财政部和民政部发布了《关于支持和规范社会组织承接政府购买服务的通知》，指出将提升社会组织公共服务能力作为开展政府购买服务的基础性工作，支持和引导社会组织健康有序发展，充分发挥社会组织在承接政府购买服务中的主体作用。2016 年，为加快推进政府购买服务改革，加强对有关工作的组织领导和政策协调，国务院决定专门成立政府购买服务改革工作领导小组，由张高丽副总理担任组长。因此，为积极稳妥地推进政府向社会力量购买服务工作，不断创新和完善公共服务供给模式，加快建设服务型政府，需要从以下六个方面规范有序地开展政府向社会力量购买服务工作：

（1）购买主体。

政府向社会力量购买服务的主体是各级行政机关和参照《公务员法》管理、具有行政管理职能的事业单位。纳入行政编制管理且经费由财政负担的群团组织，也可根据实际需要，通过购买服务方式提供公共服务。

（2）承接主体。

承接政府购买服务的主体包括依法在民政部门登记成立或经国务院批准免予登记的社会组织，以及依法在工商管理或行业主管部门登记成立的企业、机构等社会力量。承接政府购买服务的主体应具有独立承担民事责任的能力，具备提供服务所必需的设施、人员和专业技术的能力，具有健全的内部治理结构、财务会计和资产管理制度，具有良好的社会和商业信誉，具有依法缴纳税收和社会保险的良好记录，并符合登记管理部门依法认定的其他条件。承接主体的具体条件由购买主体会同财政部门根据购买服务项目的性质和质量要求确定。

（3）购买内容。

政府向社会力量购买服务的内容为适合采取市场化方式提供、社会力量能够承担的公共服务，突出公共性和公益性。教育、就业、社保、医疗卫生、住房保障、文化体育及残疾人服务等基本公共服务领域，要逐步加大政府向社会力量购买服务的力度。非基本公共服务领域，要更多更好地发挥社会力量的作用，凡适合社会力量承担的，都可以通过委托、承包、采购等方式交给社会力量承担。对应当由政府直接提供、不适合社会力量承担的公共服务，以及不属于政府职责范围的服务项目，政府不得向社会力量购买。各地区、各有关部门要按照有利于转变政府职能，有利于降低服务成本，有利于提升服务质量水平和资金效益的原则，在充分听取社会各界意见基础上，研究制定政府向社会力量购买服务的指导性目录，明确政府购买的服务种类、性质和内容，并在总结试点经验的基础上，及时进行动态调整。

（4）购买机制。

各地要按照公开、公平、公正原则，建立健全政府向社会力量购买服务机制，及时、充分地向社会公布购买的服务项目、内容以及对承接主体的要求和绩效评价标准等信息，建立健全项目申报、预算编报、组织采购、项目监管、绩效评价的规范化流程。购买工作应按照《政府采购法》的有关规定，采用公开招标、邀请招标、竞争性谈判、单一来源、询价等方式确定承接主体，严禁转包行为。购买主体要按照合同管理要求，与承接主体签订合同，明确所购买服务的范围、标的、数量、质量要求，以及服务期限、资金支付方式、权利义务和违约责任等，按照合同要求支付资金，并加强对服务提供全过程的跟踪监管和对服务成果的检查验收。承接主体要严格履行合同义务，按时完成服务项目任务，保证服务数量、质量和效果。

（5）资金管理。

政府向社会力量购买服务所需资金在既有财政预算安排中统筹考虑。随着政府提供公共服务的发展所需增加的资金，应按照预算管理要求列入财政预算。要严格资金管理，确保公开、透明、规范、有效。

（6）绩效管理。

加强政府向社会力量购买服务的绩效管理，严格绩效评价机制。建立健全由购买主体、服务对象及第三方组成的综合性评审机制，对购买服务项目数量、质量和资金使用绩效等进行考核评价。评价结果向社会公布，并作为以后年度编制政府向社会力量购买服务预算和选择政府购买服务承接主体的重要参考依据。

11.6 预算外资金及其管理

11.6.1 预算外资金及其特点

预算外资金，是国家机关、企事业单位和社会团体为履行或代行政府职能，依据国家法律、法规和具有法律效力的规章，收取、提取和安排使用的未纳入国家预算规定的各种财政性资金。预算外资金，是财政资金的延伸，它与预算内资金同属于国家财政资金。预算外资金与预算内资金相比具有不同的特点：

1. 无偿性

预算外资金虽然不纳入国家预算，但它同国家预算资金共同构成国家财政资金，从而都具有财政资金的无偿性质。预算外资金的形成和使用，同国家预算资金的无偿性质是一样的。这也是区别于信贷资金和国家财政中其他资金的不同点。

2. 自主性

预算外资金是由各地方、部门和单位分散筹集的财政资金，并由它们自行管理，享有资金支配权，自收自支，国家不直接占有，也不能任意平调，以保障各单位的利益，充分调动各方面的积极性。这是预算外资金与预算内资金的主要区别。但是，承认预算外资金具有自主性，并不等于国家可以撒手不管，放任自流。预算外资金的使用实质上履行的是政府职能，国家还必须通过财政政策、财政制度等，从宏观上加以指导、控制和调节；通过财政管理和财政监督，使预算外资金的收支活动符合国家规定，符合社会整体利益；不允许任意扩大预算外资金范围，随意使用资金。

3. 专用性

预算外资金从其形成到使用，都体现出专用性。它是为了满足某些专项支出需要而设置的，如公路养路费只能用于公路的维修养护，企业生产发展基金只能作为企业发展生产的更新改造资金或流动资金来使用，事业单位的预算外资金主要用于发展各项事业。预算外资金的专用性，是设立预算外资金的条件，由此确定了预算外资金的专款专用的原则；如果不限定用途，打乱支出范围，就等于否定了预算外资金存在的必要性。

4. 分散性

预算外资金项目繁多，分散于各地区、部门和企事业单位中，与国家资金的集中性相比，属于国家非集中性的财政资金。对预算外资金实行分散管理，具有客观的必要性，是符合地方因地制宜发展国民经济要求的。

11.6.2　预算外资金的范围

预算外资金的范围是由预算外资金的性质决定的。目前，按照我国有关规定，预算外资金的范围主要包括以下几个方面：(1) 法律、法规规定的行政事业性收费、基金和附加收入；(2) 国务院或省级人民政府及其财政、计划（物价）部门审批的行政事业性收费；(3) 国务院以及财政部审批建立的基金、附加收入等；(4) 主管部门从所属单位集中的上缴资金；(5) 用于乡政府开支的乡自筹和乡统筹资金；(6) 其他未纳入预算管理的财政性资金。社会保障基金在国家未建立社会保障预算制度前按预算外资金管理制度进行管理。国有企业税后留用资金由企业自主处理，不作为预算外资金管理。其他非营利组织（事业单位和社会团体）通过市场取得的不体现政府职能的经营、服务性收入也不作为预算外资金管理，但其收入要依法纳税，并纳入单位财务收支计划，实行收支统一核算。

11.6.3　预算外资金的管理

1. 将预算外资金纳入国民经济综合平衡轨道

近年来，我国预算外资金迅速增长，搞活了经济，促进了社会主义经济文化建设的发展。但由于缺乏经验，宏观调控机制还不健全，预算外资金存在着失控现象，成为国民经济发展的不稳定因素之一。为使国民经济保持合理的比例、结构，长期稳定地健康发展，有必要将预算外资金纳入国民经济计划，并统一进行综合平衡。

2. 监督预算外资金的形成和使用，提高资金的使用效益

对预算外资金的形成和使用要进行监督。有些单位从本地区、本单位的局部利益出发，采取不正当的手段，变预算内资金为预算外资金；有些单位任意扩大预算外资金的范围，提高收费标准，任意罚款，任意截留国家利润，偷漏税收，乱摊成本；有些单位将不符合制度规定的开支，在预算外资金中任意报销。我国一度对预算外资金管理不严，缺乏监督，造成了严重的铺张浪费，助长了不正之风，甚至为贪污腐败开了方便之门，为此，有必要加强对预算外资金的管理，对预算外资金的形成、分配和使用进行全面的监督，以提高资金的使用效益。

3. 加强预算外资金收支的计划管理

要建立预算外资金的预决算制度，各部门和各单位要编制预算外资金收支计划和单位财务收支计划，并及时报送同级财政部门，对预算内拨款和预算外收入统一核算、统一管理；同级财政部门要对报送的计划认真审核，并编制本级预算外资金收支计划，报经同级人民政府批准，同级财政部门按批准的计划执行。年度终了时，单位要进行预算外资金收支决算，并报同级财政部门审批；由本级财政部门编制本级预算外资金收支决算，并报同级政府审批，在此基础上编制预算内和预算外收支的综合财政计划。只有实行计划管理，才能克服预算外资金收入混乱、支出盲目和资金分散积压的弊端。

4. 加快预算外资金的立法和制度建设

加快预算外资金管理的立法工作，制定预算外资金管理条例，建立预算外资金决算审议制度，使预算外资金真正成为国家的“第二预算”。

11.7 党的十八大以来财税体制改革

党的十八大以来，为进一步深化财税体制改革，完善公共财政体系，中央采取了一系列重要的战略部署。特别是党的十八届三中全会通过的《中共中央关于全面深化改革若干重大问题的决定》明确指出：“财政是国家治理的基础和重要支柱，科学的财税体制是优化资源配置、维护市场统一、促进社会公平、实现国家长治久安的制度保障。必须完善立法、明确事权、改革税制、稳定税负、透明预算、提高效率，建立现代财政制度，发挥中央和地方两个积极性。”要改进预算管理制度，完善税收制度，建立事权和支出责任相适应的制度，将财税体制改革作为推进国家治理体系和治理能力现代化的重要内容。2014年6月，中共中央政治局通过了《深化财税体制改革总体方案》，指出深化财税体制改革的目标是建立统一完整、法治规范、公开透明、运行高效，有利于优化资源配置、维护市场统一、促进社会公平、实现国家长治久安的可持续的现代财政制度。新一轮财税体制改革将重点推进三个方面的改革：改进预算管理制度，强化预算约束、规范政府行为、实现有效监督，加快建立全面规范、公开透明的现代预算制度；深化税收制度改革，优化税制结构、完善税收功能、稳定宏观税负、推进依法治税，建立有利于科学发展、社会公平、市场统一的税收制度体系，充分发挥税收筹集财政收入、调节分配、促进结构优化的职能作用；调整中央和地方政府间财政关系，在保持中央和地方收入格局大体稳定的前提下，进一步理顺中央和地方收入划分，合理划分政府间事权和支出责任，促进权力和责任、办事和花钱相统一，建立事权和支出责任相适应的制度。新一轮财税体制改革的目标是到2020年基本建立现代财政制度。

11.7.1 深化预算管理制度改革

从逻辑看，现代预算制度是现代财政制度的基础。深化预算管理制度改革，实施全面规范、公开透明的预算制度，是深化财税体制改革，建立现代公共财政制度的迫切需要；是完善社会主义市场经济体制，加快转变政府职能的必然要求。2014年，十二届全国人大常委会十次会议表决通过了新《预算法》，确立了一般公共预算、政府性基金预算、国有资本经营预算和社会保险基金预算四本预算组成的全口径预算体系，并对四本预算分别做了细化规定。强化预算约束，建设“阳光政府”。2014年9月，国务院印发了《关于深化预算管理制度改革的决定》，对全面推进预算管理制度改革做了各项工作部署，包括“七项任务”：（1）完善政府预算体系，积极推进预算公开；（2）改进预算管理和控制，建立跨年度预算平衡机制；（3）加强财政收入管理，清理规范税收优惠政策；（4）优化财政支出结构，加强结转结余资金管理；（5）加强预算执行管理，提高财政支出绩效；（6）规范地方政府债务管理，防范化解财政风险；（7）规范理财行为，严肃财经纪律。

11.7.2　深化税收制度改革

税收政策和税收制度与经济的运行关系密切，对经济发展有直接影响。2014 年 9 月国务院印发的《关于深化预算管理制度改革的决定》同样对税收制度改革提出了相应的工作要求，提出了优化税制结构、完善税收功能、稳定宏观税负、推进依法治税的改革思路，部署了“六税一法”以及清理规范税收优惠政策的改革任务。具体内容如下：

（1）加强税收征管。各级税收征管部门要依照法律法规及时足额组织税收收入，并建立与相关经济指标变化情况相衔接的考核体系。切实加强税收征管，做到依法征收、应收尽收，不收过头税。严格减免税管理，不得违反法律法规的规定和超越权限多征、提前征收或者减征、免征、缓征应征税款。加强执法监督，强化税收入库管理。

（2）加强非税收入管理。各地区、各部门要依照法律法规切实加强非税收入管理。继续清理规范行政事业性收费和政府性基金，坚决取消不合法、不合理的收费基金项目。加快建立健全国有资源、国有资产有偿使用制度和收益共享机制。加强国有资本收益管理，完善国家以所有者身份参与国有企业利润分配制度，落实国有资本收益权。加强非税收入分类预算管理，完善非税收入征缴制度和监督体系，禁止通过违规调库、乱收费、乱罚款等手段虚增财政收入。

（3）全面规范税收优惠政策。除专门的税收法律、法规和国务院规定外，各部门起草其他法律、法规、发展规划和区域政策都不得突破国家统一财税制度、规定税收优惠政策。未经国务院批准，各地区、各部门不能对企业规定财政优惠政策。各地区、各部门要对已经出台的税收优惠政策进行规范，违反法律法规和国务院规定的一律停止执行；没有法律法规障碍且具有推广价值的，尽快在全国范围内实施；有明确时限的到期停止执行，未明确时限的应设定优惠政策实施时限。建立税收优惠政策备案审查、定期评估和退出机制，加强考核问责，严惩各类违法违规行为。

11.7.3　建立财政事权和支出责任相适应的制度

合理划分中央与地方财政事权和支出责任是政府有效提供基本公共服务的前提和保障，是建立现代财政制度的重要内容，是推进国家治理体系和治理能力现代化的客观需要。2016 年，国务院印发了《关于推进中央与地方财政事权和支出责任划分改革的指导意见》，对于建立事权和支出责任相适应的制度提出了总体要求和系统部署，这也是“十三五”时期财税改革领域的重头戏。改革具体内容如下：

（1）推进中央与地方财政事权划分。

1）适度加强中央的财政事权。坚持基本公共服务的普惠性、保基本、均等化方向，加强中央在保障国家安全、维护全国统一市场、体现社会公平正义、推动区域协调发展等方面的财政事权。强化中央的财政事权履行责任，中央的财政事权原则上由中央直接行使。中央的财政事权确需委托地方行使的，报经党中央、国务院批准后，由有关职能部门委托地方行使，并制定相应的法律法规予以明确。对中央委托地方行使的财政事权，受委托地方在委托范围内，以委托单位的名义行使职权，承担相应的法律责任，并接受委托单位的监督。

2）保障地方履行财政事权。加强地方政府公共服务、社会管理等职责。将直接面向基层、量大面广、与当地居民密切相关、由地方提供更方便有效的基本公共服务确定为地方的财政事权，赋予地方政府充分自主权，依法保障地方财政事权的履行，更好地满足地方基本公共服务需求。地方的财政事权由地方行使，中央对地方的财政事权履行提出规范性要求，并通过法律法规的形式予以明确。

3）减少并规范中央与地方共同财政事权。考虑到我国人口和民族众多、幅员辽阔、发展不平衡的国情和经济社会发展的阶段性要求，需要更多发挥中央在保障公民基本权利、提供基本公共服务方面的作用，因此应保有比成熟市场经济国家相对多一些的中央与地方共同财政事权。但在现阶段，针对中央与地方共同财政事权过多且不规范的情况，必须逐步减少并规范中央与地方共同财政事权，并根据基本公共服务的受益范围、影响程度，按事权构成要素、实施环节，分解细化各级政府承担的职责，避免由于职责不清造成互相推诿。

4）建立财政事权划分动态调整机制。财政事权划分要根据客观条件变化进行动态调整。在条件成熟时，将全国范围内环境质量监测和对全国生态具有基础性、战略性作用的生态环境保护等基本公共服务，逐步上划为中央的财政事权。对新增及尚未明确划分的基本公共服务，要根据社会主义市场经济体制改革进展、经济社会发展需求以及各级政府财力增长情况，将应由市场或社会承担的事务交由市场主体或社会力量承担，将应由政府提供的基本公共服务统筹研究划分为中央财政事权、地方财政事权或中央与地方共同财政事权。

（2）完善中央与地方支出责任划分。

1）中央的财政事权由中央承担支出责任。属于中央的财政事权，应当由中央财政安排经费，中央各职能部门和直属机构不得要求地方安排配套资金。中央的财政事权如委托地方行使，要通过中央专项转移支付安排相应经费。

2）地方的财政事权由地方承担支出责任。属于地方的财政事权原则上由地方通过自有财力安排。对地方政府履行财政事权、落实支出责任存在的收支缺口，除部分资本性支出通过依法发行政府性债券等方式安排外，主要通过上级政府给予的一般性转移支付弥补。地方的财政事权如委托中央机构行使，地方政府应负担相应经费。

3）中央与地方共同财政事权须区分情况划分支出责任。根据基本公共服务的属性，体现国民待遇和公民权利、涉及全国统一市场和要素自由流动的财政事权，如基本养老保险、基本公共卫生服务、义务教育等，可以研究制定全国统一标准，并由中央与地方按比例或以中央为主承担支出责任；对受益范围较广、信息相对复杂的财政事权，如跨省（区、市）重大基础设施项目建设、环境保护与治理、公共文化等，根据财政事权外溢程度，由中央和地方按比例或中央给予适当补助方式承担支出责任；对中央和地方有各自机构承担相应职责的财政事权，如科技研发、高等教育等，中央和地方各自承担相应支出责任；对中央承担监督管理、出台规划、制定标准等职责，地方承担具体执行等职责的财政事权，中央与地方各自承担相应支出责任。

（3）加快省以下财政事权和支出责任划分。

省级政府要参照中央做法，结合当地实际，按照财政事权划分原则合理确定省以下政府间财政事权。将部分适宜由更高一级政府承担的基本公共服务职能上移，明确省级政府在保持区域内经济社会稳定、促进经济协调发展、推进区域内基本公共服务均等化等方面的职责。将有关居民生活、社会治安、城乡建设、公共设施管理等适宜由基层政府发挥信息、管理优势的基本公共服务职能下移，强化基层政府贯彻执行国家政策和上级政府政策的责任。

省级政府要根据省以下财政事权划分、财政体制及基层政府财力状况，合理确定省以下各级政府的支出责任，避免将过多支出责任交给基层政府承担。

第 12 章

当代中国政府对公共安全事务的管理

12.1 公共安全事务管理的组织体系

根据我国现行的行政管理体制，政府对公共安全的管理工作由公安机关担负。公安机关作为我国人民民主专政的重要工具之一，是国家行政机关中担负维护国家安全和社会秩序工作的具有武装性质的治安行政机关。其具体特征表现在以下三个方面：

（1）公安机关是国家行政机关的组成部分。作为维护国家安全和社会治安秩序的专门机关，公安部和地方各级公安机关是国务院和地方各级人民政府的所属部门，在国务院和地方各级人民政府的领导下，依法履行自己的职责，维护国家利益和社会的稳定与发展。

（2）公安机关是行使部分司法职能的机关。它在行政管理活动中是专职的公共安全管理机关，同时又行使着部分司法职能。在刑事案件中，它负责对案件的侦查、对罪犯的拘留和对人犯的预审等工作，和人民法院、人民检察院及司法行政机关等共同行使着国家的司法权。

（3）公安机关是具有武装性质的机关。具体表现为：它有武装性质的队伍，如人民武装警察、刑事和治安警察、防暴警察等；它执行武装警察的任务，如保卫边境安全、打击恐怖组织活动、消灭匪特、追捕罪犯等；它实行军事化管理制度，具有严明的组织纪律和各项制度；它的工作人员要经过严格的专业素质训练，并具备良好的军事素质和政治素质；它依法配备武器装备，并依法予以使用。

公安机关的上述特征，决定了它在国家公共安全管理中的地位和作用。

中国政府对公共安全的管理，主要是通过公安机关加以实施的。公安机关的组织体系、管理的职权、管理的内容及管理的规则，又是由国家的法律和国务院的行政法规所明确规定的。因此可以这样说，公安机关作为公安行政法律关系的主体之一，它所从事的公共安全管理的任务，实际上是通过实施法律规范即公安执法来实现的。

12.1.1　公安机关的组织体系

现阶段公安机关的组织体系是：

1. 公安部

国务院设立公安部，主管全国的公安工作。它是国务院的一个职能部门，是人民警察的领导机关和指挥机关。公安部在党中央、国务院的领导下，按照党的路线、方针、政策和国家的宪法、法律指导全国公安机关的组织建设和业务建设，依法管理社会治安，惩治犯罪分子，维护社会治安秩序，保护公民的人身、财产安全和其他合法权益，保障社会主义现代化建设的顺利进行。公安部实行部长负责制，由部长主持公安部的全面工作。公安部设有办公厅、警务督察、人事训练、宣传、经济犯罪侦查、治安管理、边防管理、刑事侦查、出入境管理、消防、警卫、公共信息网络安全监察、监所管理、交通管理、法制、外事、装备财务、禁毒、科技、反恐怖、信息通信等局级机构，分别承担有关业务工作。铁路公安局，交通运输部、中国民用航空局、国家林业局的公安局和海关总署缉私局列入公安部序列，接受主管部门和公安部双重领导。

2. 地方公安机关

地方公安机关分四个层次，包括省级公安机关、地市级公安机关、县级公安机关、基层公安派出所或公安助理员。

（1）省级公安机关。我国在省级国家行政机关体系中，设立省（自治区、直辖市）公安厅（局），负责本省（自治区、直辖市）的公安工作。它受本级人民政府领导，并对其负责，同时在组织建设、业务建设方面又接受公安部的指导。省级公安机关设置若干处，负责侦查、预审、消防、户籍、治安等业务工作。

（2）地市级公安机关。在省（自治区）的派出机关行政公署内设公安处，负责行政公署内的公安行政工作；在省辖市政府设立公安局，负责本行政区域内的公安工作；在自治州（盟）政府设立公安处，负责州（盟）的公安工作；在直辖市所属各区设立公安分局，负责本辖区内的公安工作。

（3）县级公安机关。在县（县级市、自治县、自治旗）设立公安局，在市辖区设立公安分局，它们分别负责本辖区内的公安工作。

（4）基层公安派出所或公安助理员。大中城市各街道办事处管辖区和县属的镇（乡、民族乡）设立公安派出所或公安助理员，作为公安分局和县（县级市、旗）公安局的派出机构。

我国政府对地市级公安机关、县级公安机关、基层公安派出所或公安助理员也是实行双重领导，它们既接受本级行政机关的领导，又接受上级公安机关的领导。

3. 专业公安机关

专业公安机关是指在某些专业部门设立的专门性的公安派出机构。目前已设立的有铁路、交通、民航、林业公安机关。它们是适应这些部门的特殊需要而设立的。

4. 人民武装警察部队

公安部领导和建设人民武装警察部队。公安部设立武警总部；省（自治区、直辖市）设立武警总队；地市级设立武警支队；沿边和沿海的县（市、旗）设立武警大队，内地县设立武警中队。

12.1.2 公安机关的职权

公安机关的职权，即公安机关的职责和权限，通常是指公安机关应履行的国家法律所赋予它的职责，以及为能履行这些职责而由法律规定的公安机关的权限或者权力。

1. 公安机关的职责

地方各级公安机关的职责，依照法律、法规和规章的规定，并参照公安部的职责确定。公安部的主要职责有：

（1）研究拟定公安工作的方针、政策，起草有关法律法规草案，指导、监督、检查全国公安工作。

（2）掌握影响稳定、危害国内安全和社会治安的情况，指导、监督地方公安机关依法查处危害社会治安秩序行为，依法管理户口、居民身份证、枪支弹药、危险物品和特种行业等工作。

（3）组织指导侦查工作，协调处置重大案件、治安事故和骚乱，指导防范、打击恐怖活动。

（4）依法管理国籍、口岸边防检查工作，指导、监督消防工作、道路交通安全、交通秩序以及机动车辆、驾驶员管理等工作。

（5）指导、监督地方公安机关对国家机关、社会团体、企事业单位和重点建设工程的治安保卫工作以及群众性治安保卫组织的治安防范工作和公共信息网络的安全监察工作。

（6）指导、监督地方公安机关依法承担的执行刑罚和监督、考察工作，指导对看守所、拘留所、强制戒毒所等的管理工作。

（7）组织实施对党和国家领导人以及重要外宾的安全警卫工作。

（8）组织实施公安科学技术工作，规划公安信息技术、刑事技术建设，制定公安机关装备、被装配备和经费等警务保障标准和制度。

（9）组织开展同外国、国际刑警组织和香港、澳门特别行政区及台湾地区警方的交往与业务合作，履行国际条约和合作协议。

（10）统一领导公安边防、消防、警卫部队建设，对武警总部执行公安任务及相关业务建设实施领导和指挥。

（11）制定公安机关人员培训、教育及宣传的方针和措施；按规定权限管理干部；指导公安机关法制工作；制定公安队伍监督管理工作规章制度，指导公安机关督察工作；查处或督办公安队伍重大违纪事件，维护公安民警正常执法权益。

2. 公安机关的权限

公安机关的权限，通常是由若干基本权力构成的。这种权限主要表现为公安机关在行政执法活动中所享有的基本权力。而这种权力往往是法律规范所赋予的，也是由公安行政执法行为的特性所决定的。

首先，公安行政执法行为的主体具有武装性。公安行政执法行为的主体是具有武装性质的公安机关和公安人员，代表国家行使权力，以国家的强制力保证行政执法行为的执行。

其次，公安行政执法行为具有广泛性。依照公安机关的职责，公安机关的具体执法行为涉及国家生活和社会生活的各个方面，涉及各个领域和社会的各个阶层。例如，户口管理的执法行为，公共秩序、交通、消防等的执法行为，都与公民、社会各个方面有着广泛的联系。此外，公安行政执法行为还往往渗透到其他行政部门的执法领域之中，它不但要侦查多种犯罪行为，还要预防、发现和制止各种违法犯罪活动。因此，在维护公共生活秩序和公众安全这一广阔的领域内，公安行政执法对诸多法律规范的贯彻实施负有保障之责，对其他国家机关工作人员的职务活动负有保护、协助之责。

最后，公安行政执法具有强制性。公安行政执法是由公安机关以特殊的强制手段保证实施的，这就决定了它具有特殊的非常权力。它不仅具有一般行政部门所具有的许可、警告、罚款、没收财物、责令赔偿等手段，而且具有一般行政部门所不具有的隔离、传唤、管束、拘禁等限制人身自由的强制执行手段。

根据有关单行的专门法律、法规和规章的规定，公安机关对公共安全的管理权限主要有以下几种：

（1）行政教育权。行政教育权是公安机关进行治安管理的一个基本手段，也是公安机关行使管理职权时应用最广泛的初级权力手段。这种权力手段与一般的思想工作方法是不同的，它不仅具有相当的法律约束力，而且具有权威性和专职性（由各级公安机关行使的专职性）。一般来说，在公安管理工作的实践中，凡是能用这个权力手段解决的问题，就不需要采取其他强制性的手段。这样，可以有效地预防、制止或矫正某些轻微的违法、违章的行为。

（2）治安行政管理权。治安行政管理是指公安机关对其职权范围内的社会秩序、生产秩序、生活秩序、工作秩序等公共秩序依法进行的管理。从广义上讲，公安机关对犯罪活动进行侦察、逮捕等也是一种治安管理活动，但公安行政执法上的治安管理是狭义的，它专指公安机关依照法律的规定，运用行政强制手段，对违反治安管理规定、尚不够刑事处罚的行为所进行的管理。例如，公安机关的户籍部门按照《居民身份证法》的规定，有权颁发、查验和撤销居民的身份证；公安机关的交通管理部门按照《道路交通安全法》的规定，有权对各种车辆、驾驶人员、行人等进行管理，并有权维护交通秩序与交通安全，纠正违章行为或查处事故；公安机关的消防部门按照《消防法》的规定，有权进行消防管理和安全监督；公安机关的外事部门和户籍部门按照《国籍法》的规定，对外国人或者无国籍的人申请加入中国国籍，以及中国公民申请退出中国国籍的，有权做出批准或者不予批准的决定；公安边防部门按照《出境入境边防检查条例》的规定，有权对出入国境的人员及其护照，或对其他出入国境的证件、行李物品和进出国境的交通运输工具及其载运物资实施边防检查。此外，根据有关法规和规章的规定，公安机关有权对特种行业（包括旅店业、旧货业、印铸业、刻字业、修理业及复印业等）进行管理；同时，对危险品（包括弹药、爆炸物品、剧毒物品、放射性物品、易燃物品以及其他易于造成人身伤亡的物品）、枪支、刀具等，也有权进行管理。

（3）治安处罚权。治安处罚是指对违反治安管理法规，尚不构成刑事犯罪的行为所给予的行政强制处罚。构成治安管理处罚必须具备三个要件：一是当事人违反了治安管理规定，实施了治安管理所禁止的行为；二是违反治安管理规定的当事人在主观上必须有过错，过错包括故意和过失（由于不可抗力或意外事件造成违反治安管理规定的行为除外）；三是违反治安管理规定的当事人必须是达到法定年龄和具有行为能力的人（《治安管理处罚法》规定，不满 14 岁的人、精神病人在不能辨认或者不能控制自己行为的时候，又聋又哑的人或者盲人因生理缺陷的原因违反治安管理规定的除外）。

根据《治安管理处罚法》和其他有关法规的规定，公安机关享有治安管理的处罚权。治安处罚的种类有：警告——对违反治安管理规定的行为所给予的最轻的治安处罚；罚款——对违反治安管理规定的行为人，令其在一定的期限内缴纳一定数量货币的强制性处罚措施；拘留——对违反治安管理规定的行为人，公安机关依法在一定时间内限制其人身自由的一种处罚，这种拘留是行政拘留，它与刑事拘留不同，被拘留的人只是以暂时失去人身自由的形式承担法律责任，但这种处罚是最严厉的治安处罚手段。治安处罚的种类除上述三种外，同时还附带有“没收”的权力，即对“违反治安管理行为的工具必须没收”，对违反治安管理行为所得的财物应当没收。

12.2 公共安全事务管理的主要内容

12.2.1 公共秩序管理

公共秩序是治安管理的一个重要方面，是治安管理工作的一项经常性任务。公共秩序是指人们在社会生活中为维护公共事业和集体利益所必须遵守的行为规范。搞好公共秩序的管理，直接关系到广大人民群众的切身利益和社会的安定，也关系到国家的声誉。公共秩序管理的重点场所包括：车站、码头，公共文娱、体育场所，公园、风景游览区，商场、集市贸易市场，等等。公共秩序管理的主要内容包括：对车站、码头的管理，对商场、集市贸易市场的管理，对公共文娱、体育场所的管理，制止和取缔利用封建迷信进行违法犯罪活动，严禁赌博，严禁卖淫、嫖宿、暗娼以及介绍或者容留卖淫、嫖宿、暗娼的行为，查禁、取缔淫秽性物品，严禁种植、吸食、贩卖毒品。

12.2.2 出入境管理

管理我国公民的出入境和外国人的入出境，是公安机关的一项重要工作。目前，出入境管理方面的法律规定主要有《出境入境管理法》及其实施细则。

1. 对我国公民出入境的管理

我国公民出入境是指公民因公务、私事和海员执行任务的出入境。公安机关依法对公民出入境实行管理，并有权对违法行为进行制裁。

2. 对外国人入出境的管理

（1）对外国人入境的管理。外国人入境，是指外国人持有合法有效证件、签证，从中国对外开放或者指定的口岸进入我国领土。

（2）对外国人居留、旅行的管理。居留是指外国人入境后，根据我国的法律、法规，在中国境内停留或者居住。

外国人持有效的签证或者居留证件，可以前往中国政府规定的对外国人开放的地区旅行。外国人前往我国不对外国人开放的地区旅行，必须事先向所在地的市、县公安机关申请旅行证，获准后方可前往。外国人的旅行证有效期为 1 年，但不得超过外国人所持签证或居留证件的有效期。外国人领取旅行证后，如果要求延长旅行证有效期、增加不对外国人开放的旅行地点、增加偕行人数，必须向公安机关申请延期或者变更。

外国人在中国死亡的，其家属或者监护人、代理人还必须按规定时间到当地公安机关申报并缴销死者的居留证件或者签证。

另外，还有对外国人出境的管理、入出境检查以及对外国人违反入出境管理规定的处罚。

12.2.3　户口和居民身份证管理

户口管理和居民身份证管理是公安行政管理的主要内容之一。在这方面的主要法律规定有《户口登记条例》《居民身份证法》及其实施细则。

1. 户口管理

户口是住户和人口的总称。户口管理就是户口管理机关——各级公安机关依照国家的户口法规，对住户和人口进行登记和管理。户口管理是我国公安机关的一项重要业务，是国家行政管理的重要组成部分。

户口管理工作有三项基本任务：（1）通过户口管理，发现、防范和打击犯罪分子的破坏活动，维护社会秩序；（2）证明公民的身份，保障公民的合法权利和利益；（3）通过户口管理工作，为国家提供人口资料。户口的种类有城镇户口、农村户口、水上户口、集镇自理口粮户口以及集体户口等。

2. 居民身份证管理

居民身份证是指公安机关依照法律规定颁发的、具有证明公民身份效力的法定证件。居民身份证管理，是指公安机关就居民身份证的颁发、使用，公民申领登记手续，收缴措施，查验，以及对违反居民身份证的规定的行为等做出的行政行为。1985 年 9 月 6 日，《居民身份证条例》公布，标志着居民身份证制度在全国正式施行。

12.2.4　消防管理

消防管理是公安机关的一项重要工作。新中国成立以来，国家先后公布了一系列有关消防管理的法律和法规，主要有《消防法》《化学易燃物品防火管理规则》《高层建筑消防管理规则》《森林防火条例》等。这些法律、法规和规章的规定构成了公安消防的主要内容。

12.2.5　道路交通管理

道路交通管理是公安机关维护交通秩序、保障道路交通安全畅通的一项专门任务。它包括交通安全宣传教育、交通指挥、交通秩序、处理交通事故和车辆检验、驾驶查核与发牌发证、道路管理、行人和乘车人的管理以及交通标志、标线等安全设施的设置与管理等等。1986 年 10 月 17 日，国务院决定，全国城乡道路交通由公安机关负责统一管理，包括对机动车辆及机动车驾驶员的管理，对非机动车辆、行人和乘车人的管理，对道路的管理以及对道路交通违法人员的处罚。

道路交通管理最重要的法律法规是 2003 年 10 月 28 日公布、2004 年 5 月 1 日实施的《道路交通安全法》（2007 年和 2011 年两次修正）和 2004 年 4 月 28 日公布、2004 年 5 月 1 日实施的《道路交通安全法实施条例》。

12.2.6 民用危险品管理

民用危险品管理是指公安机关依法对枪支弹药、爆炸物品、剧毒物品、放射性物品、易燃物品以及其他可能危害社会、带有破坏性质的物品所实施的治安管理。民用危险品的管理是公安机关治安管理工作的一项重要业务。目前，公安机关对民用危险品管理的法律规定主要有《民用爆炸物品安全管理条例》《关于违反爆炸、易燃危险品管理规则的处罚暂行办法》《枪支管理法》，以及《公安部对部分刀具实行管制的暂行规定》《危险化学品安全管理条例》《麻醉药品和精神药品管理条例》《放射性同位素与射线装置安全和防护条例》等。

12.2.7 特种行业管理

特种行业管理是指公安机关根据维护公共秩序、保障公共安全的需要，依法对旅馆业、印刷业、刻字业、收购生产性废旧金属和信托寄卖业等进行的治安管理。

12.3 公安行政执法

公安行政执法，是公安机关和公安人员为维护社会的治安管理秩序，保护公民、法人和其他组织的合法权益，依法进行的管理活动的总称。

12.3.1 公安行政处罚的依据、种类和运用规则

公安机关在公安行政管理活动中实施行政处罚，是法律赋予它的职权。但这种职权不能滥用，必须依据法律规定的权限，采取必要的强制措施，遵循一定的原则去履行和实施。

1. 公安行政处罚的依据和种类

公安行政处罚是依据国家的法律、法规和公安部制定的规章等法律规范进行的。离开了这些法律规范，公安行政处罚就失去了处罚依据，公安机关就会被提起行政诉讼，从而影响公安机关对公共安全的管理。为此，全国人民代表大会及其常务委员会通过了大量有关公安方面的法律和法令，国务院和国务院公安行政管理部门也制定了许多行政法规和行政规章，规定了公安行政处罚的内容，成为公安机关实施公安行政处罚的法律依据。公安

行政处罚的种类主要有：

（1）警告。这是对违反公安管理的相对人通过警告裁决书发出的告诉，是公安行政处罚中比较轻的一种处罚，一般适用于初次或者偶尔违法者。

（2）罚款。这是对违反公安管理的相对人的一种经济制裁，即公安机关依法对违反公安管理的相对人，责令其在一定期限内缴纳一定的款项。罚款金额的一般幅度为 1 元以上 200 元以下；对卖淫、嫖宿等严重违反公安管理行为的，处以 5 000 元以下的罚款。

（3）行政拘留。这是公安机关在一定期限内依法限制违反公安管理的相对人人身自由的一种处罚，通常又称为治安拘留。拘留期限为 1 日以上 15 日以下。一人有两种以上违反公安管理行为的，分别裁决，合并执行；两种以上拘留按天数相加，可以超过 15 天。行政拘留是公安行政处罚中最重的处罚。

（4）没收。这是指公安机关依法剥夺公民、法人或者其他组织非法生产、经营及通过其他非法途径获得的钱物的处罚，这些财物由公安机关无偿收归国家处置。

（5）吊销许可证和执照。这是指当事人经申请获得公安机关颁发的许可证和执照后，不履行法定的义务或者违法从事许可的活动，公安机关依法剥夺其从事该项活动权利的处罚。

（6）责令停产停业整顿。这是指公安机关对影响社会秩序和公共安全的场所和单位，责令其暂时停止生产和营业，限期消除安全隐患的处罚。它主要适用于违反特种行业管理和消防管理的相对人。

（7）限期出境、驱逐出境。这是指公安机关对外国人违反我国入境出境管理法规而实施的行政处罚。

2. 公安行政强制措施

为了及时制止各种违法行为，维护社会安定，法律除赋予公安机关一定的行政处罚权外，还赋予公安机关依法采取强制执行手段的权力，即公安机关有权采取行政强制措施。公安行政强制措施是公安机关在公安行政管理活动中，对不履行法定义务或者不服从公安机关处罚的人所采取的限制人身自由或者限制财产流通的强制性措施。它主要有以下几种：

（1）强制传唤。对违反治安管理的相对人，经口头或者书面传唤后，无正当理由拒不接受传唤或者逃避传唤时，公安机关可以强制传唤；必要时，经派出所所长以上负责人批准，可以使用械具。

（2）强制拘留。公安机关对违法抗拒拘留处罚执行的相对人，可以采取强制执行措施，包括必要时依法使用械具。

（3）强制隔离、约束。精神病人、醉酒的人和有自杀企图的人，在其对本人有危险或者对他人的安全有威胁时，公安机关有权对其采取暂时限制人身自由的强制措施。一旦对本人的危险或者对他人安全存有的威胁因素消除，这种强制措施就应当立即解除。

（4）强制执行罚款。对裁决的罚款无正当理由逾期不缴纳的，公安机关可以按日增加罚款；拒绝缴纳罚款的，可以处以 15 日以下拘留，罚款仍应执行。

（5）强制戒毒。公安机关依照国家法律的规定，对隐瞒吸毒行为或者拒不向政府登记、逾期又不戒毒的人，可以采取强制措施要求其戒毒。

（6）强行查封。公安机关对违反治安管理的有关物品和场所，可以采取粘贴封条、就地封存、不许持有人或所有人使用和处分的强制措施，如查封容留妇女卖淫的旅馆、饭店等。

（7）强行扣押。公安机关有权对违反治安管理的有关物品采取予以留置的强制措施，如扣押交通肇事的车辆、扣留居民身份证等。

（8）劳动教养。这是一种强制性的教育改造措施。公安机关接受劳动教养管理委员会的委托，负责审查批准需要劳动教养的人。

公安行政强制措施还包括：强制铲除毒品原植物，收容教养卖淫妇女和嫖宿人员、犯罪少年，强制收兑外汇，强行驱散，强行遣回原地，强行遣送出境，缩短停留期限或取消居留资格，等等。

3. 公安行政处罚的规则

公安机关在实施行政处罚过程中，一定要坚持以事实为依据、以法律为准绳、教育与处罚相结合的原则，同时，还要认真考虑有无法律规定不予处罚、免予处罚、从轻处罚、从重处罚等条件。这就需要掌握处罚的适用规则。

（1）从轻处罚和免予处罚的规则。从轻处罚是指对违反治安管理的行为人因有法定情形在法律规定的处罚幅度内，适用较轻的处罚方式、较少的罚款金额和较短期限的治安拘留。免予处罚是指对违反治安管理的行为人，因法定原因而不予处罚。

（2）从重处罚和应予处罚的规则。从重处罚是指对违反治安管理的行为有法定情形，而又在法律规定的处罚幅度内，给予从重处罚。应予处罚是指虽然违反治安管理行为的情况特殊，但法律明确规定应当追究责任而给予处罚。

（3）合并处罚的规则。数种违反治安管理行为的合并处罚规则，是指一人有两种以上违反治安管理行为时如何处罚的规则。根据规定，一个人有两种以上违反治安管理行为的，分别裁决，合并执行。这里的有两种以上违反治安管理的行为，指的是两种不同的情况：一种是行为人实施了两种不同类型的违反治安管理的行为；另一种是行为人实施了两个以上的同种类的违反治安管理的行为。

（4）分别处罚的规则。分别处罚是指当两人或者两人以上共同违反治安管理时，应当根据情节轻重分别处罚。共同违反治安管理的行为构成有两个条件：一是必须具有共同的违反治安管理的行为，也就是共同实施了某种违反治安管理的活动；二是必须具有共同故意，也就是说，是故意地共同实施了某种违反治安管理的行为。

根据规定，对于教唆或者胁迫、诱骗他人违反治安管理的，应当按照其教唆、胁迫诱骗的行为处罚。但法律只规定了根据情节分别处罚共同违反治安管理的人或者教唆、胁迫、诱骗他人的人，并没有加重或者从重的特别规定。因此，在处罚时，应当把他们的共同违法行为作为案件的一个情节加以考虑，而不应当作为法定从重情节考虑。此外，对于机关、团体、企业、事业单位违反治安管理，应当处罚直接责任人员；属于单位主管人员指使的，同时处罚该单位的主管人员。

12.3.2 公安行政执法的程序

公安行政执法程序，是指公安机关和公安人员在实施法律规范活动中所遵循的方法、步骤和过程。这里所说的公安行政执法程序，仅指公安机关侦查刑事犯罪案件以外的、由行政法律规范所产生的执法程序。根据有关法律、法规和规章的规定，公安行政执法程序主要有立案程序、裁决程序、执行程序和复议程序等。

1. 立案程序

立案程序是公安行政执法的第一步，是公安机关依照法律规定审定是否构成治安行政案件的过程。这一过程主要包括：

（1）立案的批准。治安行政案件的立案，一般由公安派出所所长批准。机关、团体、企事业单位治安行政案件的立案，由本单位保卫处（科）长批准，并向所在地公安机关报告；铁路、民航、林业系统内部以及车站、码头、机场、港口等地方发生的治安行政案件，由相当于派出所所长或单位保卫处（科）长一级的负责人批准。

（2）案件的查破。治安行政案件一经立案，需要查破的，一般都由发生地的公安派出所负责；对于案情复杂、危害和影响较大的治安行政案件，由市县公安局、公安分局的治安部门负责；对单位内部发生的治安行政案件，由单位保卫组织负责，地方公安机关应当给予指导和协助，没有保卫组织的，仍由所在地公安机关负责查破；对发生在铁路、民航、林业、航运系统内部的治安行政案件，由其公安机关负责查破，地方公安机关予以配合。

2. 裁决程序

公安行政处罚的裁决程序是指公安机关依法对违反治安管理的当事人决定予以治安处罚所遵循的方法、步骤和过程。公安行政处罚的裁决必须依据一定的权限进行。按照规定，对违反《治安管理法》的行为，由市县公安局、公安分局或者相当于县一级的公安机关裁决；警告、50 元以下罚款，可由公安派出所裁决；在农村没有公安派出所的地方，可由公安机关委托乡（镇）人民政府裁决。裁决程序一般分为简易裁决程序和普通裁决程序两种。

（1）简易裁决程序。警告、50 元以下罚款，或者罚款数额超过 50 元，但被处罚人没有异议的当场处罚，适用简单裁决程序。根据规定，有下列情形之一的，不适用于当场处罚：

1）因民间纠纷引起的打架斗殴或者损毁他人财物的；

2）卖淫、嫖宿、暗娼以及介绍或者容留卖淫、嫖宿、暗娼的；

3）侮辱妇女的；

4）拒绝、阻碍国家工作人员依法执行职务的；

5）偷窃、骗取、抢夺少量公私财物的；

6）赌博或者为赌博提供条件的；

7）制作、复制、出售、出租或者传播淫书、淫画、淫秽录像及其他淫秽物品的；

8）涉外的违反治安管理的行为；

9）涉及赔偿损失、负担医疗费用或者没收违反治安管理所得财物折款超过 200 元的。

当场处罚的方法有：在现场能够给予处罚的，公安人员可以当场做出处罚决定；在现场处罚不便的，可将被处罚人带到派出所或者附近的治安联防办公室等适当场所予以处罚；对不接受当场处罚的，按普通裁决程序处理；对当场处罚无异议，执行处罚的公安人员应当填写《治安管理当场处罚书》一式三份，一份交被处罚人，一份作为收据交财政部门，一份存根。

（2）普通裁决程序。除按照简易程序进行裁决以外，对案情较为复杂，处罚相对较重，公安机关需要经过一定的时间进行调查、取证、决定等的案件，适用普通裁决程序。普通裁决程序包括传唤、讯问、取证、裁决。

1）传唤是公安机关通知违反治安管理的人到指定地点接受讯问的一种方式。对于当场发现的违反治安管理的人，可以口头传唤；对无正当理由不接受传唤或者逃避传唤的人，可以强制传唤。传唤违反治安管理的人，使用传唤证。

2）讯问是指对传唤来的违反治安管理的人的提问。对于公安人员的讯问，违反治安管理的人应当如实回答。讯问应当做出笔录，笔录应当向被讯问人核对。被讯问人经核对认为无误后，应当在笔录上签名或者盖章，讯问人也应当在笔录上签名。但讯问查证的时间不得超过 24 小时。

3）取证是指公安人员收集可以证明违反治安管理行为的证据材料的活动。公安机关在搜集证据材料时，有关单位和公民应当积极予以支持和协助，证人应当如实反映情况。询问应当做出笔录，并经证人核对认为无误后，由证人在笔录上签名或者盖章。

4）裁决。公安机关对于违反治安管理的人进行讯问和取证后，认为事实清楚、证据确凿的，即可以依照《治安管理处罚法》的规定进行裁决。裁决应当填写裁决书，并应当立即向本人宣布。裁决书一式三份，一份交给被裁决人，一份交给被裁决人所在单位，一份交给被裁决人常住地的公安派出所。单位和常住地的公安派出所应当协助执行裁决。

3. 执行程序

执行程序是公安管理工作中实施治安行政处罚的最后一个环节。它主要是指公安机关在对违反治安管理行为做出裁决后，具体实施裁决决定的方法和过程。对治安管理处罚裁决的执行原则之一是申诉和诉讼不停止执行，但不同的处罚有不同的执行方法和过程。受到治安处罚的当事人应当自觉执行处罚裁决或者处罚通知，单位和常住地的公安派出所应当积极协助执行裁决。公安机关在对违反治安管理的人进行处罚时，还必须向受处罚人说明其有权申请复议或者向人民法院提起诉讼。

4. 复议程序

复议程序是指受到治安处罚的当事人或者被害人不服公安机关或者乡（镇）人民政府的裁决，向做出原裁决机关的上一级公安机关提出申诉，上一级公安机关进行审理的步骤和过程。与其他行政机关的行政复议相比，公安行政复议在程序上有两个突出特点：一是在治安管理中复议是前置的；二是有些公安行政行为是否经过复议，可由相对人自由选择，但一旦选择了复议，就不能再向人民法院提起诉讼。公安行政复议，主要是指在法定的期限内，上级公安机关对下级公安机关做出的具体行政行为所依据的事实和适用的法律进行审查。对下级公安机关做出的事实清楚、证据确凿、程序合法、处罚得当的裁决予以维持，对事实清楚、证据确凿、适用法律不当的裁决予以纠正，对事实不清、证据不足的裁决予以撤销。复议决定都要采用书面的形式。上级公安机关做出复议决定后，应当在法定期限内送达复议申请人；必要时，在申请人在场的情况下宣布复议结果。

12.3.3　实践中形成的公共安全管理的工作经验

新中国成立以来，全国各级公安机关在公安工作实践中不断总结经验教训，积累了丰富的公共安全管理工作经验。这些经验主要有以下几个方面：

1. 必须坚定不移地坚持和捍卫中国共产党的领导，保卫人民民主专政的社会主义制度

坚持中国共产党的领导，坚持人民民主专政，是《宪法》中明确确立的四项基本原则的核心内容。我国的公安工作始终是在中国共产党的绝对领导下，紧紧围绕党和国家的中心任务开展的。可以说，捍卫中国共产党的领导，保卫社会主义制度，是我国公安机关的根本任务和首要职能。因此，公安机关一定要充分发挥"刀把子"的作用，自觉地坚持四项基本原则，捍卫中国共产党的领导，保卫人民民主专政的社会主义制度，保卫改革开放的成果，保障社会主义现代化建设的顺利进行。

2. 必须坚持发挥打击敌人和保护人民的职能，正确区分和处理两类不同性质的矛盾

公安机关是人民民主专政的重要工具之一。一方面，要充分依靠广大人民群众，对极少数危害国家安全的犯罪分子和严重刑事犯罪分子实行专政；另一方面，要充分保护广大人民群众的民主权利、人身安全，维护其合法权益不受侵犯。这两个方面是辩证的统一，是不可分割的有机整体，同时也是党中央对我国社会主义初级阶段的阶级关系和阶级斗争状况做出的科学分析。党的十一届三中全会以来，党中央一再强调指出，在社会主义初级阶段，阶级斗争虽然不再是我国社会的主要矛盾，但是，阶级斗争还将在一定范围内长期存在，某种条件下还有可能激化。因此，只要国内还有阶级斗争，国际上还存在敌对势力，公安机关的工作就只能加强，不能削弱。

历史的经验还告诉我们，要充分发挥公安机关的职能作用，还要十分注意正确区分和处理两类不同性质的矛盾。在改革开放的新形势下，对于那些严重刑事犯罪分子、破坏社会主义的敌对分子和其他敌对势力，必须实行有效的专政，绝对不能心慈手软；对于绝大多数人民群众，则要全心全意为他们服务，保护他们的合法权益；对于一般性违法的群众，特别是青少年，主要是加强对他们的宣传教育，争取团结大多数，以孤立和打击极少数敌对分子。

3. 必须坚持在党委领导下的专门工作与群众路线相结合的方针

公安机关履行职务的目的是维护公共安全和社会秩序，保护广大人民群众的利益，因而得到广大人民群众的支持和拥护，这可以说是我国公安机关的一个重要的特点，也是我国公安工作的优势。实践证明，党的领导、群众路线是我国公安工作取得成功的法宝，丢掉了这一法宝，公安工作就寸步难行。

4. 必须具有艰苦奋斗、英勇顽强、不怕困难、不怕流血牺牲的革命精神

艰苦奋斗、不怕流血牺牲是我们党的光荣传统。解放以来，我国的公安队伍在困难多、条件差的情况下，继承和发扬了这一光荣革命传统。在公安斗争的实践中，许多公安干警为公安事业献出了宝贵的青春甚至生命，为社会主义共和国立下了汗马功劳，成为共和国人民可亲、可敬的人。正是由于具有这种艰苦奋斗、英勇顽强、不怕困难、不怕流血牺牲的大无畏革命精神，我国的公安工作才在各个不同历史时期都发挥着重要作用。

5. 必须运用法律手段管理公共安全工作

法律是机关、团体和公民行为的准则，具有绝对的权威性和强制性，任何组织和个人都不得违背。经验表明，行政管理活动要做到合法、高效，法律是其重要的手段之一。新中国成立以来，我国公安法制建设取得了长足的进展，制定与施行了大量公安方面的法律、法规和规章，这不仅为公安工作提供了必要的法律依据，而且对提高公安工作的管理水平，增强依法行政的自觉性，促进公安机关合法、高效地行使职权，都起到了积极的作用。特别是《行政诉讼法》施行以来，公安机关作为政府的主要执法机关，要提高行政执法的水平，减少或避免当被告的可能，就必须高度重视公安法制建设，充分运用法律手段去管理公共安全工作。

6. 必须狠抓公安队伍的廉政建设，清除腐败现象

公安机关承担着户口管理和登记、道路交通管理和车辆管理等工作，这些都与人民群众的切身利益有关。公安机关如何保持廉洁，杜绝以权谋私，是应当引起重视的一个重要问题。长期以来，各级公安机关狠抓廉政建设，普遍建立了监察机构，为促进公安机关的廉政建设提供了组织上的保证。与此同时，各级公安机关还坚持“两公开一监督”的制度，从接触群众较多的公安派出所、交通队、车辆管理所、出入境管理机构等基层单位和与群众切身利益密切相关的问题着手，向群众公开办事制度和办事结果，接受群众的监督，促进了廉政建设，密切了警民关系，树立了人民警察的良好形象。公安部和许多地方公安机关还相继建立了举报中心，接受群众的监督。对发现的一些公安干警违纪违法案件，还通过新闻媒介进行公开报道，坚持从严治警。实践证明，狠抓公安队伍的廉政建设，是提高公安机关战斗力、保持公安队伍纯洁性的重要前提。

第13章

当代中国政府对外交事务的管理

13.1 政府外交事务管理机构

13.1.1 国务院

我国《宪法》规定，国务院即中央政府，是最高国家权力机关的执行机关，是最高国家行政机关，统一管理我国的对外事务。这种统一管理主要体现在以下几方面：

（1）制定我国的对外政策，包括外交战略、方针、政策、策略等。

（2）决定外交工作的一切重大问题，诸如同外国建立外交关系，发布我国的重大对外政策和决定，公布我国的外交文件和声明，处理重大涉外问题，根据宪法和法律的规定同外国缔结条约、签订有关外交文件等。

（3）协调各部门、各方面的外交工作。

（4）领导我国驻外使、领馆和有关代表机构，根据宪法和法律的规定任免我国驻外代表。

我国在国务院下设有具体管理我国对外事务的职能部门——外交部，外交部作为政府外交工作的执行机关，具体处理外交工作的日常事务。我国同世界上绝大多数国家一样，外交事务管理也具有高度的集权性，始终处于党中央和国务院的直接领导之下。

13.1.2 外交部

外交部是国务院主管外交工作的职能部门，负责处理外交工作中的日常事务，具体经办外交工作。

1. 外交部的主要任务

协助党中央和国务院统一掌管外交事务和制定我国的对外政策，并代表国家和政府贯彻执行；代表国务院就涉外方针、政策的实施进行协调。

2. 外交部的主要职能

（1）贯彻执行国家外交方针政策和有关法律法规，代表国家维护国家主权、安全和利益，代表国家和政府办理外交事务，承办党和国家领导人与外国领导人的外交往来事务。

（2）调查研究国际形势和国际关系中全局性、战略性问题，研究分析政治、经济、文化、安全等领域外交工作的重大问题，为党中央、国务院制定外交战略和方针政策提出建议。

（3）按照外交总体布局，就对外贸易、经济合作、经援、文化、军援、军贸、侨务、教育、科技、外宣等重大问题，负责与有关单位协调，向党中央、国务院报告情况、提出建议。

（4）起草外交工作领域相关法律法规草案和政策规划。

（5）负责处理联合国等多边领域中有关全球和地区安全以及政治、经济、人权、社会、难民等外交事务。

（6）负责国际军控、裁军、防扩散等领域工作，研究有关国际安全问题，组织军控方面有关条约、协定的谈判。

（7）负责办理国家对外缔结双边、多边条约事务，负责国际司法合作有关事项，负责或参与处理涉及国家和政府的重大涉外法律案件，协助审核涉外法律法规草案，组织协调有关我国履行国际公约、协定工作。

（8）牵头或参与拟订陆地、海洋边界相关政策，指导协调海洋对外工作，组织有关边界划界、勘界和联合检查等管理工作并处理有关涉外案件，承担海洋划界、共同开发等相关外交谈判工作。

（9）发布重要外交活动信息，阐述对外政策，负责国家重要外事活动新闻工作，组织公共外交活动，主管在华外国记者和外国常驻新闻机构事务。

（10）负责国家对外礼仪和典礼事务，负责国家重要外事活动礼宾事宜，负责驻华外交机构在华礼遇、外交特权和豁免事宜。

（11）负责领事工作。管理外国驻华外交、领事机构；负责海外侨务工作；办理和参与境内涉外案件的对外交涉工作；负责领事保护和协助工作，协调有关部门、地方政府并指导驻外外交机构处理领事保护和协助案件，发布领事保护和协助的预警信息。

（12）负责协调处置境外涉我突发事件，保护境外中国公民和机构的合法权益，参与处置境内涉外突发事件。

（13）依法管理香港、澳门特别行政区外交、领事事务，处理涉台外交事务。

（14）指导、协调地方和国务院各部门外事工作，审核地方和国务院各单位的重要外事规定和上报国务院的外事请示，会同有关部门研究提出对重大外事违规违纪事件的处理意见。

（15）处理和协调关系国家安全问题的有关涉外事宜。

（16）负责国家重要外事活动、外交文件和文书翻译工作。

（17）领导驻外外交机构及驻香港、澳门特派员公署工作，负责驻外外交机构干部队伍建设，指导、监督驻外外交机构及驻香港、澳门特派员公署信息化、财务和馆舍建设工作，负责驻华外交机构房地产使用管理工作。

（18）代管中国人民对外友好协会，归口管理中国红十字会总会、中国宋庆龄基金会的外事工作。

（19）承办党中央、国务院交办的其他事项。

13.1.3　国务院有关部门

1. 商务部

商务部的对外经济贸易工作是我国对外工作的重要组成部分，在国家关系越来越侧重经济、贸易、科技关系的今天，它在我国的对外关系中的地位越来越重要。

在 2003 年成立商务部之前，对外经济贸易合作部是国务院主管我国对外经济贸易工作的职能部门，其前身是于 1982 年由原对外贸易部、对外经济联络部、进出口管理委员会和外国投资管理委员会四部委合并而成的对外经济贸易部。商务部对外经济贸易工作的主要任务是：按照党中央、国务院制定的我国经济和社会发展战略目标，会同有关部门拟订我国对外经济贸易的发展战略和规划，研究和贯彻对外经济贸易的方针、政策，对全国的对外经济贸易实行宏观调控，加强组织协调和监督检查，完善立法，改善服务，保证我国对外经济贸易事业的顺利发展。就其与外交工作紧密相关的事项而言，其主要职能是：负责组织政府间的经济贸易谈判和混合委员会会议，根据国务院的授权代表我国政府签订多边、双边政府间经济贸易协定，并负责组织监督实施，协调、指导各地区、各部门与世界各国的经贸合作工作；归口管理对外援助，制定国别援助方案，组织对外经济援助项目的实施和技术合作工作，归口管理对外承包工程和劳务合作以及国外经济合作企业；归口管理同联合国系统及有关国际组织的经济技术交流与合作，负责接受和管理国际经济技术援助；归口管理所属驻外使领馆商务处、经参（代）处，指导和组织协调各地区、各部门的对外经贸工作。

与上述职能密切相关，商务部有关内部机构主要有：亚洲司、西亚非洲司、欧洲司、美洲大洋洲司、台港澳司、世界贸易组织司、条约法律司、对外援助司等。

2. 国务院侨务办公室

国务院侨务办公室是国务院办理侨务事宜的办事机构，其任务是：协助党中央和国务院研究制定侨务工作的方针、政策，统筹、协调侨务工作，督促、检查侨务工作方针、政策的贯彻执行；保护华侨和归侨、侨眷的正当、合法的权益，增进同外籍华人的情谊，广泛团结海外侨胞和归侨、侨眷，为振兴中华、统一祖国、发展同各国人民的团结友好及合作交流做出贡献。

在保护华侨在海外的正当权益、开展外籍华人工作方面，国务院侨务办公室的职能犹如政府外交管理机构，具体为：会同外交部共同拟订有关华侨、外籍华人工作的方针、政策，指导我国驻外使领馆和有关驻外机构开展对华侨、外籍华人及其社团的工作；向重点国家使领馆派出侨务干部，向重点国家和地区派驻民间工作机构。

3. 国务院其他部门内的外事机构

国务院各部门都设有办理外事事宜的机构。这些外事机构大致可分为三类：第一类是外事司（局、办）；第二类是国际合作（对外合作、合作与交流）司；第三类是与有关的主管国际机构、组织对口，专门处理与这些国际机构、组织相关事务的机构，如司法部司法协助外事司等。

上述外事机构的职责主要是：负责联系国际政府间和各部门间的双边合作事宜，参与有关国际组织的活动；归口管理与各部门职能相关的驻外机构；拟订各部门外事工作的方针、政策和规定；负责各部门职能范围内事务的对外宣传工作；拟订各部门对外经济技术交流与合作的方针和规章制度，并进行监督检查；归口管理各部门系统引进外国重大技术、引进智力以及进出口贸易和开拓国外市场的工作；办理机关日常外事工作；等等。

显然，国务院其他部门内的外事机构在性质、地位和职能方面具有自己的特殊性，但它们必须与我国的对外政策保持一致，必须服从国家总体的外交方针，必须接受外交部和对外经济贸易合作部在有关事宜上的指导和协调，必须服从各自所在的部门的领导。

4. 驻外使领馆和其他外交代表机构

包括大使馆、公使馆、总领事馆、领事馆、外交联络处等。

13.2 驻外使节和外交人员

中国政府为了在国际舞台上积极开展外交活动，广泛而深入地与世界各国发展各方面的关系，建立了自己的使节制度和领事制度。此外，为了培养和造就大批外交人才，中国政府逐步完善了培养和选拔外交人员的制度。

13.2.1 使节制度

作为一个独立自主的国家，中国政府行使自己的使节权，向已建立外交关系的国家派出外交代表并建立使馆，派遣特别使团以完成特殊的外交任务，在联合国派驻常设机构，还多次派出代表团参加国际会议。在这些外交活动中，我国政府逐步健全了自己的使节制度。中国于1975年11月加入了《维也纳外交关系公约》，1979年9月加入了《联合国特权和豁免公约》和《联合国专门机构特权和豁免公约》。中国政府的使节制度除极个别的有所保留外，基本上是与国际通行的外交关系法相适应的。

1. 使节的种类

中国政府派出的使节，或称外交代表机关，可以分为两类：一类是常设的外交代表机关；另一类是临时的外交代表机关。

（1）常驻使馆及其职务。中国政府根据各国主权平等、维护国际和平与安全、促进国际间友好关系等原则，通过协商或谈判，与世界上170多个国家保持着外交关系，并相互在对方首都建立了使馆。中国政府的建交活动是符合《维也纳外交关系公约》规定的。在建馆过程中，中国方面尊重接受国的法律，注意与之协商，使得使馆能够顺利建立；与此同时，中国亦积极为对方置备驻华使馆所需的馆舍。

按照《维也纳外交关系公约》的规定，中国派驻他国的常设使馆有五项主要职务：1）代表，即在接受国中作为派遣国政府的代表，这是使馆最基本的职务。2）保护，即在国际法许可的限度内在接受国中保护派遣国及其国民的利益。3）谈判，即代表本国政府与接受国政府进行谈判。4）了解和报告，即以一切合法手段了解接受国的政治、经济、文化和社会等方面的状况和发展情况，并向本国政府报告。5）促进，即促进派遣国与接受国之间的友好关系，发展两国间的经济、文化和科学关系。此外，使馆还可以担负国际法所许可的其他职务，如在接受国法律或惯例许可的情况下执行领事任务，经接受国同意保护另一国的利益。

（2）特别使团。特别使团，是指中国政府经另一国同意，派驻该国谈判特定问题，或者完成一项对该国的特定任务，代表中国的临时性使团。中国在预先通过外交途径或其他渠道取得另一国同意的情况下，即可向后者派遣特别使团。一国派出代表团赴他国讨论双方争议的问题，或是参加重要典礼等，也属特别代表团。特别使团的派出或接受无须外交关系的存在。这种特别使团由于是代表国家，故与全国人大代表团和文化体育代表团有本质区别。

（3）出席国际组织或国际会议的外交代表团。目前，世界上有一些普遍性的国际组织，如联合国，其会员国往往在组织的总部所在国派遣常驻的使节。中国政府不参与任何地区性的政治集团，仅在联合国派有自己的常驻代表，并经常派出临时代表团参加联合国大会。此外，世界上经常召开协商讨论国际性或区域性问题的国际会议，中国曾派出代表团到会议举办国参加会议，代表团在会议结束后即结束它的使命，故是临时性的。

2. 使馆人员的类别与任命

（1）使馆人员的类别。使馆人员包括由派遣国派出的包括使馆馆长在内的所有使馆职员，大致可以分为外交人员或称外交官、行政和技术人员以及服务人员等。

（2）使馆馆长的等级。《维也纳外交关系公约》规定，使馆馆长分为三级：大使，教廷大使；公使，教廷公使；代办。我国在加入该公约时，对教廷使节的规定做了保留，以大使、公使、代办为馆长的常设使馆相应地称为大使馆、公使馆和代办处。除了优先地位及礼仪事项外，各使馆馆长不因其所属等级而有差别。

大使是派遣国元首向接受国元首派遣的最高一级的外交使节，他代表本国及国家元首常驻接受国办理外交事务，是大使馆馆长。他可以随时请求谒见接受国元首，进行直接谈判。大使享有比其他等级的使馆馆长更多的礼遇。我国与建立外交关系的国家，无论国家大小，均互派大使。此外，我国征得接受国的同意，一个外交使节可以兼任数国的大使。

公使是派遣国元首向接受国元首派遣的第二级外交使节。他代表本国及国家元首常驻接受国办理外交事务，是公使馆馆长，也可以随时请求谒见接受国元首，进行直接谈判，其享受的礼遇仅次于大使。

代办是派遣国外交部长向接受国元首派遣的最低一级的外交使节。他代表本国及外交部长常驻接受国办理外交事项，是代办处的馆长，享受与大使和公使相同的外交特权与豁免，但只能随时请求谒见接受国外交部长。

（3）使馆人员的任命。我国《宪法》规定，驻外使节（全权代表）经国务院提名，由全国人大常委会决定，再由国家主席委以全权证书，向驻在国元首派遣驻外全权外交代表。国家主席代表国家接受外国使节。驻外大使携带的国书由国家主席签署，外交部长附署。代办携带的国书由外交部长签署。驻外使馆参赞一般可由外交部任免，但要报国务院备案。武官由中国人民解放军总参谋部任命。驻外使馆的一、二、三等秘书由外交部任免。

使馆人员虽由派遣国任命，但由于使馆人员特别是使馆馆长，对派遣国与接受国之间的关系有很重要的影响，因此，使馆人员特别是使馆馆长的人选，应为接受国能够接受。任何国家都不能坚持要求另一国家接受它所派遣的外交人员。

（4）外交团。外交团，狭义上是指驻在国的所有使馆馆长；广义上是把这些使馆的其他外交人员，甚至外交人员的家属也包括在内。外交团团长由驻在国的使馆馆长中等级最高、开始执行职务最早的人担任。有些天主教国家的传统是由教廷大使任外交团团长，这在《维也纳外交关系公约》中有所反映。我国在加入该公约时声明，对该条约中关于教廷使节的规定加以保留。我国一般是把所有使馆外交人员及其家属包括在外交团内。

外交团并非一个依法组成的团体，其作用随驻在国在这方面的惯例而不同，它主要在礼遇方面起作用。外交团团长的主要任务是：代表外交团成员在驻在国的庆典、宴会上致辞；应驻在国政府的请求，向外交团成员通知一些事情或传达一些意见；向驻在国政府转达外交团成员的一些日常事务方面的要求，调停外交团中关于礼仪上的争执，向新到任的本国外交人员介绍驻在国礼仪。但国际法不允许外交团采取政治行动，特别是向驻在国施加压力。

3. 外交特权与豁免

外交人员在驻在国享有特殊权利和优遇，并可以免除刑事、民事或行政方面的管辖。外交特权与豁免的设立是为了使一国外交代表在驻在国能够有效地进行外交活动。这些权利是在互惠的基础上给予的。给予外国外交人员特权和豁免是传统国际法中的习惯规则。《维也纳外交关系公约》分别规定了对使馆和外交人员的特权和豁免。中国政府亦颁布《外交特权与豁免条例》和《对各国外交官及领事官优遇暂行办法》，按照中国的具体情况对驻华使馆和外交人员的特权与豁免做出具体规定。

（1）使馆的特权与豁免。使馆馆舍不可侵犯，使馆馆舍免税，使馆档案和文件不可侵犯，使馆通信自由，使馆行动及旅行自由等。

（2）外交人员的特权与豁免。驻外使馆的外交人员在接受国享有特权与豁免。中国政府给驻华使馆外交人员及其家属颁发外交身份证，作为他们应享有特权与豁免的证明。但是，使馆人员在法律上有义务在不侵犯其特权与豁免的前提下，尊重接受国的法律和条例。外交人员的特权与豁免主要有：人身不可侵犯，寓所和财产不可侵犯，司法管辖的豁免，免除捐税，免除关税和查检，其他特权与豁免。

13.2.2 领事制度

1. 领事条约与领事关系

（1）领事条约与公约。中国政府为了从广度和深度上发展与一些国家的友好关系，往往与它们缔结领事条约。领事条约在两国双边关系中占重要的位置。领事条约一般是以国家名义缔结的，它所调整的领事关系是国家关系的重要组成部分。新中国成立以来，中国与亚洲、欧洲和北美的一些国家签订了领事条约。这些条约就双边领事关系的建立及领事业务的范围做出了明确的规定。此外，中国于 1979 年 7 月加入了《维也纳领事关系公约》。这一公约对国际通行的领事制度做了比较全面的规定。我国在处理与其他国家的领事关系问题时，通常是在平等互惠的基础上，按照《维也纳领事关系公约》的条款，通过友好协商来解决的。

（2）领事关系和外交关系。领事关系是一国政府根据协议在他国一定地区执行领事职务所形成的国家关系。它与外交关系既有联系又有区别，其联系主要表现为：第一，除另有声明外，两国同意建立外交关系亦即同意建立领事关系。在无外交关系的情况下，建立领事关系也时常意味着建立初步的外交关系。第二，在行政系统上，领事官一般与外交官同属于外交组织系统，由外交部领导。中国外交部下设领事司专管领事工作。领事人员在执行职务时往往受本国派驻当地国家外交使节的指导和保护。第三，外交使节在某些场合也可以同时执行领事职务，而当本国与驻在国无外交关系时，领事也可兼办外交事务。其区别主要表现为：第一，使馆全面代表国家与接受国政府进行外交往来；领事馆通常只就护侨、商业、航务等事务与驻在国地方当局进行交往。第二，使馆所保护的利益是全面性的，活动范围是驻在国全境；领事保护的利益是地方性的，活动范围限于领事馆辖区。第三，领事不是外交人员（除非是由外交官兼任领事），他所享受的领事特权和豁免低于外交特权和豁免。

2. 领事馆的设立和领事官的委派

（1）领事机关与领事馆的类别。领事机关是一国根据协议派到他国一定地区执行保护侨民、促进通商、监督航务等领事职务的机关。领事机关可分为使馆内的领事部和专设的领事馆。领事馆分为总领事馆、领事馆、副领事馆和代理领事处四级。我国实践中只实行前三级。在国际上，领事馆还有两种类型：一类以职业领事官员为馆长；另一类则以名誉领事官员为馆长。前者是由派遣国政府派出的官员担任；后者是由当地有影响的侨民选出，由派遣国政府委任。中国现行的一般做法是，既不委派也不接受名誉领事官员。

（2）领事馆的设立与对等互惠原则。互设领事馆是两国间的一件大事，为此，两国须通过谈判，就互设领事馆的有关问题达成一致意见，并以书面形式加以确认。确认的方式一般有外交换文、签订协议、发表公报等。一旦书面协议形成并生效，双方即可在对方国家筹备开馆。对此，接受国地方当局应给予通力协助。

双方互设领事馆时应按照对等互惠的原则进行。首先，两国互设的领事馆，在等级、设领事地点和领区范围等方面应该对等；其次，双方都有义务根据本国法律和规定，为对方领事馆的设立提供一切必要的协助，并对其职务的执行给予特权和豁免的优遇。

（3）领事团。按国际惯例和传统，在一个城市内的各外国领事馆可以成立领事团。领事团团长一般由领事团中职衔最高、递交领事任命书最早的职业领事馆馆长担任。领事团的活动通常是礼仪性的。领事团内部的事务问题应按平等协商的原则解决。接受国主管当局对领事团的正常活动应给予一定的便利，但领事团也应尊重接受国的法律和规定，不干涉接受国的内政。

3. 领事官员的委任及领事的职务

（1）领事官员的任命、派遣与接受。中国政府规定，领事馆馆长由国务院任命，外交部颁发领事任命书，其他官员的任命则由外交部任命。在目前的国际实践中，对领事馆馆长的任命一般无须征求接受国的同意，但有的国家则要求事先征求意见。中国现行的做法是，对外国驻华领事馆馆长的任命，除两国另有协议外，中国政府不要求派遣国政府事先征求同意。中国政府任命自己的驻外领事馆馆长，以尊重接受国的有关规定为原则。

（2）领事的职权及领事馆人员职务的终止。一般说来，领事的职权有以下几类：保护，促进，了解和报告，发护照、签证等，帮助派遣国国民，公证和行政事务，监督和协助派遣国的船舶、航空器及其航行人员。

领事馆人员职务的终止主要有以下原因：派遣国召回，领事证书被撤销，被宣告为不受欢迎的人或不能接受，领事馆关闭或领事关系断绝。《维也纳领事关系公约》规定，断绝外交关系并不当然断绝领事关系。在这种情况下，领事关系是否断绝，要视两国的意图而定。

4. 领事特权与豁免

领事特权与豁免，是指接受国为了使驻在本国的领事人员能够更有效地执行职务而给予的特殊权利和优惠待遇。它和外交特权与豁免相似，但在许多方面做了某种限制。我国政府于1990年10月颁布了《领事特权与豁免条例》，作为处理外国驻华领事馆的领事特权与豁免的标准。此外，我国政府在与不同国家签订的领事条约中，对同一情况的规定又有所变更。

13.3 政府对缔约的管理

13.3.1 中华人民共和国对外缔约概况

条约是国际交往的重要法律形式，在我国的对外交往中起着十分重要的作用。中华人民共和国成立以来，已同世界各国和有关的国际组织缔结了数千个双边条约，参加了100多个国际公约和协定。新中国对外缔约的情况大致可分为以下几个阶段：

1. 新中国成立初期到20世纪60年代前期的缔约情况

中华人民共和国成立后，就面临着如何对待旧政府缔结的条约的问题。对此，中华人民共和国政府的态度是：既不认为全部继续有效，统统继承，也不认为全部当然失效，一概废除，而是按条约的性质和内容区别对待。当时起临时宪法作用的《中国人民政治协商会议共同纲领》规定，对于国民党政府与外国政府所订立的各项条约和协定，中华人民共和国中央人民政府应加以审查，按其内容，分别予以承认，或废除，或修改，或重订。这一规定同样适用于自清朝以后历届旧政府所订立的条约。

根据上述原则，中华人民共和国宣布不承认一切丧权辱国的不平等条约。这是完全符合国际法的正确行动。因为不平等条约违背了国家主权平等、互相尊重领土完整、不干涉内政、平等互利等国际法的基本原则，它是在中国人民处于无权的状况下由列强强加于中国的。

有些条约，虽不属于不平等条约，但已不适用于新的国家关系，也应认为不再有效，或由双方另订新约加以取代。

对于旧中国政府订立的边界条约，中华人民共和国政府一般均予以尊重，但是对于某些有争议的边界，则要考虑条约的历史背景，根据具体情况区别对待。对其中一些不平等条约，仍同意在分清历史是非的情况下，以这些条约为基础，照顾现实情况，全面解决边界问题。任何一方违反条约占据另一方的领土，原则上必须无条件地归还对方。对于帝国主义强加于中国人民的边界线，中国历届政府都未予以承认，中华人民共和国政府也不予承认。对双方从未划定，但根据双方历来管辖所及而形成的一条传统习惯线的边界，以传统习惯线为基础协商解决。对于历史上遗留下来的边界问题，双方应通过和平谈判求得友好解决，不应诉诸武力，在和平解决之前，双方维持边界现状。根据这些划界原则，中国政府从 20 世纪 50 年代开始，先后同大多数邻国（缅甸、尼泊尔、蒙古、巴基斯坦、阿富汗）圆满解决了历史上遗留下来的边界问题，正式签订了边界条约。另外，还同苏联、印度、不丹就边界问题举行了谈判。

此外，中国政府一贯认为并多次声明，自中华人民共和国成立之日起，台湾当局盗用中国名义签署、批准、核准、接受或加入任何国际条约，都是非法的、无效的。

这一时期的另一特点是，同社会主义国家和许多亚非地区的新兴独立国家签订了一系列友好条约。其中最著名的是 1950 年签订的《中苏友好同盟互助条约》。这一条约的签订在当时的历史条件下，对保障中苏两国的安全、维护远东和世界和平、加强中苏两国人民的友谊和促进两国的社会主义建设事业，都具有重大意义。此后，中国又先后同德意志民主共和国、捷克斯洛伐克共和国和匈牙利人民共和国缔结了友好合作条约，同蒙古人民共和国缔结了友好互助条约，同朝鲜民主主义人民共和国缔结了友好合作互助条约。

这一时期，一大批亚非国家相继独立。中国同这些国家相互同情、相互支持，建立了诚挚友好的合作关系，并先后同缅甸、阿富汗和柬埔寨缔结了友好和互不侵犯条约，同尼泊尔、几内亚、印度尼西亚、加纳、刚果（布）、马里、坦桑尼亚缔结了友好条约。

2. 20 世纪 60 年代中期至 70 年代初的缔约情况

20 世纪 60 年代中期开始的“文化大革命”，不仅给我国国内的建设带来了深重的灾难，也使我国的外交工作受到了严重的干扰，我国对外缔结条约的数量因而大为减少。

3. 20 世纪 70 年代的缔约情况

随着 1971 年中国在联合国合法席位的恢复，中国对外关系又有了迅速的发展。中国同五大洲的几十个国家建立了外交关系，缔结条约的数量也随之大为增加，尤其是同亚非国家签订了大量的经济合作协定，包括派遣医疗队的协定。与此同时，与欧美国家也签订了为数不少的经济、贸易和科技方面的协定。1972 年《中日联合声明》的发表、1978 年《中日和平友好条约》的签订和 1978 年《中美建交联合公报》的发表，是这一时期中国对外关系史上的大事，标志着中日、中美关系进入了新的阶段。

4. 20 世纪 80 年代以后的缔约情况

20 世纪 80 年代以后，中国推行对外开放政策，缔约工作得到全面发展。从数量上看，这一时期中国缔结的条约、协定、议定书、换文等，每年多达数百个。同时，中国还同许多国家订立了双边协定。缔约的领域也从经贸、科技、文化、领事、交通等方面，扩大到投资保护、避免双重征税、和平利用核能、司法协助等许多新领域。

13.3.2 中华人民共和国对外缔约的具体管理

1. 缔约管理规定

条约是国际交往的重要法律形式。缔结条约是外交工作的一项重要内容。缔约权是国家主权的重要组成部分。世界各国都十分重视条约的缔结工作，通过宪法和专门的法律，对缔结条约做了具体的规定。我国自然也不例外。1954 年，全国人大常委会制定了《关于同外国缔结条约的批准手续的决定》。1958 年，国务院制定了《关于同外国缔结条约程序的规定》（1962 年修订，未对外公布）。多年来，我国对外缔约主要依据上述决定和规定办理。这两个法律文件都是根据 1954 年《宪法》和当时的情况制定的，已不能适应现在的情况和需要。1987 年 11 月，《关于同外国缔结条约的批准手续的决定》已由全国人大常委会宣布失效，由于《关于同外国缔结条约程序的规定》是根据《关于同外国缔结条约的批准手续的决定》制定的，相应地也失去了其法律根据。现在我国对外缔结条约，在国内法上的主要根据是我国现行《宪法》（1982 年《宪法》）及根据现行《宪法》制定的《缔结条约程序法》。

2. 缔约原则

1990 年 12 月 28 日通过的《缔结条约程序法》是我国管理对外缔结条约工作的综合性法律，它对缔结条约的诸多环节和事项都做了明确的规定。根据这些规定，我国政府管理缔结条约工作主要遵循以下原则：

（1）符合宪法的原则。我国《宪法》对全国人大常委会、国家主席、国务院在缔结条约方面的职权做了原则性的规定。

（2）与过去的法律、法规相衔接。

（3）反映我国的缔约实践。

（4）符合国际法和国际惯例。目前，国际上在条约法方面有两个公约：一个是 1969 年的《维也纳条约法公约》，它只适用于国家之间所缔结的条约；另一个是 1986 年的《关于国家和国际组织间或国际组织相互间条约法的维也纳公约》。这两个公约几乎涵盖了所有的国际法主体间缔结条约的事项，集中体现了条约法方面的国际法规则和惯例。

（5）在重要问题上的协调把关，以利于对外开放和提高办事效率。

3. 有关缔约的具体管理规定

（1）缔结条约的职权。我国《宪法》规定，全国人大常委会决定同外国缔结的条约和重要协定的批准和废除；国家主席根据全国人大常委会的决定批准和废除同外国缔结的条约和重要协定；国务院管理对外事务，同外国缔结条约和协定。《缔结条约程序法》还规定，中华人民共和国外交部在国务院领导下管理同外国缔结条约和协定的具体事务；国务院各主管部门，即国务院各部、委、直属机构，在其职权范围内也享有一定的对外缔结条约的权力。

（2）缔结条约的名义。我国可以以中华人民共和国、中华人民共和国政府、中华人民共和国政府部门的名义同外国缔结条约和协定。我国《宪法》规定，中华人民共和国国务院即中华人民共和国中央人民政府。中华人民共和国政府部门即国务院各部、委、直属机构。各级地方政府及各种民间机构、团体均不能缔结条约。

(3) 谈判和签署条约的建议、决定及代表委派程序。根据《缔结条约程序法》的规定，谈判和签署条约的建议、决定及代表委派程序可分为三种类型：

1) 以中华人民共和国的名义谈判和签署的条约、协定。这类条约内容重要，统一由国务院决定其谈判和签署，并审定条约的中方草案。

2) 以中华人民共和国政府的名义谈判和签署的条约、协定。这类条约一般涉及政府职权范围内的事项，如贸易协定、经济合作协定、科技合作协定、文化协定、卫生协定、航空运输协定、海运协定、投资保护协定、避免双重征税协定、贷款协定等，一般由外交部提出建议并拟订条约、协定的中方草案，或者由国务院有关部门提出建议并拟订条约、协定的中方草案会商外交部，原则上由国务院决定谈判和签署，并审定条约的中方草案。

谈判、签署上述两类条约、协定的代表，由外交部或者国务院有关部门报请国务院委派，其全权证书由国务院总理签署。在总理去外地而时间紧迫等特殊情况下，也可由外交部长签署。

3) 以中华人民共和国政府部门的名义谈判和签署的属于本部门职权范围内事项的协定。一般可以由本部门决定或者本部门会商外交部后决定，不必报国务院决定。但是，涉及重大问题或者涉及国务院其他部门职权范围的，则应由本部门或者本部门同国务院其他部门会商后，报请国务院决定。

(4) 条约的批准及互换批准书程序。根据《缔结条约程序法》的规定，须经批准的条约和重要协定签署后，由外交部或者国务院有关部门会同外交部，报请国务院审核；由国务院提请全国人大常委会决定批准；中华人民共和国主席根据全国人大常委会的决定予以批准。

(5) 条约的核准程序。《缔结条约程序法》规定，条约的核准由国务院决定；不在须经批准之列而国务院规定须经核准或者缔约各方议定须经核准的协定和其他具有条约性质的文件，须经国务院核准；须经核准的条约，由外交部或者国务院有关部门会同外交部，报请国务院决定。与交换批准书相同，条约的核准书的交换手续也统一由外交部办理，属于双边条约的，与缔约另一方互换核准书或者以外交照会方式相互通知业已核准；属于多边条约的，向有关保存国或者国际组织交存核准书。核准书由国务院总理签署，也可以由外交部长签署。

无须全国人民代表大会常务委员会决定批准或者国务院核准的协定，一经签署，即可生效。以中华人民共和国政府部门名义缔结的协定由本部门送外交部登记，其他的协定则由国务院有关部门报国务院备案。

(6) 条约的加入程序。《缔结条约程序法》规定，加入多边条约和协定，根据拟加入的多边条约和协定的内容的重要性，分别由全国人民代表大会常务委员会或者国务院决定。加入的建议由外交部或者国务院有关部门会同外交部审查后提出，经国务院审核后提请全国人民代表大会常务委员会做出加入的决定。加入书由外交部长签署，交存的手续由外交部办理。不属于上述范围的多边条约和协定，由国务院决定加入，加入的建议由外交部或者国务院有关部门会同外交部审查后提出，加入书由外交部长签署，交存手续由外交部办理。

（7）条约的接受程序。《缔结条约程序法》规定，多边条约和协定的接受，由国务院决定。适用接受的多边条约和协定包括经中国代表签署的或者无须签署的载有接受条款的多边条约和协定。接受的建议由外交部或者国务院有关部门会同外交部审查后提出。接受书由外交部长签署，交存手续由外交部办理。

（8）缔结条约的其他程序事项。除以上诸项内容外，《缔结条约程序法》还对缔结条约的其他程序事项，如条约的保存、公布、向联合国秘书处登记等，做出了规定，使得对缔结条约工作的管理更加规范、完善和系统。

作为管理我国对外缔结条约工作的综合性法律，《缔结条约程序法》不仅适用于我国同外国缔结双边和多边条约、协定以及其他具有条约、协定性质的文件，还适用于我国同国际组织缔结条约和协定；不仅适用于我国对外缔结条约、协定，还适用于我国缔结的条约和协定的修改、废除或者退出。

13.4 政府对多边外交事务的管理

多边外交，是指通过国际组织、国际会议进行的外交活动和国际合作。

13.4.1 中国参加联合国工作的情况

广大爱好和平的国家和人民把 1971 年 10 月 25 日恢复中国在联合国的合法席位看成是打破超级大国垄断国际事务的希望，欢呼这是“国际上新的力量均衡的黎明”。中国一直坚持独立自主的和平外交政策，坚持和平共处五项原则，遵守《联合国宪章》，反对一切形式的霸权主义，注意加强同第三世界国家的团结与合作，在参加联合国的工作中赢得了广泛的理解和支持。特别是改革开放以来，中国同世界各国发展全面关系的工作得到进一步加强，参与联合国及其专门机构的活动也更加积极。

为加强联合国组织的作用，中国政府曾在关于加强安理会作用问题、联合国维持和平部队的费用问题、联合国财政问题等方面提出了具体主张。

13.4.2 中国与其他国际组织的关系

除了一般综合性的国际组织外，还有专门性或区域性的国际组织。同联合国建立关系的政府间机构有 17 个，其中 15 个按《联合国宪章》被称为“专门机构”，还有国际原子能机构和世界贸易组织。联合国专门机构同联合国不是隶属关系，它们根据各国政府间的协定而设立，属于自治性的机构，它们同联合国发生联系是通过特别的协定，在工作上互相配合，并互派代表。现简单介绍如下：

（1）联合国教育、科学及文化组织。简称联合国教科文组织，1945 年正式成立。中国是该组织的创始成员国之一，1972 年正式参加该组织的活动，1979 年成立中国教科文组织全国委员会。该组织在北京驻有科技代表。

(2) 世界贸易组织。1995 年成立世界贸易组织，以取代 1947 年成立的关贸总协定。2001 年 12 月 11 日，中国正式加入世界贸易组织。

(3) 国际劳工组织。1919 年成立，1946 年成为联合国专门机构。中国是该组织的创始成员国之一，1983 年正式参加该组织的活动。驻华代表机构是国际劳工组织北京局。

(4) 联合国粮食及农业组织。简称粮农组织，1945 年成立。中国是该组织的创始成员国之一，1973 年正式参加该组织活动，从 1978 年开始接受该组织援助。该组织在北京设有代表处。

(5) 世界卫生组织。1948 年正式成立。中国是该组织的创始成员国之一，1972 年正式参加其活动。该组织在北京设有代表处。

(6) 国际货币基金组织。1945 年成立，1947 年成为联合国的专门机构。中国是该组织的创始成员国之一，1980 年恢复了在该组织中的代表权。

(7) 世界银行集团。1944 年成立，1947 年成为联合国的专门机构。目前下辖五大机构：国际复兴开发银行 (IBRD)、国际投资争端解决中心 (ICSID)、国际开发协会 (IDA)、国际金融公司 (IFC)、多边投资保证机构 (MIGA)。中国自 1980 年正式参加世界银行的活动，曾得到该组织多项大型项目贷款。世界银行在北京设有代表处。

此外，还有国际农业发展基金会、国际海事组织、世界气象组织、世界知识产权组织、国际民用航空组织、国际电信联盟、联合国工业发展组织、万国邮政联盟、世界旅游组织、国际原子能机构等机构。

区域性国际组织主要有北大西洋公约组织、欧洲联盟、上海合作组织、亚太经合组织、非洲联盟、美洲国家组织、东南亚国家联盟、阿拉伯国家联盟、二十国集团等。

第14章

当代中国政府对教育、科技事业的管理

14.1 政府对教育事业的管理

14.1.1 政府教育体制的改革

新中国成立以后，党和国家始终对教育工作给予高度的重视，经过几十年的发展，逐步建立了社会主义的教育体系，为新中国的革命和建设培养了大量合格的人才。但是，教育事业的发展与其他事业一样，也经历了曲折的过程。改革开放以来，教育体制进行了重大的改革并取得了重要成就，主要体现为：1977年恢复了中断十年的高等学校本科和研究生统一考试制度；恢复了基础教育，使之逐步走向正规化；1978年全国统一了秋季始业制度，制订和修订了中小学教学计划和大纲；发展自学考试等各种形式的成人教育，并实行成人教育证书制度；调整教育结构，大力发展职业技术教育；改革毕业生就业制度，从1985年开始，试行在国家宏观指导下，以学校与用人单位“供需见面”的方式编制分配计划，1987年以后实行在国家就业方针指导下，毕业生与用人单位“双向选择”的分配制度。

为适应社会主义市场经济发展的需要，实现教育“三个面向”的目标，进一步推进教育体制改革，1993年2月13日，中共中央、国务院颁发了《中国教育改革和发展纲要》。该纲要描绘了20世纪90年代至21世纪初我国教育改革和发展的蓝图，是建设中国特色社会主义教育体系的纲领性文件。该纲要确定了20世纪90年代至21世纪初我国教育发展的目标方针和战略任务，提出我国教育发展的总目标是：到20世纪末，全民受教育水平有明显提高；城乡劳动者的职前、职后教育有较大发展；各类专门人才的拥有量基本满足现代化建设的需要；形成具有中国特色、面向 21 世纪的社会主义教育体系的基本框架；再经过几十年的努力，建立起比较成熟和完善的社会主义教育体系，实现教育的现代化。为了实现这一总目标，当前和今后一段时间教育改革的思路与主要任务是：

1. 转变政府职能，正确处理好政府与社会、政府与学校、中央政府与地方政府的关系

1994 年发布的《国务院关于〈中国教育改革和发展纲要〉的实施意见》进一步明确了建立政府宏观管理、学校面向社会自主办学的具体内容，指出政府的主要职能是：制定教育的方针、政策和法规；制定各类高等学校的设置标准和学位标准；制定教育事业发展规划和审批年度招生计划；提出教育经费预算并统筹安排和管理，通过建立基金制等方式，发挥拨款机制的宏观调控作用；逐步建立支持教育改革和发展的服务体系；组织对各类学校教育质量的检查和评估等，对学校进行宏观管理。同时重申，学校在政府的宏观管理下，有权自主组织实施教学、科研工作及配置相应的人、财、物，有权制定年度招生方案，自主调节系科招生比例，调整或扩大专业范围，确定学校内部机构设置，决定教职工聘任与奖惩、津贴发放等。具体来讲就是处理好以下关系：

(1) 政府与社会的关系。在政府与社会的关系上，要改变政府包揽办学的格局，逐步建立以政府办学为主体、社会各界共同办学的体制。职业教育和成人教育应面向社会需要，在政府统筹管理下，主要依靠行业、企事业单位、社会团体和公民个人举办，鼓励社会各方面联合举办，政府通过专项补助和长期贷款等形式给予必要的支持。普通高等学校以政府办学为主，积极发展多种形式的联合办学。某些科类的高等学校可以试行以学生缴费和社会集资为主、国家财政补助为辅的办学模式。社会各界办学应以职业学校为主。国家欢迎港、澳、台同胞，海外侨胞和外国友好机构及友好人士捐资助学，在国家有关法律和法规的范围内进行国际合作办学。

(2) 政府与学校的关系。在政府与学校的关系上，政府要转变职能，由对学校的直接行政管理，转变为运用立法、拨款、规划、信息服务、政策指导和必要的行政手段，进行宏观管理。

(3) 中央政府与地方政府的关系。在中央与地方的关系上，建立中央与地方分级管理、分级负责的管理体制。高等教育逐步实行中央和省、自治区、直辖市两级管理，以省级管理为主的体制。中央直接管理一部分关系国家经济、社会发展全局并在高等教育中起示范作用的骨干学校和少数行业性强、地方不便管理的学校。基础教育实行在国家宏观指导下主要由地方负责、分级管理的体制。国家负责制定有关基础教育的法规、方针、政策，以及总体发展规划、基本学制、课程设置和课程标准；设立用于贫困地区、民族地区、师范教育的专项补助基金；规定学校人员编制标准、教师资格和教职工基本工资标准；对省级教育工作进行监督、指导等。省级政府负责本地区基础教育的实施工作，包括：制定本地区基础教育发展规划，确定教学计划，选用教材，审定省编教材；组织对本地区基础教育的评估、验收；建立用于补助贫困地区、少数民族地区的专项基金，对县级财政教育事业费有困难的地区给予补助等。地市级政府根据中央和省级政府制定的法规、方针、政策，对本地区义务教育的实施进行统筹和指导。县级政府在组织义务教育的实施方面负有主要责任，包括统筹管理教育经费，调配和管理中小学校长、教师，指导中小学教育教学工作等。乡级政府负责落实义务教育的具体工作，包括保障适龄儿童、少年按时入学。有条件的经济发展程度较高的地区，义务教育经费可仍由县、乡共管，充分发挥乡财政的作用。

2. 推进教育投资体制的改革

建立以政府财政拨款为主、多渠道筹措教育经费的体制，逐步提高财政性教育经费支出的比例。《中国教育改革和发展纲要》指出：要逐步提高财政性教育支出占国民生产总值的比例；教育经费要做到"三个增长"，即"政府教育拨款的增长要高于财政经常性收入的增长，并使按在校学生人数平均的教育费用逐步增长……切实保证教师工资和生均公用经费逐年有所增长"；征收教育附加费；对非义务教育阶段实行收缴学杂费制度；发展校办产业，走产、学、研相结合的办学之路；鼓励和提倡社会捐资、集资办学；运用金融、信贷手段，融通教育发展资金。

3. 推进学校内部领导管理体制的改革

明确教育行政管理部门与学校的关系，扩大学校自主权。《中国教育改革和发展纲要》强调指出：政府要转变职能，由对学校的直接行政管理，转变为运用立法、拨款、信息服务、政策指导和必要的行政手段，进行宏观管理。要按照政事分开的原则，通过立法，明确高等学校的权利和义务，使高等学校真正成为面向社会自主办学的法人实体。要在招生、专业调整、机构设置、干部任免、经费使用、职称评定、工资分配和国际合作交流等方面，分别不同情况，进一步扩大高等学校的办学自主权。学校在政府宏观管理下，自主组织实施教学、科研工作及相应的人、财、物配置，包括制定年度招生方案，自主调节系科招生比例，调整或扩大专业范围，确定学校内部机构设置，决定教职工的聘任与奖惩，进行经费的筹集与使用、津贴发放以及国际交流等。

高等学校实行党委领导下的校长负责制，建立健全校务会议或办公会议制度，建立民主参与机制与民主决策机制。中等及中等以下各类学校实行校长负责制，校长要全面贯彻国家的教育方针和政策，依靠教职员工办好学校。

4. 推进办学和管理体制的改革

（1）建立以政府办学为主体、社会各界共同办学的体制。基础教育是国民素质教育的基础，应以地方政府办学为主，社会参与办学；国家严格管理学历教育，鼓励社会力量举办各种非学历教育。

（2）中央业务部门办学和管理体制的改革。通过共建、合作、合并、转制和社会参与办学等方式，改变中央业务部门办学和管理的体制。

（3）扩大省级政府的办学管理权限。基础教育实行地方负责、分级管理的体制，扩大省级政府对高等教育的决策权和统筹权。

14.1.2 教育立法工作

新中国成立后，特别是党的十一届三中全会以来，我国教育立法工作得到不断加强，已经逐步从不同方面和不同层次，对涉及教育的各种社会关系进行了法律调整，保障和促进了我国教育体制的改革和教育事业的发展。当前，我国教育立法工作呈现以下态势和特点：

1. 制定了一批重要的教育法律、法规，教育立法向高层次发展

20 世纪 80 年代以来，我国先后制定和发布了一系列有关教育的法律、法规。1980 年 2 月，第五届全国人大常委会第十三次会议通过了《学位条例》，于 1981 年 1 月 1 日起施行。这是新中国成立以来我国最高权力机关常设机构颁布的第一部教育法律。

1986 年 4 月 12 日，六届全国人大四次会议通过了《义务教育法》，于 1986 年 7 月 1 日起施行。《义务教育法》郑重宣布中国要以国家强制力“实行九年制义务教育”。这是关系国家前途、民族兴衰的一项具有战略意义的重大措施，标志着我国的基础教育进入了新的发展阶段。

1993 年 10 月 31 日，第八届全国人大常委会第四次会议通过了《教师法》，于 1994 年 1 月 1 日起施行。《教师法》规定了教师的基本权利和义务，明确规定了教师队伍建设的各项制度和逐步提高教师待遇的基本原则，如规定“教师的平均工资水平应当不低于或者高于国家公务员的平均工资水平，并逐步提高”。《教师法》的颁布施行体现了党和国家对广大教师的重视和关心。

1995 年 3 月，八届全国人大三次会议审议通过了我国教育的基本法——《教育法》，于 1995 年 9 月 1 日起施行。这是我国教育法规体系中最重要的法律。它全面总结了新中国成立以来，特别是改革开放以来，我国教育改革与发展的成功经验，全面规范了我国教育改革和发展的重要原则，为落实教育优先发展的战略地位，建立适应社会主义市场经济的教育体制提供了法律保障，为制定其他教育法律和配套的法规规章提供了法律依据。它的颁布实施，对我国教育的改革与发展有着非常深远的影响，标志着我国从此走上了全面依法治教的轨道。

1996 年 5 月 15 日，第八届全国人大常委会第十九次会议通过了《职业教育法》，1996 年 9 月 1 日起施行。《职业教育法》以《教育法》和《劳动法》为基本依据，对职业教育的地位作用、体系结构、方针原则、办学职责、管理体制和经费渠道等方面做出了全面规范。

1998 年 8 月 29 日，第九届全国人大常委会第四次会议通过了《高等教育法》，1999 年 1 月 1 日起施行。《高等教育法》对高等教育的基本制度、高等学校的设立、高等学校的组织活动、高等学校的教师、其他教育工作者和学生、高等教育的投入和条件保障等问题做出了全面规范。它的颁行是我国教育法制建设取得的又一个重大成就，为高等教育的改革和发展提供了强有力的法律保障。

2006 年 6 月 29 日，第十届全国人大常委会第二十二次会议修订通过了《义务教育法》，自 2006 年 9 月 1 日起施行。修订后的《义务教育法》对义务教育的基本制度、保障教师工资福利和社会保险、为学校提供安全保障、义务教育经费的管理、县级以上政府在实施义务教育方面应承担的职责、父母或其他法定监护人对于未成年人的义务教育承担的责任等方面做出了全面规范。《义务教育法》的修订颁布是我国教育法在走向规范道路上的一个里程碑，为义务教育的改革和发展提供了强有力的法律保障。

2015 年 12 月 27 日，第十二届全国人大常委会第十八次会议通过了《全国人民代表大会常务委员会关于修改〈中华人民共和国教育法〉的决定》，自 2016 年 6 月 1 日起施行。该决定对《教育法》进行了修改，涉及高等教育办学方针、人才培养、高校设立、学术委员会职责、评价制度、经费筹措等方面，并增加一条作为第18条："国家制定学前教育标准，加快普及学前教育，构建覆盖城乡，特别是农村的学前教育公共服务体系。""各级人民政府应当采取措施，为适龄儿童接受学前教育提供条件和支持。"这进一步规范了国家教育事业的发展。

此外，国务院还颁布了《扫除文盲工作条例》《教学成果奖励条例》《残疾人教育条例》《教师资格条例》《社会力量办学条例》《普通高等学校设置暂行条例》，批准国家教委等部门发布《高等教育自学考试暂行条例》《幼儿园管理条例》《学校卫生工作条例》《学校体育工作条例》等。在中央教育立法取得突破性进展的同时，地方教育立法也取得了较大进展。

2. 教育法律、法规体系的框架已基本形成，并不断丰富和完善

通过多年的努力，我国已提前实现《中国教育改革和发展纲要》提出的争取到20世纪末，"初步建立起教育法律、法规体系的框架"的目标，即已初步建立起以宪法为基础，包括教育基本法、教育单项法、教育行政法规和规章等几个层次法规协调一致、完整统一的教育法规体系。

在教育法规体系的第一个层次上，有《教育法》。在教育法规体系的第二个层次上，基础教育方面有《义务教育法》，高等教育方面有《高等教育法》《学位条例》，职业教育方面有《职业教育法》，教师方面有《教师法》。在教育法规体系的第三个层次上，综合性的法规和文件有《中国教育改革和发展纲要》《关于深化教育改革全面推进素质教育的决定》《国务院关于〈中国教育改革和发展纲要〉的实施意见》和国务院批转的《面向21世纪教育振兴行动计划》。同时，幼儿教育方面的综合性法规有《幼儿园管理条例》《幼儿园工作规程》，基础教育方面有《中华人民共和国义务教育法实施细则》《关于义务教育阶段办学体制改革试验工作的若干意见》等，高等教育方面有《普通高等学校设置暂行条例》《高等教育管理职责暂行规定》等，职业教育方面有《关于大力发展职业技术教育的决定》等，成人教育方面有《扫除文盲工作条例》《高等教育自学考试暂行条例》等，教师工作方面有《教师资格条例》等，少数民族教育方面有《关于建立民族教育行政机构的决定》等，特殊教育方面有《残疾人教育条例》《关于发展特殊教育的若干意见》，社会力量办学方面有《社会力量办学条例》，学校体育、卫生工作方面有《学校体育工作条例》《学校卫生工作条例》。此外，还有大量的地方性教育法规。为使这一层次的法规更加完备，国家正在抓紧起草"教师职务条例""师范教育条例""教育督导条例"等。2010年5月，根据党的十七大关于"优先发展教育，建设人力资源强国"的战略部署，为促进教育事业科学发展，全面提高国民素质，加快社会主义现代化进程，国务院常务会议审议通过了《国家中长期教育改革和发展规划纲要（2010—2020年）》，确立了到2020年，基本实现教育现代化，基本形成学习型社会，进入人力资源强国行列的战略目标。教育法规体系的第四层次是教育行政规章，所涉及的内容更加广泛、全面，几乎涵盖了教育领域的所有方面。

3. 在加强中央教育立法的同时，加强了地方教育立法工作

新中国成立以来，在相当长一段时间内，在立法制度上，强调高度集中统一，只注重中央制定众多的教育法规，忽视了地方教育法规的建立和健全，以至于地方性教育法规寥寥无几。党的十一届三中全会后，特别是《中国教育改革和发展纲要》实施后，地方教育立法工作逐渐受到重视。《教育法》颁布后，地方教育立法工作得到进一步加强。

14.1.3　政府教育事业的管理机构及其职能

教育部是中央人民政府主管教育事业和语言文字工作的国务院组成部门，下设办公厅、政策法规司、发展规划司、综合改革司、人事司、财务司、基础教育一司、基础教育二司、职业教育与成人教育司、高等教育司、教育督导局、民族教育司、教师工作司、体育卫生与艺术教育司、思想政治工作司、社会科学司、科学技术司、高校学生司、学位管理与研究生教育司、语言文字应用管理司、语言文字信息管理司、国际合作与交流司、巡视工作办公室、直属机关党委、离退休干部局、中国联合国教科文组织全国委员会秘书处以及纪检组、监察局。此外，各省、市、县相应设立政府教育管理机构，对地方教育事业进行统筹规划与管理。教育部的主要职责是：

（1）拟订教育改革与发展的方针、政策和规划，起草有关法律法规草案并监督实施。

（2）负责各级各类教育的统筹规划和协调管理，会同有关部门制定各级各类学校的设置标准，指导各级各类学校的教育教学改革，负责教育基本信息的统计、分析和发布。

（3）负责推进义务教育均衡发展和促进教育公平，负责义务教育的宏观指导与协调，指导普通高中教育、幼儿教育和特殊教育工作。制定基础教育教学基本要求和教学基本文件，组织审定基础教育国家课程教材，全面实施素质教育。

（4）指导全国的教育督导工作，负责组织和指导对中等及中等以下教育、扫除青壮年文盲工作的督导检查和评估验收工作，指导基础教育发展水平、质量的监测工作。

（5）指导以就业为导向的职业教育的发展与改革，制定中等职业教育专业目录、教学指导文件和教学评估标准，指导中等职业教育教材建设和职业指导工作。

（6）指导高等教育发展与改革，承担深化直属高校管理体制改革的责任。制定高等教育学科专业目录和教学指导文件，会同有关部门审核高等学校设置、更名、撤销与调整，负责“211 工程”和“985 工程”的实施和协调工作，统筹指导各类高等教育和继续教育，指导改进高等教育评估工作。

（7）负责本部门教育经费的统筹管理，参与拟订教育经费筹措、教育拨款、教育基建投资的政策，负责统计全国教育经费投入情况。

（8）统筹和指导少数民族教育工作，协调对少数民族和少数民族地区的教育援助。

（9）指导各级各类学校的思想政治工作、德育工作、体育卫生与艺术教育工作及国防教育工作，指导高等学校的党建和稳定工作。

（10）主管全国的教师工作，会同有关部门制定各级各类教师资格标准并指导实施，指导教育系统人才队伍建设。

（11）负责各类高等学历教育招生考试和学籍学历管理工作，会同有关部门制订高等教育招生计划，参与拟订普通高等学校毕业生就业政策，指导普通高等学校开展大学生就业创业工作。

（12）规划、指导高等学校的自然科学和哲学、社会科学研究，协调、指导高等学校参与国家创新体系建设和承担国家科技重大专项等各类科技计划的实施工作，指导高等学校科技创新平台的发展建设，指导教育信息化和产学研结合等工作。

（13）组织指导教育方面的国际交流与合作，制定出国留学、来华留学、中外合作办学和外籍人员子女学校管理工作的政策，规划、协调、指导汉语国际推广工作，开展与港澳台的教育合作与交流。

（14）拟订国家语言文字工作的方针、政策，制定语言文字工作中长期规划，制定汉语和少数民族语言文字规范和标准并组织协调监督检查，指导推广普通话工作和普通话师资培训工作。

（15）负责全国学位授予工作，实施国家的学位制度，负责国际上学位对等、学位互认等工作。

（16）负责协调我国有关部门开展与联合国教科文组织在教育、科技、文化等领域的国际合作，负责与联合国教科文组织秘书处及相关机构、组织的联络工作。

（17）承办国务院交办的其他事项。

14.2　政府对科技事业的管理

14.2.1　政府科技工作的管理机构及其职能

科学技术部是主管科技工作的国务院组成部门，内设机构有办公厅、政策法规与监督司（创新体系建设办公室）、创新发展司、资源配置与管理司、重大专项办公室、基础研究司、高新技术发展及产业化司、农村科技司、社会发展科技司、国际合作司（港澳台办公室）、人事司、机关党委、离退休干部局、驻部纪检组。科学技术部的主要职责是：

（1）牵头拟订科技发展规划和方针、政策，起草有关法律法规草案，制定部门规章，并组织实施和监督检查。

（2）负责组织制订国家重点基础研究计划、高技术研究发展计划和科技支撑计划，负责统筹协调基础研究、前沿技术研究、重大社会公益性技术研究及关键技术、共性技术研究，牵头组织国民经济与社会发展重要领域的重大关键技术攻关。

（3）会同有关部门组织科技重大专项实施中的方案论证、综合平衡、评估验收和制定相关配套政策，对科技重大专项实施中的重大调整提出意见。

（4）负责编制和实施国家重点实验室等科技基地计划，会同有关部门拟订重大创新基地建设规划，参与编制国家重大科学工程建设规划，提出科研条件保障的规划和政策建议，推进国家科技基础条件平台建设和科技资源共享。

（5）制订政策引导类科技计划并指导实施，会同有关部门拟订高新技术产业化政策，指导国家级高新技术产业开发区建设。

（6）组织拟订科技促进农村和社会发展的方针政策，制定相关重要措施和办法，促进以改善民生为重点的农村建设和社会建设。

（7）会同有关部门拟订促进产学研结合的相关政策、制定科技成果推广政策，指导科技成果转化工作，组织相关重大科技成果应用示范，推动企业自主创新能力建设。

（8）提出科技体制改革的方针政策和重大措施建议，推进科技体制改革工作，审核相关科研机构的组建和调整，优化科研机构布局。

（9）负责本部门预算中的科技经费预决算及经费使用的监督管理，会同有关部门提出科技资源合理配置的重大政策和措施建议，优化科技资源配置。

（10）负责国家科学技术奖评审的组织工作，会同有关部门拟订科技人才队伍建设规划，提出相关政策建议。

（11）制定科普规划和政策，拟订促进技术市场、科技中介组织发展政策，制定科技保密管理办法，负责相关科技评估管理和科技统计管理。

（12）组织拟订对外科技合作与交流的政策，负责政府间双边和多边及国际组织间科技合作与交流工作，指导相关部门和地方对外科技合作与交流工作，负责驻外使领馆科技干部的选派与相关管理，组织科技援外与科技援华相关工作。

（13）承办国务院交办的其他事项。

14.2.2 科教兴国战略的提出与实施

1. 科教兴国战略的提出与领导机构

在邓小平“科学技术是第一生产力”思想的指导下，我国的科技工作和教育工作确定了面向经济建设、面向四个现代化的战略目标。1995 年召开了全国科技大会，并制定了《中共中央国务院关于加速科学技术进步的决定》，首次提出了科教兴国战略。党的十五大提出了实施科教兴国战略和可持续发展战略。1998 年 3 月，在九届全国人大记者招待会上，国务院总理朱镕基提出，实施科教兴国战略是本届政府的最大任务。

科教兴国战略是一项关系到中国未来发展的重要决策，也是中国最高决策层做出的英明决策。为了贯彻和实施这一重要决策，中央决定成立国家科技教育领导小组。国家科技教育领导小组主要研究、审议科技和教育发展战略及重大政策，讨论、审议科技和教育的重要任务与项目，协调国务院各部门与地方之间涉及科技或教育的重大事项。

2. 科教兴国战略的实施

（1）确定实施科教兴国战略的重点。1999 年 6 月和 8 月，党中央、国务院相继召开了改革开放以来的第三次全国教育工作会议和全国科技创新大会。中共中央、国务院分别发布了《关于深化教育改革全面推进素质教育的决定》和《关于加强技术创新发展高科技实现产业化的决定》，从而确立了面向 21 世纪实施科教兴国战略的重点，即全面推进素质教育和加强技术创新，加快科技成果产业化。2006 年 2 月，国务院印发了《国家中长期科学和技术发展规划纲要（2006—2020 年）》，将自主创新、重点跨越、支撑发展、引领未来作为科技工作的指导方针。到 2020 年，我国科学技术发展的总体目标是：自主创新能力显著增强，科技促进经济社会发展和保障国家安全的能力显著增强，为全面建设小康社会提供有力的支撑；基础科学和前沿技术研究综合实力显著增强，取得一批在世界具有重大影响的科学技术成果，进入创新型国家行列，为在 21 世纪中叶成为世界科技强国奠定基础。

（2）加快科技和教育体制改革是科教兴国战略实施的制度保障。全面贯彻落实科教兴国战略，必须加大改革的力度，加快建立适应社会主义市场经济体制、有利于产学研结合的新型科技和教育体制。

加快科技体制改革主要体现为：1）加快推进技术开发类科研机制的改革，推进科研机构的企业化转制。国家科技教育领导小组要求采取切实的改革措施，促使应用型科研院所转制为科技型企业。1999 年初，国务院决定对国家经贸委管理的 10 个国家局所属的 242 个科研机构进行管理体制的改革。242 个科研机构通过转成企业、进入企业和转为中介机构等方式全部实行企业化转制。在总结 242 个科研机构企业化转制试点经验的基础上，进一步明确了各类科研机构改革的方向，即技术开发类科研机构实行企业化转制；社会公益类科研机构实行分类管理；以社会科学领域为主的科研机构，按照国家关于其他类型事业单位的改革部署进行改革；加强科研与教育的结合，鼓励有条件的科研机构进入大学、与大学合并或开展多种形式的合作。2）加快科研机构内部改革的步伐，通过人事制度和分配制度的改革，创造有利于人尽其才和优秀人才脱颖而出、科技人员勇于创新的机制。3）深化国家科技计划的管理改革。国家科技计划改革的基本思路是：要有利于国家创新体系的建设；有利于提高国家技术创新的能力；有利于促进科学技术向现实生产力的转化；有利于增强科技实力和提高经济竞争力。具体做法是：全面实行课题制，实行课题负责人制和全额预算、过程控制、全成本核算；全面引进市场竞争机制，大力推行招标和中介评估等；充分发挥中央和地方两个积极性，一些重大项目由中央和地方共同支持。4）改革科技奖励制度，进一步提升国家科学技术奖励的权威性。

推进教育体制改革主要表现为：1）按照“共建、调整、合作、合并”的基本思路，改革高教体制，调整高校结构，提高办学质量和办学效率。2）加快高等学校内部管理体制改革步伐，走后勤社会化的路子，在内部进行组织结构、人员结构和专业结构调整，以人事制度和分配制度改革为重点，加快内部运行机制的改革。3）积极鼓励社会力量办学，公办学校和民办学校共同发展。

（3）加大科教投入和政策支持力度，营造实施科教兴国战略的良好环境。在加大科技教育体制改革的同时，国家加大了对科技和教育的投入，并制定了各项配套政策，确保科教兴国战略的顺利实施。

对科技教育发展政策的支持主要表现为：1）建立风险投资机制，拓宽技术创新和高新技术产业化的融资渠道；2）加大财政、税收政策的支持力度；3）鼓励开发类科研机构企业化转制；4）采取积极的政策导向，充分激励科技教育人员的积极性。

（4）党的十八以来科技政策改革。

2012 年 9 月，中共中央、国务院印发了《关于深化科技体制改革加快国家创新体系建设的意见》，要求进一步深化科技体制改革，着力解决制约科技创新的突出问题，充分发挥科技在转变经济发展方式和调整经济结构中的支撑引领作用，加快建设中国特色国家创新体系，为 2020 年进入创新型国家行列、全面建成小康社会和新中国成立 100 周年时成为世界科技强国奠定坚实基础。主要包括：1）强化企业技术创新主体地位，促进科技与经济紧密结合。建立企业主导产业技术研发创新的体制机制。加快建立企业为主体、市场为导向、产学研用紧密结合的技术创新体系。充分发挥企业在技术创新决策、研发投入、科研组织和成果转化中的主体作用。2）提高科研院所和高等学校服务经济社会发展的能力。加快科研院所和高等学校科研体制改革和机制创新。按照科研机构分类改革的要求，明确定位，优化布局，稳定规模，提升能力，走内涵式发展道路。3）完善科技支撑战略性新兴产业发展和传统产业升级的机制。建立科技有效支撑产业发展的机制，围绕战略性新兴产业需求部署创新链，突破技术瓶颈，掌握核心关键技术，推动节能环保、新一代信息技术、生物、高端装备制造、新能源、新材料、新能源汽车等产业快速发展，增强市场竞争力。4）完善科技促进农业发展、民生改善和社会管理创新的机制。高度重视农业科技发展，发挥政府在农业科技投入中的主导作用，加大对农业科技的支持力度。注重发展关系民生的科学技术，加快推进涉及人口健康、食品药品安全、防灾减灾、生态环境和应对气候变化等领域的科技创新，满足保障和改善民生的重大科技需求。加快建设社会管理领域的科技支撑体系。充分运用信息技术等先进手段，建设网络化、广覆盖的公共服务平台。

附　录

新中国成立以来国务院组织机构图

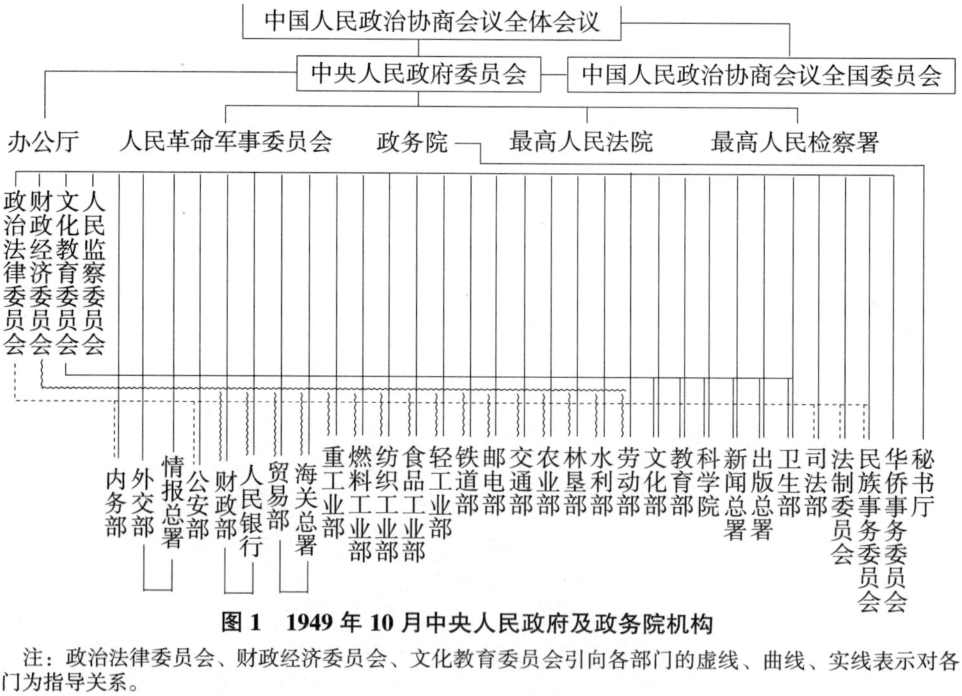

图 1　1949 年 10 月中央人民政府及政务院机构

注：政治法律委员会、财政经济委员会、文化教育委员会引向各部门的虚线、曲线、实线表示对各部门为指导关系。

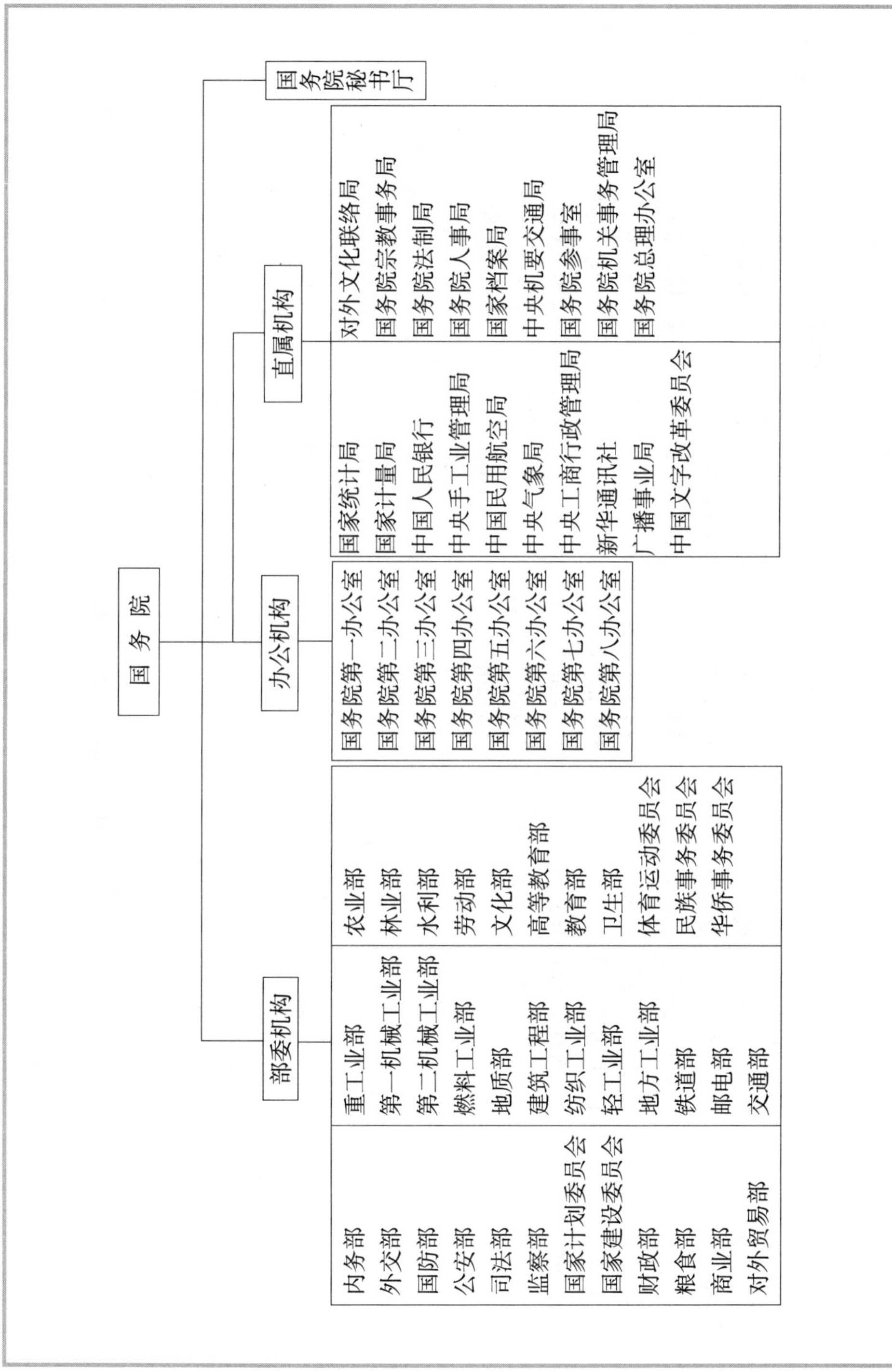

图 2　1954 年国务院组织机构

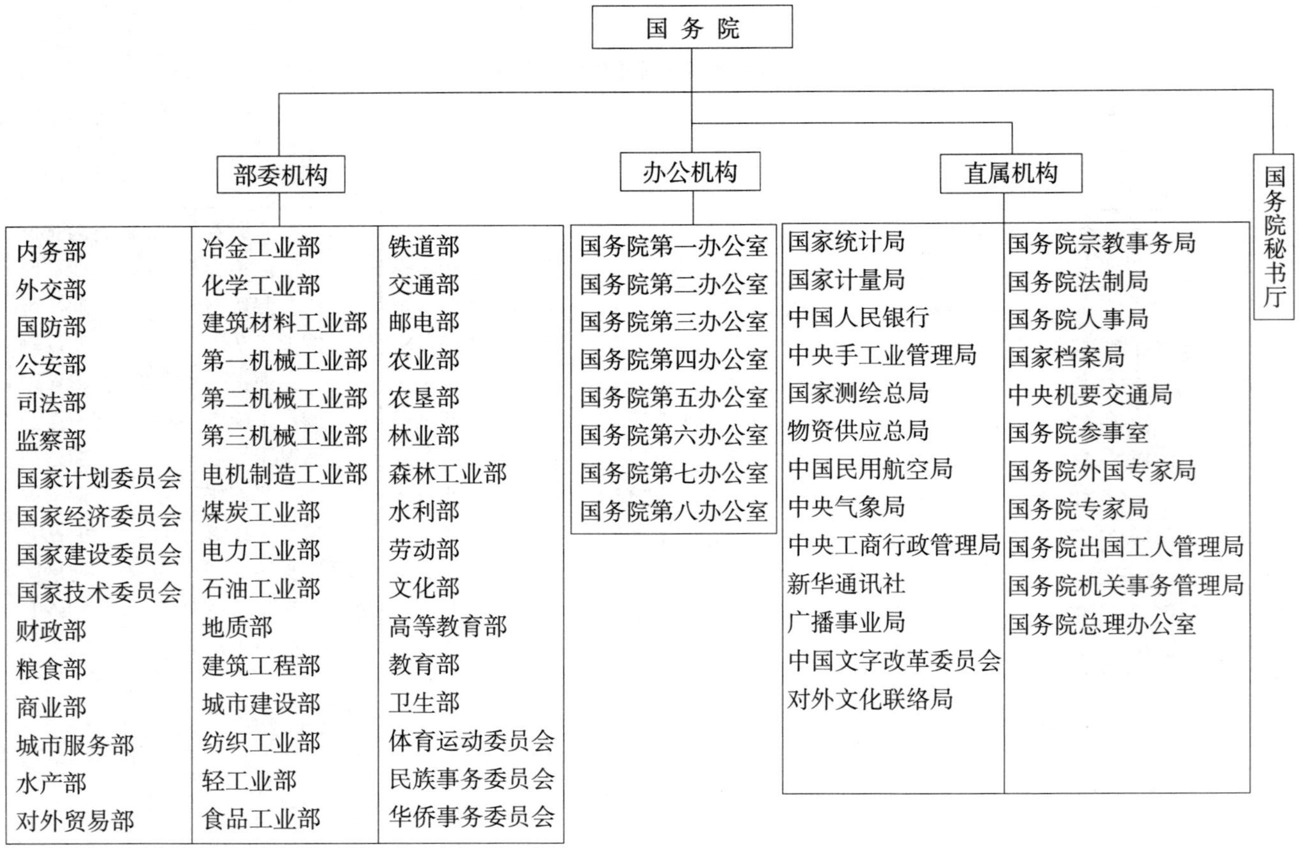

图 3　1956 年国务院组织机构

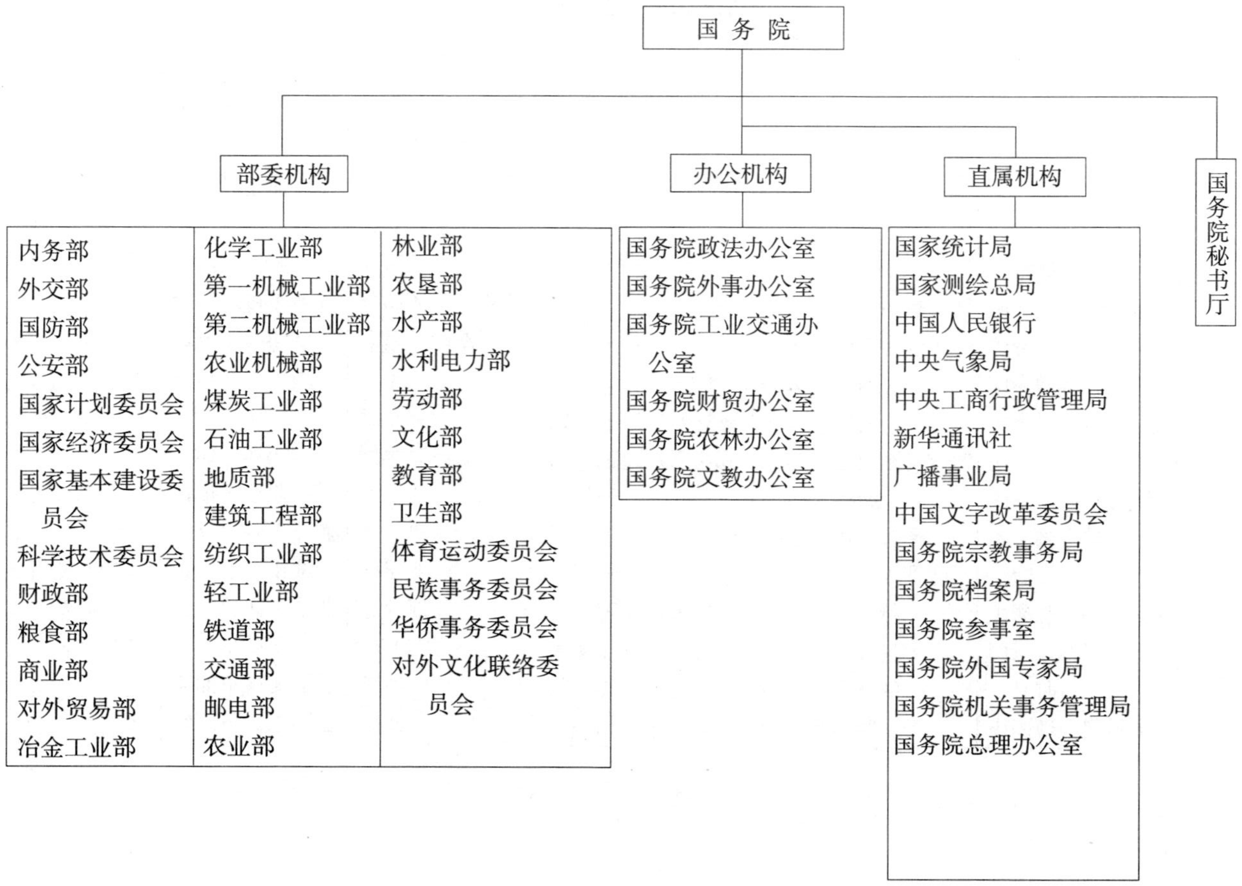

图 4　1959 年国务院组织机构

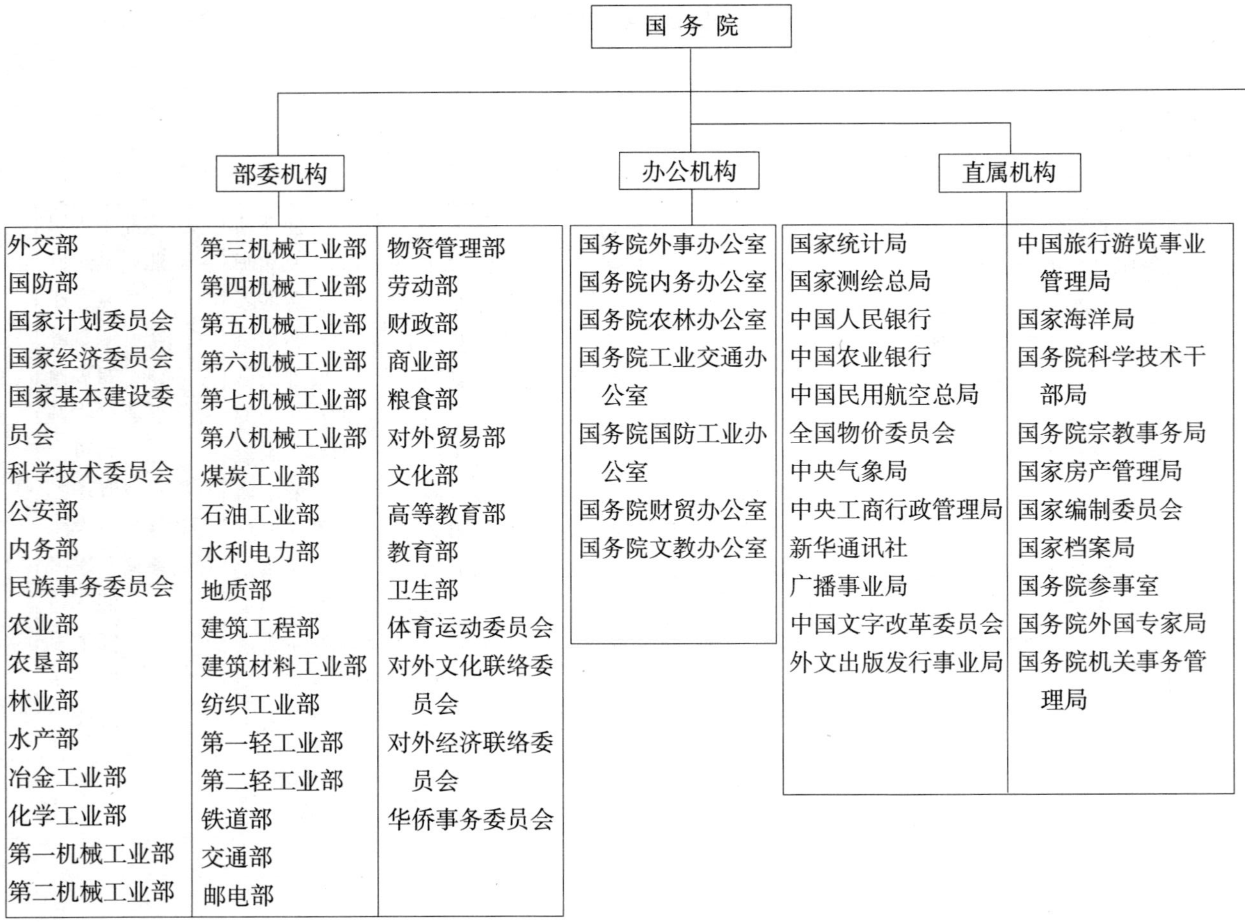

图 5　1965 年国务院组织机构

- 国务院
  - （由国务院领导的单位）
    - 外交部
    - 国家计划委员会
    - 国家基本建设委员会
    - 公安部
    - 对外贸易部
    - 对外经济联络部
    - 农林部
    - 冶金工业部
    - 第一机械工业部
    - 燃料化学工业部
    - 水利电力部
    - 轻工业部
    - 交通部
    - 财政部（中国人民银行并入后保留名称）
    - 商业部
    - 文化组
    - 科教组
    - 卫生部
    - 中国科学院
    - 国务院办公室
  - （划归军委办事组管辖的单位）
    - 国防部
    - 第二机械工业部
    - 第三机械工业部
    - 第四机械工业部
    - 第五机械工业部
    - 第六机械工业部
    - 第七机械工业部
  - （从国务院调出的单位）
    - 体育运动委员会（调归总参领导）
    - 中国民用航空总局（调归空军领导）
    - 国家海洋局（调归海军领导）
    - 新华通讯社（原定归中央文革小组领导）
    - 广播事业局（原定归中央文革小组领导）
    - 外文出版发行事业局（隶属关系未定）

图6 1970年国务院组织机构

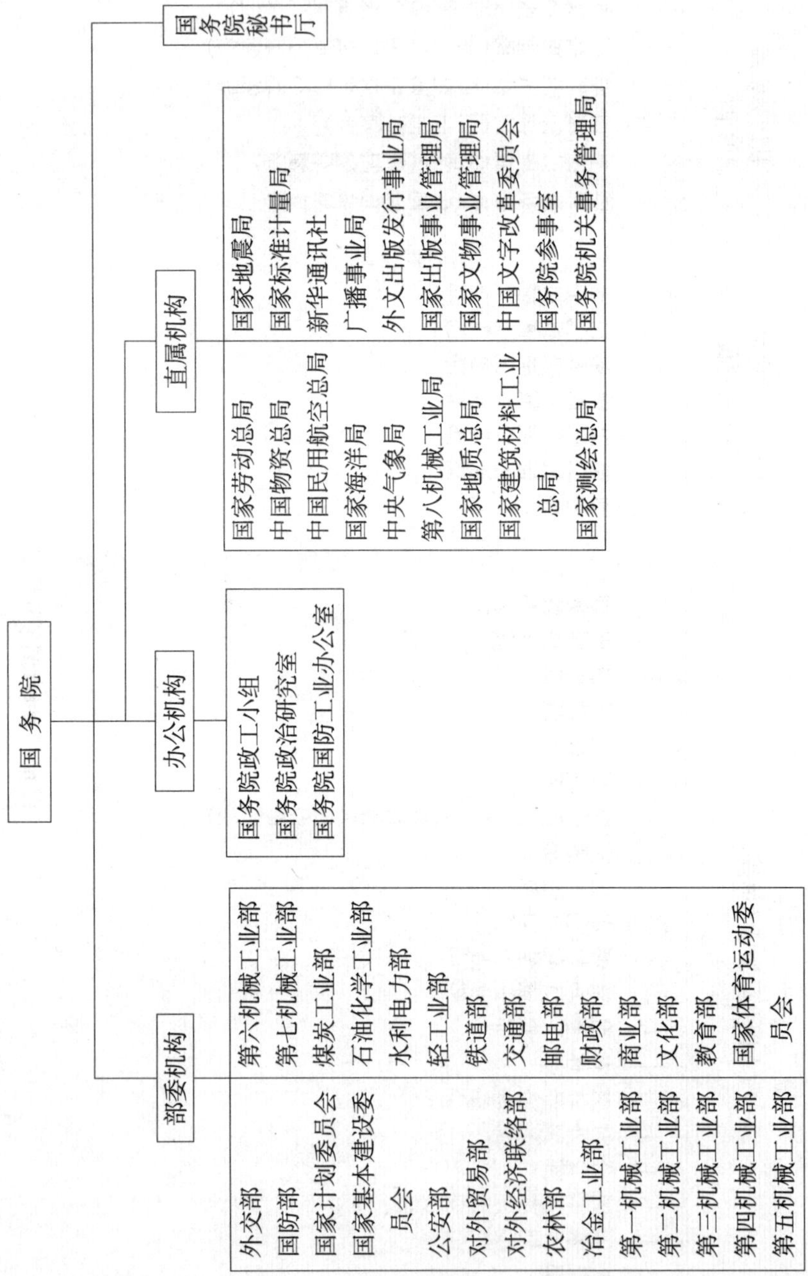

图 7　1975 年国务院组织机构

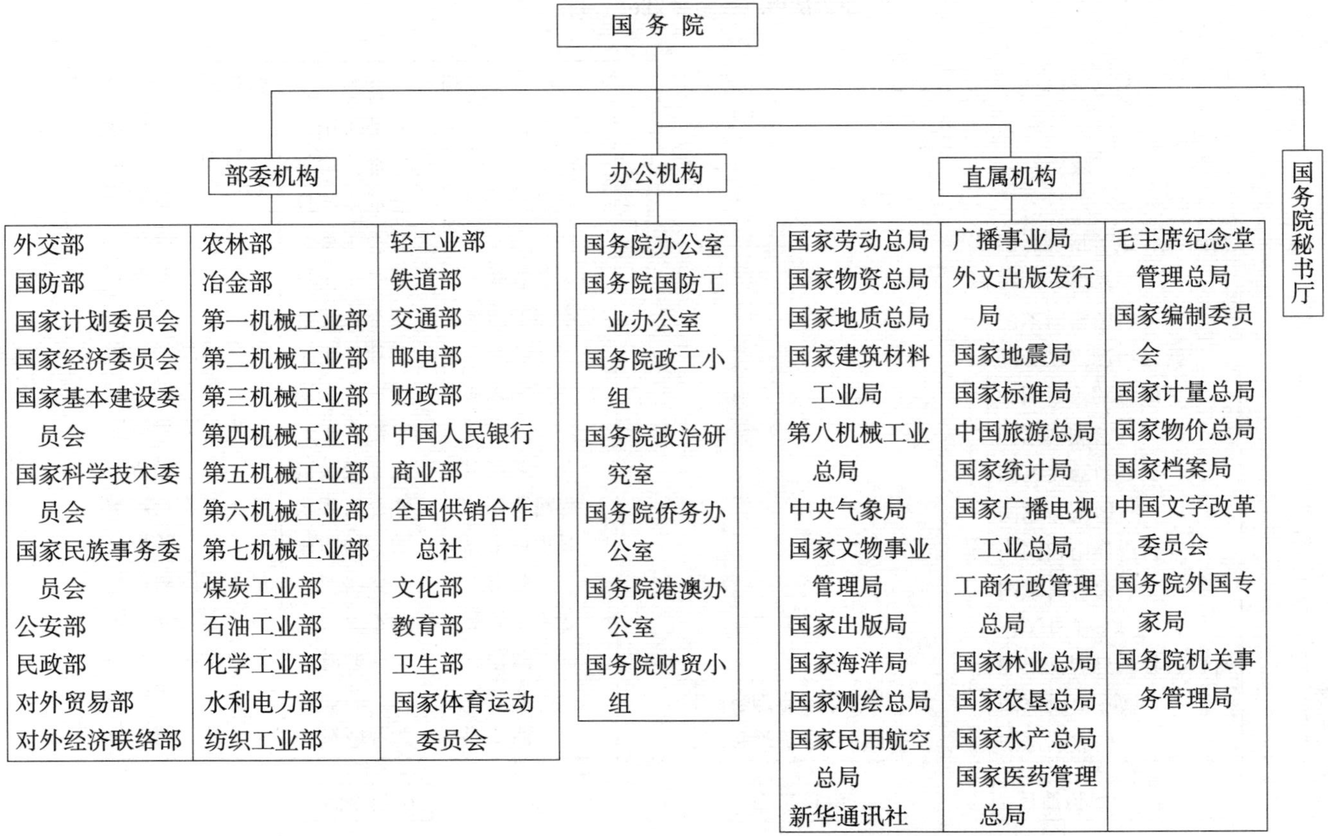

图 8　1978 年国务院组织机构

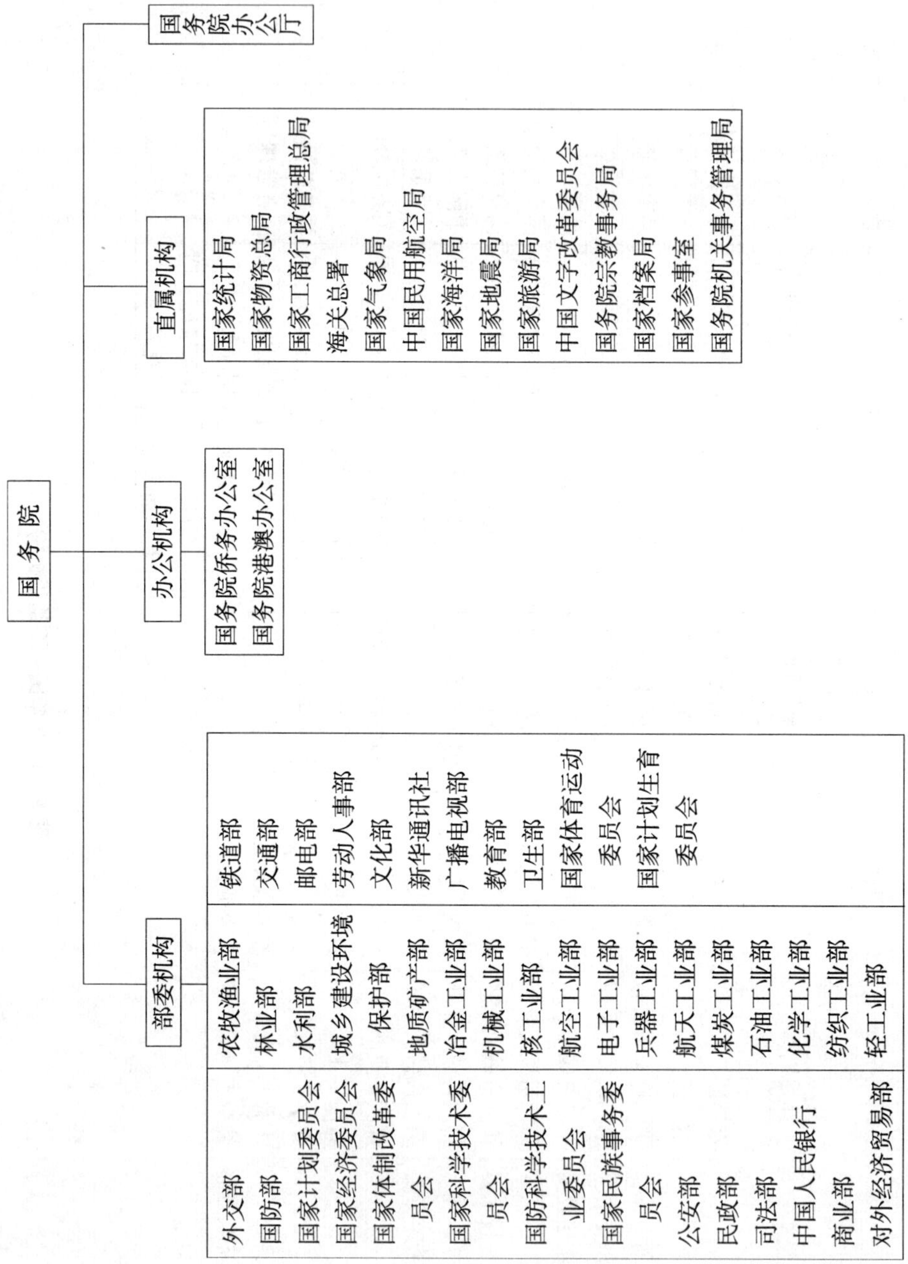

图 9　1982 年国务院组织机构

- 国务院
  - 部委机构
    - 外交部
    - 国防部
    - 国家计划委员会
    - 国家经济体制改革委员会
    - 国家教育委员会
    - 国家科学技术委员会
    - 国防科学技术工业委员会
    - 公安部
    - 国家安全部
    - 监察部
    - 民政部
    - 司法部
    - 财政部
    - 人事部
    - 劳动部
    - 地质矿产部
    - 建设部
    - 能源部
    - 机械电子工业部
    - 航空航天工业部
    - 冶金工业部
    - 化学工业部
    - 轻工业部
    - 铁道部
    - 纺织工业部
    - 交通部
    - 邮电部
    - 水利部
    - 农业部
    - 林业部
    - 商业部
    - 对外经济贸易合作部
    - 物资部
    - 文化部
    - 广播电影电视部
    - 卫生部
    - 国家体育运动委员会
    - 国家计划生育委员会
    - 中国人民银行
    - 审计署
  - 办公机构
    - 国务院外事办公室
    - 国务院侨务办公室
    - 国务院港澳事务办公室
    - 国务院特区办公室
    - 国务院研究室
    - 国务院台湾事务办公室
  - 直属机构
    - 国家统计局
    - 国家物价局
    - 国家工商行政管理局
    - 国家技术监督局
    - 国家环境保护局
    - 国家土地管理局
    - 国家建筑材料工业局
    - 新闻出版署（国家版权局）
    - 国家医药管理局
    - 海关总署
    - 国家海洋局
    - 国家旅游局
    - 中国民用航空总局
    - 国家气象局
    - 国务院法制局
    - 国家地震局
    - 国务院参事局
    - 国家档案局
    - 国务院机关事务管理局
  - 国务院办公厅

图 10　1988 年国务院组织机构

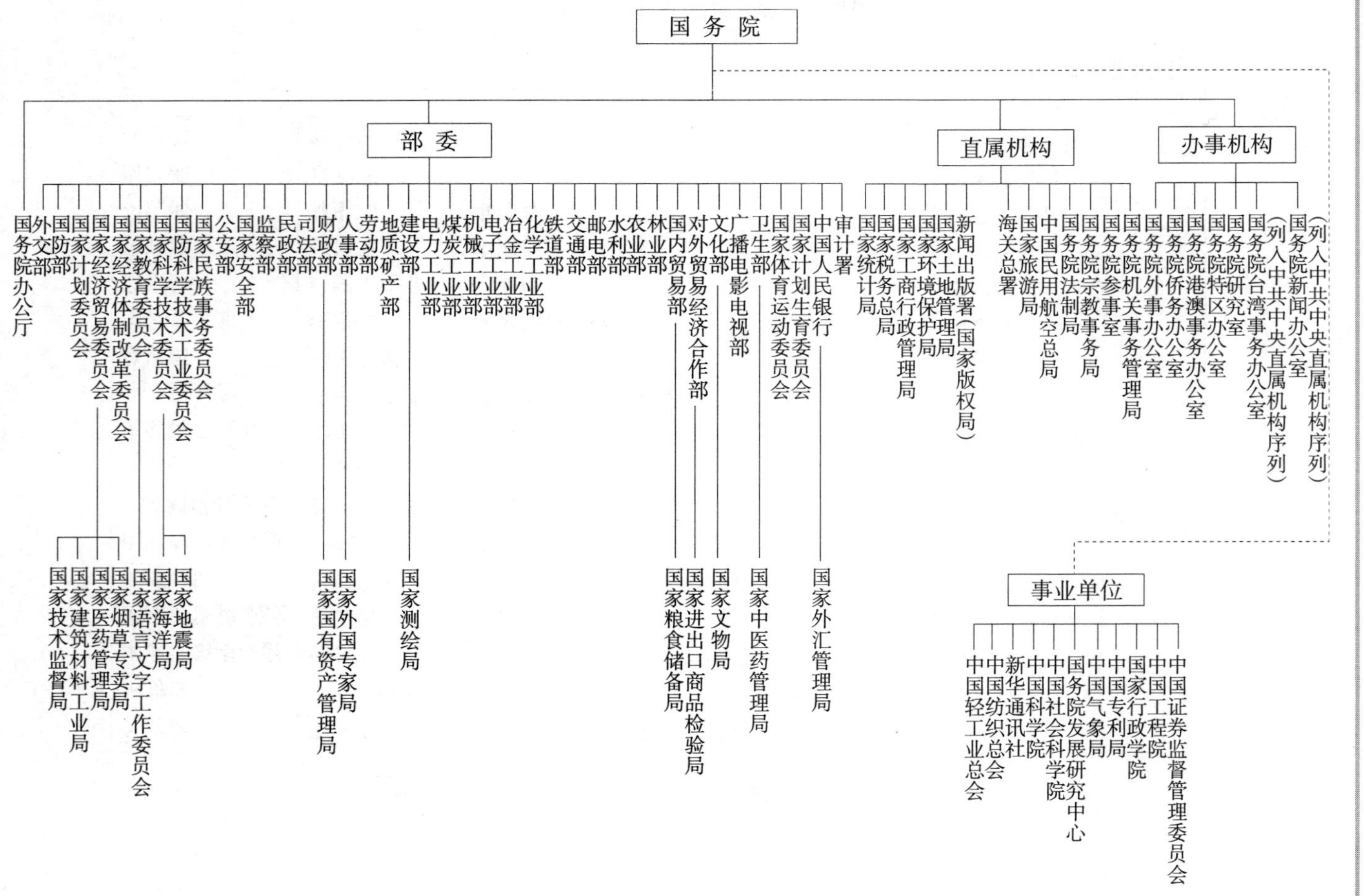

图 11　1994 年国务院组织机构

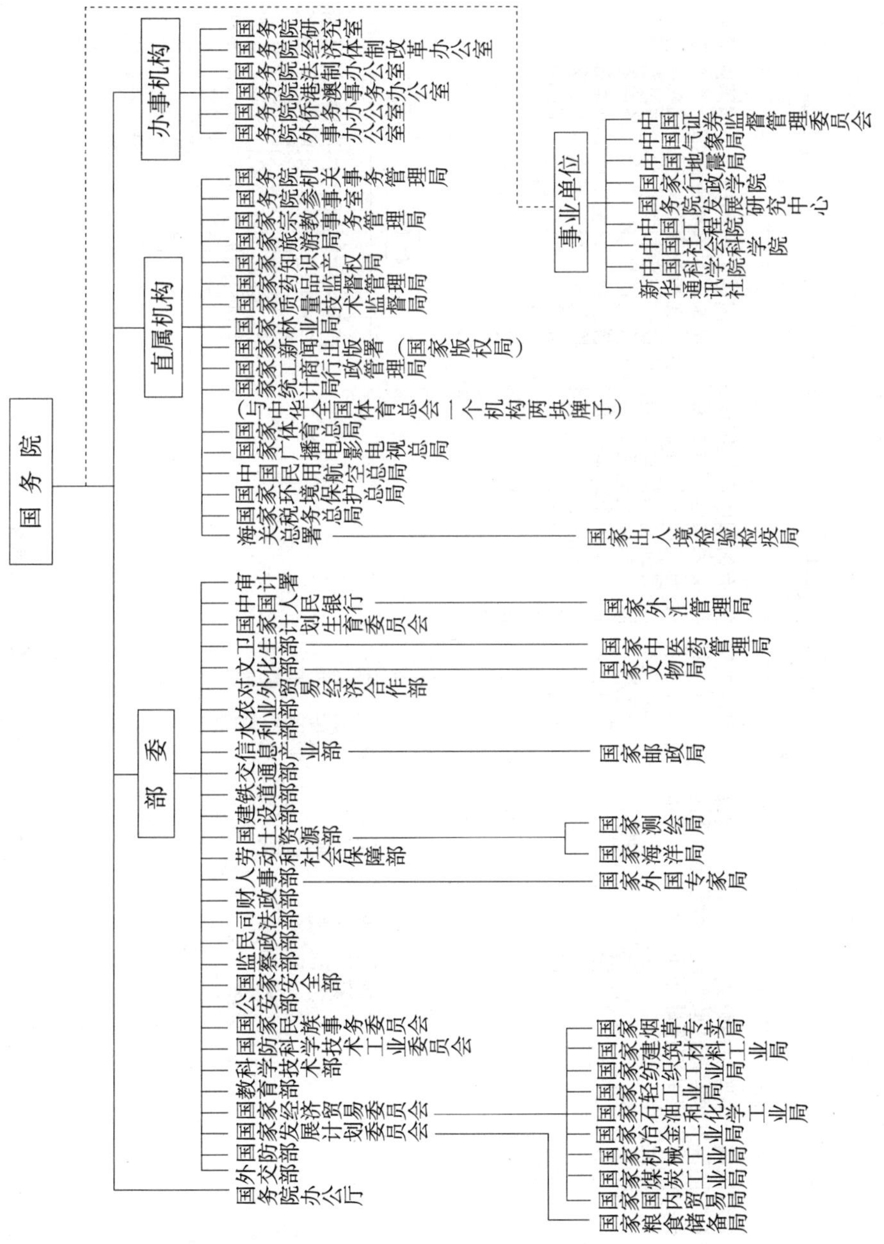

图 12　1998 年国务院机构设置

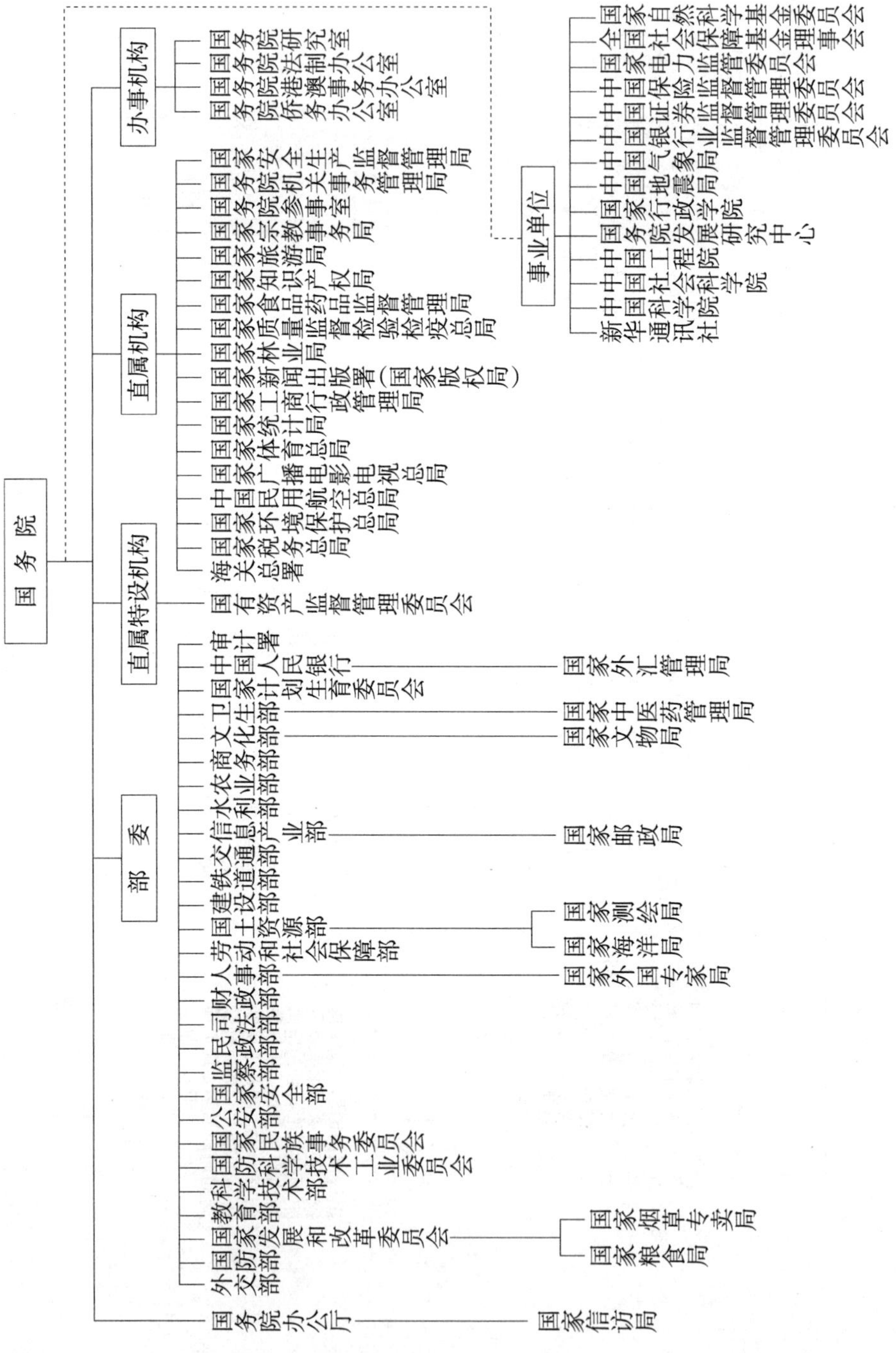

图13　2003年国务院机构设置

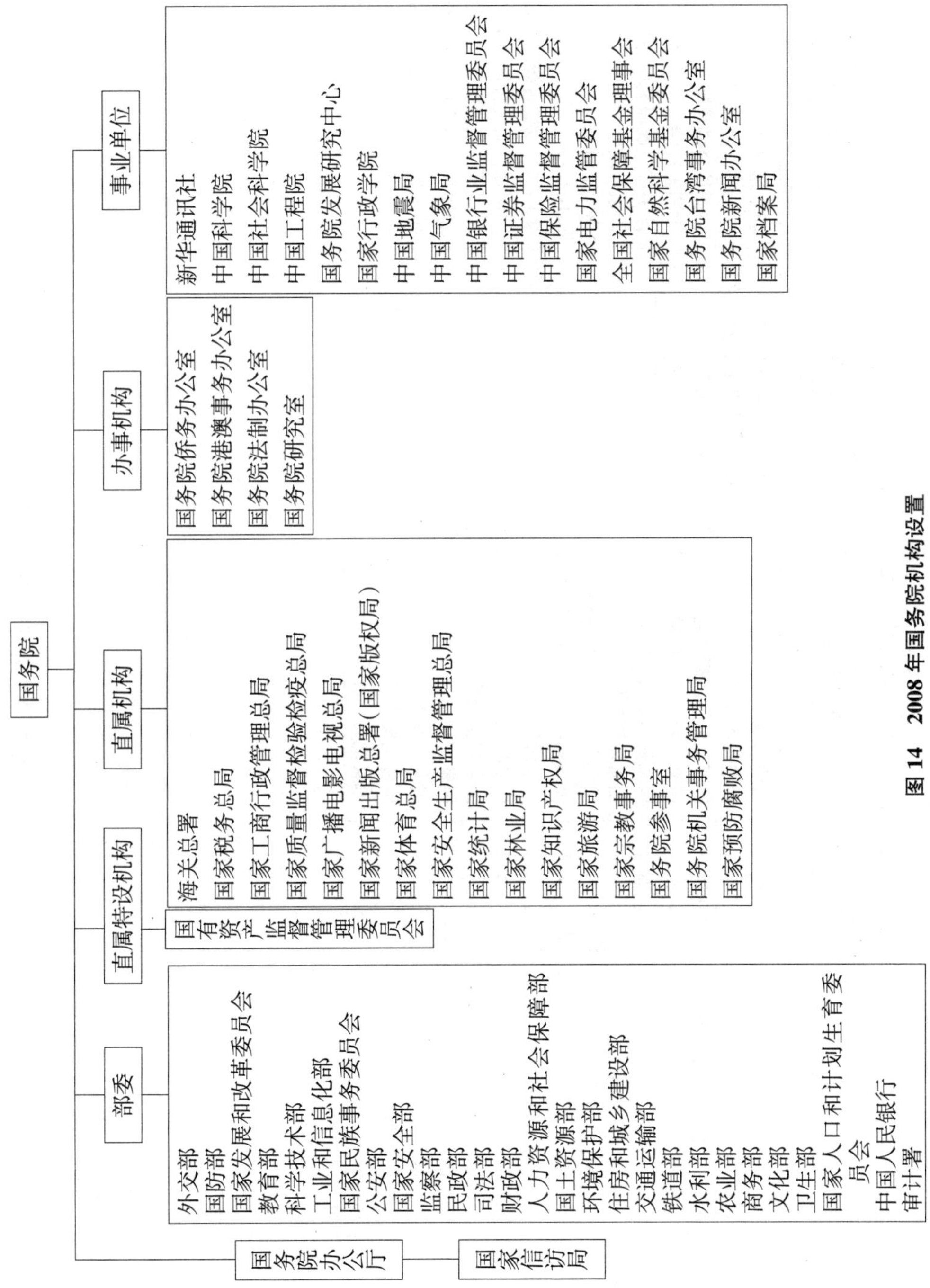

图 14　2008 年国务院机构设置

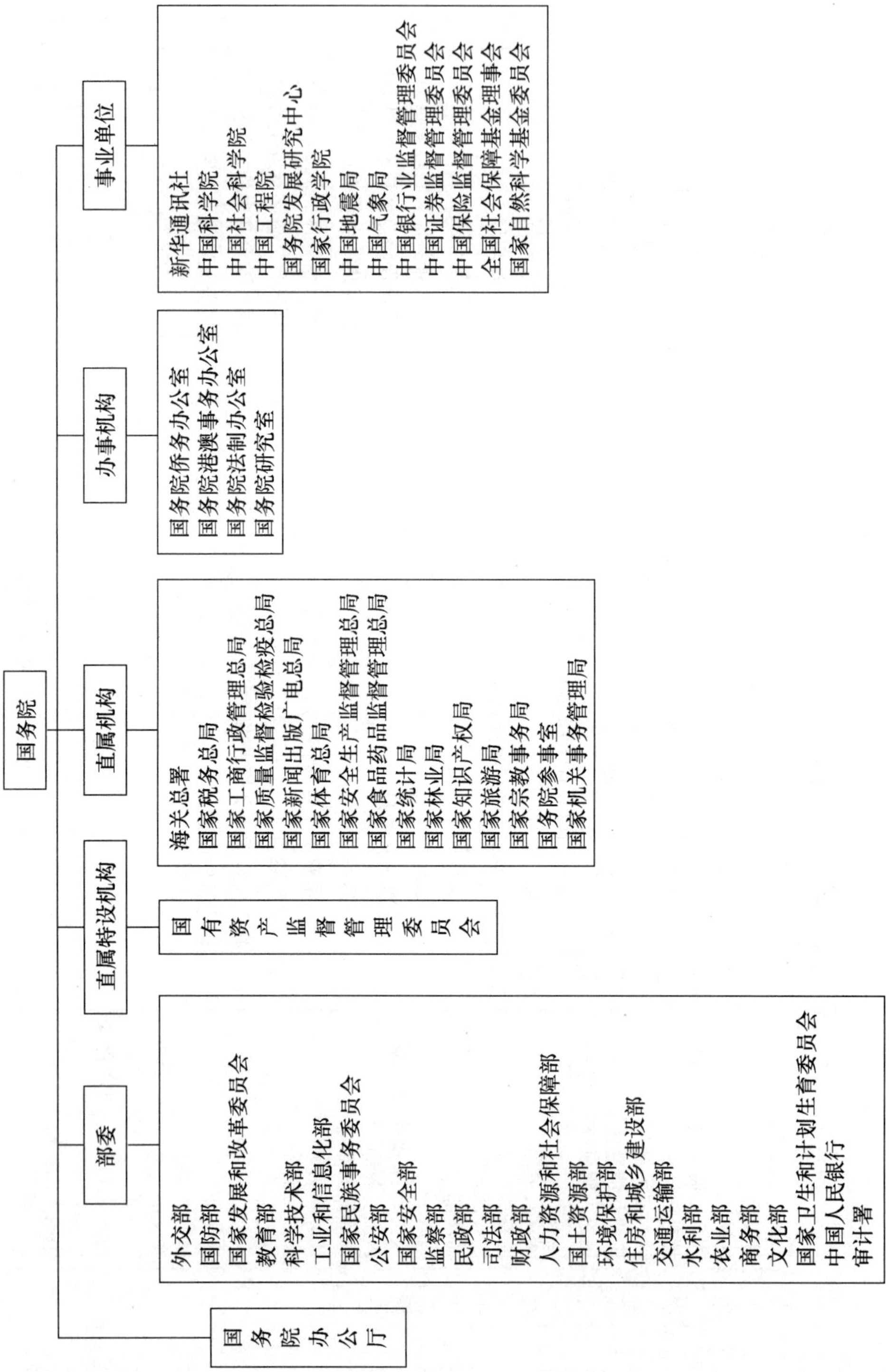

图15　2013年国务院机构设置

参考文献

1. 国务院办公厅秘书局，中央机构编制委员会办公室综合司．中央政府组织机构．北京：改革出版社，1998

2. 刘智峰．第七次革命．北京：经济日报出版社，1998

3. 胡伟．政府过程．杭州：浙江人民出版社，1998

4. 张文寿．中国行政管理体制改革．北京：当代中国出版社，1994

5. 浦兴祖．当代中国政治制度．上海：复旦大学出版社，1999

6. 李寿初．中国政府制度．北京：中央民族大学出版社，1997

7. 乌杰．中国政府与机构改革．北京：国家行政学院出版社，1998

8. 赵玲．“看得见的手”：中国政府行为研究．北京：中国人事出版社，1996

9. 谢庆奎，燕继荣，赵长根．中国政府体制分析．北京：中国广播电视出版社，1995

10. 高民政．中国政府与政治．济南：黄河出版社，1993

11. 国家机构编制委员会办公室．中国政府机构：1991年．北京：中国人事出版社，1991

12. 李鹏．政府工作报告．北京：人民出版社，1998

13. 朱镕基．政府工作报告．北京：人民出版社，1999

14. 胡鞍钢，王绍光．政府与市场．北京：中国计划出版社，2000

15. 赵立波．政府行政改革：走向21世纪的中国视点．济南：山东人民出版社，1998

16. 中华人民共和国国务院新闻办公室．中国政府白皮书：1991—1995．北京：外文出版社，2000

17. 中华人民共和国国务院新闻办公室．中国政府白皮书：1996—1999．北京：外文

出版社，2000

18. 中国行政区划研究会. 中国行政区划手册. 北京：中国大百科全书出版社，1995
19. 浦善新. 中国行政区划概论. 北京：知识出版社，1995
20. 张郧. 中国政府管理百科全书. 北京：经济日报出版社，1992
21. 廖盖隆，赵宝煦，杜青林. 当代中国政治大事典：1949—1990. 长春：吉林文史出版社，1991
22. 李广民. 世界经济与政治和当代中国外交. 北京：中国书籍出版社，2001
23. 中华人民共和国外交部政策研究室. 中国外交. 北京：世界知识出版社，1999
24. 李健. 共和国外交风云. 北京：中国广播电视出版社，2000
25. 李宝俊. 当代中国外交概论. 北京：中国人民大学出版社，1999
26. 金正昆. 现代外交学概论. 北京：中国人民大学出版社，1999
27. 王泰平. 新中国外交 50 年. 北京：北京出版社，1999
28.《中国公安辞典》编审委员会. 中国公安辞典. 北京：群众出版社，1999
29. 王连昌. 行政执法概论. 北京：中国人民公安大学出版社，1992

人大版公共管理类教材

公共管理类专业教材——学科基础课教材

书名	作者
现代管理学原理（第三版）（“十一五”国家级规划教材）	娄成武　魏淑艳
一般管理学原理（第四版）	张康之　周　军
管理学基础（第三版）	方振邦
政治学原理（第三版）	景跃进　张小劲
现代政治学原理（第四版）	石永义　刘玉萼　张　璋
公共管理学（第二版）	陈振明
公共管理学——一种不同于传统行政学的研究途径（第二版）	陈振明
公共管理学（第三版）（数字教材版）（“十二五”国家级规划教材）	蔡立辉　王乐夫
公共管理学（精编版）	王乐夫　蔡立辉
公共管理学（第二版）	张康之　郑家昊
公共管理概论（第二版）	朱立言　谢　明
公共政策导论（第六版）（数字教材版）	谢　明
公共政策概论（第二版）	谢　明
公共政策学——政策分析的理论、方法和技术（“十一五”国家级规划教材）	陈振明
公共政策学（第二版）	杨宏山
政策科学——公共政策分析导论（第二版）	陈振明
公共经济学（第三版）（“十二五”国家级规划教材）	高培勇
公共经济学教程	秦立建
政府经济学（第四版）（“十一五”国家级规划教材）	郭小聪
政府经济学（第四版）	潘明星　韩丽华

公共管理类专业教材——方法课教材

书名	作者
公共管理研究方法	何兰萍　张俊艳
行政学研究方法与应用案例	萧鸣政　等
管理定量分析：方法与技术（第三版）	刘兰剑

公共管理类专业教材——行政管理、公共事业管理专业教材

书名	作者
行政法学导论	姜晓萍
公共部门人力资源管理（第四版）	孙柏瑛　祁凡骅
公共部门人力资源开发与管理（第五版）（“十二五”国家级规划教材）	孙柏瑛　祁凡骅
公共部门人力资源管理（第三版）	滕玉成　于　萍
公共部门人力资源管理概论（第二版）	方振邦
公共部门人力资源管理案例	周均旭
行政管理学（第五版）（数字教材版）	郭小聪
公共行政学（第五版）	彭和平
公共行政学（第二版）	张康之　张乾友
行政学导论（第三版）	齐明山

书名	作者
行政管理学导引与案例	陈季修
管理心理学（第三版）	范逢春
公共组织行为学（第三版）（“十一五”国家级规划教材）	孙　萍　张　平
公共组织学（第四版）	李传军
行政组织学（第二版）	张　昕　李　泉
公共组织理论	陆明远　冯　楠
公共事业管理概论（第三版）	朱仁显
公共组织财务管理（第三版）（“十一五”国家级规划教材）	王为民
国家公务员制度（第五版）（数字教材版）（“十二五”国家级规划教材）	舒　放　贾自欣
国家公务员制度概论（第二版）	刘碧强　郗永勤
公务员制度概论	李如海
公务员制度	温志强　王彦平　郝雅立
当代国家公务员制度：理论与实践	胡春艳
行政领导学（第三版）	朱立言　李国梁
领导学（第五版）	邱霈恩
领导学	孙　健
现代市政学（第五版）（数字教材版）	王佃利
市政管理学（第五版）（“十一五”国家级规划教材）	杨宏山
社区管理（第四版）	汪大海　魏　娜　郇建立
社区管理原理与案例	魏　娜
电子政务教程（第三版）（“十一五”国家级规划教材）	赵国俊
电子政府与电子政务（第二版）（“十一五”国家级规划教材）	张锐昕
行政伦理学教程（第四版）（“十二五”国家级规划教材）	张康之　李传军
公共危机管理概论（第二版）	王宏伟
公共危机管理	唐　钧
当代中国政府与政治（第二版）	景跃进　陈明明　肖　滨
当代中国政府与行政（第三版）	魏　娜　吴爱明
地方政府学概论（第二版）	方　雷
地方政府管理（第二版）	陈瑞莲　张紧跟
管理秘书实务（第三版）	赵锁龙
行政秘书学	唐　钧
公文写作与处理	赵国俊
机关管理的原理与方法（第三版）	赵国俊　陈幽泓
公共部门绩效管理（第二版）	方振邦
政府绩效管理（第二版）	方振邦　葛蕾蕾
政府绩效评估	蔡立辉
政府公共关系（第二版）（“十一五”国家级规划教材）	廖为建　张　宁
西方行政学理论概要（第二版）（“十一五”国家级规划教材）	丁　煌
公共行政学史（第二版）	何艳玲
西方公共管理名著导读	汪大海
文化管理学（第三版）（“十二五”国家级规划教材）	孙　萍
文化创意产业导论	魏鹏举
卫生事业管理（第二版）（“十一五”国家级规划教材）	李　鲁
现代公用事业管理	崔运武

公共管理类专业教材——劳动与社会保障专业教材

书名	作者
社会保障概论（第七版）	孙光德　董克用
社会保障学	戴卫东
劳动经济学（“十一五”国家级规划教材）	董克用　刘　昕
劳动法与社会保障法	黎建飞
社会保险学（第四版）	孙树菡　朱丽敏
社会保障基金管理	李春根
社会保障国际比较	仇雨临

公共管理类专业教材——土地资源管理专业教材

书名	作者
土地经济学（第八版）（“十一五”国家级规划教材）	毕宝德
土地法学（中国人民大学“十三五”规划教材）	严金明
土地资源学	张正峰　赵文武
土地资源管理学（第二版）	张正峰
国土空间规划学	张占录　张正峰
不动产估价（第二版）（“十一五”国家级规划教材）	叶剑平　曲卫东
土地信息系统	曲卫东　韩　琼
地籍管理（第五版）（“十一五”国家级规划教材）	谭　峻　林增杰

公共管理类专业教材——城市管理专业教材

书名	作者
城市管理学（第四版）	杨宏山
城市管理学：公共视角	陆　军　等
城市管理法	王丛虎
城市总体规划原理	郐艳丽　田　莉

公共管理类教材——应急管理专业教材

书名	作者
应急管理导论：原理与案例	李燕凌　朱正威 张海波　章文光
应急管理概论	王宏伟
应急管理理论与实践	唐　钧
突发事件风险管理	张小明
应急管理新论	王宏伟
新媒体时代的应急管理与危机公关	唐　钧
公共安全风险治理	唐　钧

公共管理硕士（MPA）教材——核心课教材

书名	作者
全国公共管理硕士（MPA）核心课程教学指导纲要	全国公共管理专业学位 研究生教育指导委员会
社会主义建设理论与实践（第三版）	李景治　蒲国良

书名	作者
公共管理英语（修订版）	顾建光
学术规范和论文写作	胡宏伟
公共管理学（第三版）（全国优秀教材二等奖）	张成福　党秀云
公共管理学原理（修订版）	陈振明
公共管理导论	竺乾威　朱春奎　李瑞昌
公共政策分析	陈振明
公共政策分析导论	陈振明
公共政策分析概论（修订版）	谢　明
公共部门经济学（第三版）	高培勇　崔　军
公共经济学	唐任伍
行政法学（修订版）	皮纯协　张成福
行政法学概论（第三版）	胡锦光
非营利组织管理概论（修订版）	王　名
非营利组织管理	王　名　王　超
公共管理伦理学（修订版）	张康之
社会研究方法	陈振明
电子政务理论与方法（第五版）	金江军
公文写作概论	高永贵

公共管理硕士（MPA）教材——专业方向必修课、选修课教材

书名	作者
公务员制度教程（第六版）	舒　放　王克良
比较政府与政治（修订版）	卓　越
当代中国政府与政治（第三版）	吴爱明　朱国斌　林　震
公共部门人力资源管理及案例教程（第三版）	陈天祥
公共部门绩效评估（修订版）	卓　越
公共部门危机管理（第三版）	张小明
应急管理通论（第二版）	李雪峰
公共部门战略管理（修订版）	陈振明
MPA 学位论文写作指南	汪大海

图书在版编目（CIP）数据

当代中国政府与行政/魏娜，吴爱明著. —4 版. —北京：中国人民大学出版社，2017.3
新编 21 世纪公共管理系列教材
ISBN 978-7-300-24244-6

Ⅰ.①当… Ⅱ.①魏…②吴… Ⅲ.①国家行政机关-行政管理-中国-高等学校-教材 Ⅳ.①D630.1

中国版本图书馆 CIP 数据核字（2017）第 042707 号

新编 21 世纪公共管理系列教材
当代中国政府与行政（第四版）
魏 娜 吴爱明 著
Dangdai Zhongguo Zhengfu yu Xingzheng

出版发行	中国人民大学出版社		
社　　址	北京中关村大街 31 号	**邮政编码**	100080
电　　话	010－62511242（总编室）		010－62511770（质管部）
	010－82501766（邮购部）		010－62514148（门市部）
	010－62515195（发行公司）		010－62515275（盗版举报）
网　　址	http://www.crup.com.cn		
经　　销	新华书店		
印　　刷	北京密兴印刷有限公司	**版　　次**	2002 年 5 月第 1 版
开　　本	787 mm×1092 mm　1/16		2017 年 3 月第 4 版
印　　张	14.75	**印　　次**	2024 年 11 月第 8 次印刷
字　　数	332 000	**定　　价**	49.00 元

中国人民大学出版社　管理分社

教师教学服务说明

中国人民大学出版社管理分社以出版工商管理和公共管理类精品图书为宗旨。为更好地服务一线教师，我们着力建设了一批数字化、立体化的网络教学资源。教师可以通过以下方式获得免费下载教学资源的权限：

★ 在中国人民大学出版社网站 www.crup.com.cn 进行注册，注册后进入“会员中心”，在左侧点击“我的教师认证”，填写相关信息，提交后等待审核。我们将在一个工作日内为您开通相关资源的下载权限。

★ 如您急需教学资源或需要其他帮助，请加入教师 QQ 群或在工作时间与我们联络。

中国人民大学出版社　管理分社

教师 QQ 群：648333426（工商管理）　114970332（财会）　648117133（公共管理）
教师群仅限教师加入，入群请备注（学校+姓名）

联系电话：010-62515735，62515987，62515782，82501048，62514760

电子邮箱：glcbfs@crup.com.cn

通讯地址：北京市海淀区中关村大街甲 59 号文化大厦 1501 室（100872）

管理书社　　人大社财会　　公共管理与政治学悦读坊